本书由东莞理工学院法学学科建设经费资助出版

A Research on Administrative Rules

行政规则研究

沈亚萍◎著

中国政法大学出版社

2022 · 北京

图书在版编目（CIP）数据

行政规则研究/沈亚萍著.—北京：中国政法大学出版社，2022.6
ISBN 978-7-5764-0457-9

Ⅰ.①行…　Ⅱ.①沈…　Ⅲ.①行政管理—研究　Ⅳ.①D035

中国版本图书馆CIP数据核字(2022)第095185号

出版者　中国政法大学出版社
地　址　北京市海淀区西土城路25号
邮寄地址　北京100088信箱8034分箱　邮编100088
网　址　http://www.cuplpress.com (网络实名：中国政法大学出版社)
电　话　010-58908289(编辑部) 58908334(邮购部)
承　印　北京九州迅驰传媒文化有限公司
开　本　880mm×1230mm　1/32
印　张　10
字　数　210千字
版　次　2022年6月第1版
印　次　2022年6月第1次印刷
定　价　50.00元

总序

General Preface

《松湖政法论丛》是东莞理工学院政法学院法学、行政管理和社会工作三个专业的老师围绕着法律及与法律相关问题撰写的学术专著、政法学院邀请到的学术名家与实务精英们的学术报告汇编并公开出版的系列丛书。

东莞市坐落在广州和深圳之间，地理位置得天独厚，东莞理工学院是广东省东莞市唯一的本科高校。由于我们学校地处国家级经济开发区松山湖畔，本论丛故此取名为《松湖政法论丛》。

政法学院是非常年轻的学院，成立于2008年，法学学科是院内比较强的学科，院内除了法学专业的老师，其余老师的主要研究领域基本属于哲学、政治学、社会学、管理学等。专业有分工，但学术联系非常紧密。首先，院内三个专业的课程体系中有很多互相交叉的课程，老师们在任课过程中吸收着彼此的研究成果，从而能够深入阐述知识体系和比较全面地解答学生的问题，同时推动这些学科的共同进步；其次，在政法学院，法学学科人数较多，但在研究过程中，其他学科的老师们共同参与的现象比较普遍，这不仅是因为有关法律现象的许多问题属于法学与这些学科的共同问题，而且他们已经形成了很强的合作意识和团队精神；最后，在依法治国的今天，法学教育者和法律实务工作者都认识到具备广博的人文知识和深厚的人文情怀的重要性，必须吸收哲学、政治学、社会学、管理学等学科的知识，才能锻造出过硬的本领。所以，我们出版的本系列论丛，论域较广，围绕法学并涉及哲学、政治学、社会学、管理学等内容，几乎包揽了政法学院众多老师的研究领域。

愿本论丛能为我院老师的学术进步起到很好的推动作用，能为我院与校外学术界架起一座桥梁，能为外界了解我们打开一扇窗户。我院老师来自五湖四海，从学缘上来看，绝大多数老师毕业于国内名校，包括北京大学、清华大学、中国人民大学、吉林大学、南开大学、武汉大学、上海交通大学、南京大学、中山大学等，以及法学教育重镇中国政法大学、西南政法大学，还有在英国、意大利、香港获得法学博士学位的三位年轻教师。虽然大家有良好的求学经历，但由于学校、学院起步晚，影响力小，大家都希望找到一个好的途径或方式让外界知道还有一群人在远离喧闹的都市处从事着神圣的法学及其相关问题的学术研究。本论丛也许是最佳的选择！

本论丛的出版得到了东莞理工学院学术专著出版基金的资助，学校从2014年开始把法学学科列为重点学科培育计划，所以出版资金有了来源，在此，我们对学校表示衷心的感谢！

强昌文
2014年12月1日
于松山湖教师村

目　录

Contents

导 论

一、问题的提出：选题的背景和意义

遵循大陆法系的演绎思维路径，在对任何一个理论展开具体研究之前，首先要从基本概念和理论前提出发，然后才将其演绎到具体的法律事实。因此，选题面临的第一个问题就是“行政规则是什么?”虽然在现有的行政法学理论研究中，很多学者在不同的语境和层面上都会使用“行政规则”这一概念，但是直到目前为止，对于行政规则的外延和内涵并没有形成一致的认识。在这样的背景下，必须首先依靠相应的标准确定“行政规则”的外延和内涵，才能在此基础上进行更深入的研究。本书所述“行政规则”，可以简单描述为由行政主体制定的行政法规和行政规章之外的普遍性规则。从范围上界定，具体包含三种类型的规则：一是在行政实践中已经获得广泛使用的名为“行政规范性文件”的外部行政规则；二是近年来引起普遍关注的以“裁量基准”为代表的产生外部效果的内部行政规则；三是以行政主体自身为约束对象且不发生外部效果的内部行政规则。这三种规则虽然在性质和效力上存在重大区别，但在中国以形式标准确定行政立法和非行政立法的背景下，都被视为不具备法源地位的非法律规范，因此将这三种规则统一在“行政规则”这一理念下进行研究，仍不失为一种具有现实意义的选择。当然，基于三种行政规则的本质差异，对行政实践的冲击和行政法学理论的影响也各自不同，从而使本书形成“以外部行政规则为中心、涵摄内部行政规则”的有重点有层次的综合性行政规则研究。

在我国现有行政实践中，最受关注的当属第一类行政规则。因为这类规则作为行政决策的载体和行政管理的依据，针对不特定多数人制定且具有普遍约束力，对相对人权利义务关系构成直接影响，虽然没有法律规范的外形，但却表现出与法律规范类似的功能。此外，这类规则由于不被视为正式法律规范，在制定主体、权限、程序等方面并不像制定行政法规和规章那样受到严格的规控，因而在从形式法治向实质法治过渡的行政法治过程中，在社会转型、行政事务剧烈膨胀的行政发展背景下，行政规则也获得了扩张性发展，在弥补成文法不足、细化法律法规实施、提供专业技术标准、灵活有效处理行政事务等方面发挥了积极作用。据统计，截至2018年8月底，我国现行有效法律267件，行政法规756件，地方性法规12 000多件，以宪法为核心的中国特色社会主义法律体系形成并不断完善。[1]而近年来虽然自中央至地

〔1〕《截至今年8月我国现行有效法律267件　新赋予地方立法权的市州已立法621件》，载百家号，https：//baijiahao. baidu. com/s？ id = 1611760066403316180&wfr = spider&for = pc，最后访问日期：2020年10月31日。

方各级政府对规范性文件进行了全国范围内大规模的清理和动态数量控制，但行政规范性文件的总量仍然非常可观。如仅在广州一市，根据广州市行政规范性文件统一发布平台数据显示，截至 2019 年 1 月 15 日，发布平台共收录全市各类规范性文件 4312 份。[1]见微知著，由此可以推知，全国的行政规则无论是在数量还是调整范围上，均已经远远超过现行法律法规的总量，成为行政主体作出具体行政行为、进行有效行政管理的重要依据和手段。这一类行政规则制定和实施的质量，不仅对行政相对人权利义务影响重大，也是判断中国法治政府建设水平的重要标准。

第二类行政规则长期以来不被视为行政法学研究对象，但是随着现代行政国家的发展，这类本来以行政主体自身为调整对象，由行政主体依照职权制定，只应具有内部效果的行政规则也会发生外部法律效果，在事实上突破了内部行政的界限，深入到公共行政的全部过程。对于这类外部化的行政规则，国内外行政法学者都展开了积极的研究和探讨，在行政法学的视角下，对行政规则的概念、种类、形式和外部化表现等内容提出了相应的观点，从而扩展了行政法学的研究领域。虽然外部化的内部行政规则也有不同类型，但在我国获得重点关注的则是以“裁量基准”为代表的这一类行政规则。通过“中国知网”以“裁量基准”为题名进行搜索查

---

〔1〕《广州市打造标准化数字化智能化规范性文件统一发布平台》，载中央人民政府网站，http：//www.gov.cn/xinwen/2019-01/25/content_5361133.htm，最后访问日期：2020 年 10 月 31 日。

询，截至2021年1月，有692篇期刊论文和679篇博硕士学位论文以此为题进行研究，且绝大部分成果都是在2015—2020年这五年内完成。〔1〕这反映出近年来裁量基准问题在我国行政实践和学术研究中的发展。以“裁量基准”研究为起点，对其他外部化行政规则进行系统研究，对于重新认识行政规则的范围和效力，具有深远的影响。

第三类行政规则是纯粹的内部规则，其制定不需要法律法规的授权，仅由行政主体根据自身需要依行政职权作出即可，通常情况下不会产生外部效力，也是法律属性最不明显的一类规则。在行政实践中，这类规则往往以组织业务规则、内部管理和工作规则、内部纪律规则等形式存在，对提高行政管理效率、实现行政管理目标必不可少。根据马克斯·韦伯（Max Weber）的行政“官僚制”理论，理想的行政组织都必须具备一系列规则和程序，一定的时候在组织中担负一定职务的组织成员必须依据相应的规则和程序去行使其权威，被领导者对权威的服从实质上是对规则的服从。韦伯认为，这些规则和程序是根据合理合法的原则制定的，它们具有稳定性，可以保证官僚制组织的合理性、合法性、稳定性和连续性，具体来说，这些规则和程序所具有的作用主要体现在：①使组织中的每个部门、单位、个人都具有法定的权力和责任；②规范组织及其成员的行为，使他们依法行使自己的职

〔1〕 根据中国知网统计的数据，载 http：//epub. cnki. net/kns/brief/default_result. aspx，最后访问日期：2021年2月21日。

权；③使那些只有具备法定资格条件的人才能被任用。[1]虽然这类规则是行政学中重点关注的对象，但近年来随着从法治行政到良好行政意识的转变，如何将内部行政规则以合法合理的原则加以制定，以保证行政主体自身的合理性和合法性，也成为行政法学者开始研究的问题。

综上所述，对行政法规和行政规章之外的行政规则进行研究，按照不同的标准将行政实践中的各类规则予以类型化梳理，有助于厘清不同类型行政规则的性质和效力，以对其展开不同方式和强度的法律规制。尤其在2015年《中华人民共和国立法法》（以下简称《立法法》）正式颁布后，地方立法权大幅扩容，原来不具备地方性法规和地方政府规章制定权的设区的市在获得地方立法权后，原来只能以行政规则颁发的规范性文件就可以直接通过地方立法程序将其上升成为正式立法，这就使得行政规则研究成为一个现实而迫切的法律和法学课题。

二、研究综述

将“行政规则”作为以上三种类型规则结合的整体性研究，在行政法学界尚未开展。但是，对每一类行政规则的研究，则在不同程度上取得成就。

相比之下，以“行政规范性文件”“其他规范性文件”或“行政规定”为名作为研究中心的第一类行政规则，从概

---

〔1〕 丁煌：《西方行政学理论概要》（第2版），中国人民大学出版社2011年版，第27、29页。

念、性质到范围，从种类到效力，从司法审查到立法和行政自我监督，最后到违法行政规则的责任追究，已经有较为成熟的学术研究体系。早期有代表性的论述主要有湛中乐所著《论行政法规、行政规章以外的其他规范性文件》〔1〕，较为系统地论述了“其他规范性文件”的概念、特征、种类和作用，在与行政立法、抽象行政行为和具体行政行为比较的基础上，指出“其他规范性文件”也存在一定问题，需要通过程序和外部监督加以规制。此后，2003 年朱芒教授又在《论行政规定的性质——从行政规范体系角度的定位》一文中，借鉴日本“行政规则”理论，对行政规范体系的结构和判断标准进行界定，分为形式和实质两种标准，并深入探讨两种标准形成的基础，在此基础上分析中国“行政规定”的范围和性质，指出其并非一种单纯性质的规范，而是一类性质多元的行政规范体系。对于其中的法律规范，应当着手进行制度规范。〔2〕这篇论文发表后，对于学界深入理解行政规定的性质和判断标准起到了重要作用。王锡锌教授则对行政规则制定程序中的公众参与进行了深入的研究，代表性论文有《专家、大众与知识的运用——行政规则制定过程的一个分析框架》〔3〕，对我国制定行政规则程序中的公众参与利与弊

---

〔1〕 湛中乐：《论行政法规、行政规章以外的其他规范性文件》，载《中国法学》1992 年第 2 期。

〔2〕 朱芒：《论行政规定的性质——从行政规范体系角度的定位》，载《中国法学》2003 年第 1 期。

〔3〕 王锡锌、章永乐：《专家、大众与知识的运用——行政规则制定过程的一个分析框架》，载《中国社会科学》2003 年第 3 期。

进行了体系化论述。此外，2012 年华东政法大学郭清梅的博士学位论文《行政规定规制研究》全面探讨了对“行政规定”的规制体系，从充分发挥行政、立法和司法不同规制职能和合理配置规制资源的角度，对行政系统内外现有规制制度本身的科学性和各种规制制度之间存在的协调性问题作出全面而详尽的分析。〔1〕叶必丰、周佑勇所著《行政规范研究》和陈丽芳所著《非立法性行政规范研究》则是针对“行政规范”进行专门研究的专著。其中前者将行政规范分为创制性行政规范、解释性行政规范和指导性行政规范三大类，成为在国内研究中获得较为广泛认可的分类方式。关于行政规则能否成为司法审查对象的问题，在 2014 年全国人大常委会通过对《中华人民共和国行政诉讼法》的修改决定后，基于法院附带审查行政规则的判例进行实证分析，是这一阶段围绕行政规则进行研究的重要方式，代表性成果不断涌现，如 2016 年朱芒教授即结合首例附带性司法审查判决书，深入探讨了规范性文件的合法性要件。〔2〕此外，有关司法审查的强度、程序以及整体审查制度的构建问题，也得到较为全面的关注。2021 年何海波教授刊文，重点研究规范性文件审查的定位、审查范围、审查方式和审查标准，提出法院对与行政行为合法性审查相关的规范性文件的相关条款，应当予以主动、全面、审慎、适度的审查，排除不合法规范性文件的

---

〔1〕 郭清梅：《行政规定规制研究》，华东政法大学 2012 年博士学位论文。

〔2〕 朱芒：《规范性文件的合法性要件——首例附带性司法审查判决书评析》，载《法学》2016 年第 11 期。

适用。[1]综合来看，从20世纪90年代以来，我国行政法学者对行政主体针对不特定相对人制定的具有普遍约束力的行政规则，进行了广泛而深入的研究，主要围绕行政规则的性质和效力、规则制定程序和规则监督等方面展开，这些学术研究对行政规则的规范化发展和法治化运行起到很大的促进作用。全国范围内各省市对行政规则制定程序中的公众参与、备案审查制度等内容的规定，以及在2014年《全国人民代表大会常务委员会关于修改〈中华人民共和国行政诉讼法〉的决定》(以下简称“2014年《行政诉讼法修改决定》”)[2]中，首次将行政规范性文件的司法审查制度写入法律，都与学界长期呼吁和努力密不可分。

对于第二类行政规则的研究，我国行政法学界晚近才开始展开。根据中国知网搜索结果可以发现，绝大部分成果是在进入21世纪以后才开始出现的。这种研究趋势也和各国行政法学发展相似。例如，德日行政法学界将行政规范体系分为“法规命令”和“行政规则”，认为后者制定不需法律依据，不会对国民权利义务产生影响，所以长期以来也未纳入行政法学视野进行研究，以至于盐野宏教授在其所著《行政法总论》一书中明确写道，原来的行政法学研究中，行政规则论本身是不存在的，为了避免其和法规命令的混同，只要

〔1〕 何海波:《论法院对规范性文件的附带审查》，载《中国法学》2021年第3期。

〔2〕 2017年6月27日第十二届全国人民代表大会常务委员会第二十八次会议对《中华人民共和国行政诉讼法》进一步作出修改，即在第25条增加了第4款。其他条款无变化。

能够明确什么样的规范属于行政规则，那么行政法学的任务也就完成了。[1]但是随着行政规则外部化效果的不断显现，在行政实践中的作用也与日俱增，使其成为行政法学研究中不可绕开的一环。在对这类行政规则的研究中，德日学者和我国台湾地区学者的研究开展较早，在对行政规则产生的原因、内涵、种类和外部化表现等方面，取得了一定的研究成果，为我国很多学者借鉴和引用，并在此基础上，主要围绕行政规则的司法效力、法律属性和与行政自制的关系等各角度展开研究与探讨。例如，沈岿教授所著《解析行政规则对司法的约束力——以行政诉讼为论域》[2]，高秦伟所著《科技政策、行政规则与司法审查》[3]，周佑勇所著《裁量基准的变更适用是否“溯及既往”》[4]及王留一所著《论行政规范性文件司法审查标准体系的建构》[5]等论文，从不同方面考察了行政规则对司法的约束力以及司法审查的技术和方法。对于此类行政规则的法治化规制，近年也有学者开始关注，如宋华琳教授在《论解释性规则的法治化——以药品监

〔1〕［日］盐野宏：《行政法总论》，杨建顺译，北京大学出版社 2008 年版，第 64 页。

〔2〕沈岿：《解析行政规则对司法的约束力——以行政诉讼为论域》，载《中外法学》2006 年第 2 期。

〔3〕高秦伟：《科技政策、行政规则与司法审查》，载《北方法学》2007 年第 5 期。

〔4〕周佑勇：《裁量基准的变更适用是否“溯及既往”》，载《政法论坛》2018 年第 3 期。

〔5〕王留一：《论行政规范性文件司法审查标准体系的建构》，载《政治与法律》2017 年第 9 期。

管为例证》一文中，强调要完善解释性规则的制定程序，并确保解释性规则内容的合法性。[1]因为这类行政规则中很多规则是基于内部行政管理需要而定，因此也有学者将其与行政自制理论勾连进行综合考察，如周佑勇、周乐军在《论裁量基准效力的相对性及其选择适用》一文中，就是在行政自制的视角下，考察各地所推行的裁量基准实践，将裁量基准在性质上理解为一种行政自制规范。[2]

综上所述可以看出，到目前为止，虽然我国行政法学者对于行政规则的研究逐渐趋于深入和细化，但是仍有一些根本性问题需要解决。首先对这一类行政立法外的行政规则，学术界并没有统一称谓，在行政实务界，虽然以“行政规范性文件”为名的称谓在各类规章以及相关法律法规中非常普遍，但作为一类学术概念，行政规范性文件无疑法理内涵不足。并且“行政规范性文件”在各省规章中，通常都被界定为直接对外生效的行政规则，不能涵盖具有间接外部效果的行政规则。所以，必须要在学理上对这一类规则进行统一化规范，使其“名正言顺”，避免由于缺乏同一语境平台而发生张冠李戴、各自为政的情形。其次，虽然对于直接对外生效的行政规则，这些年来经过学者努力和实务推进，逐渐形成了相应的规制体系，但是很多制度如公众参与、备案审查等，仍然只是停留在理论上的理想状态，并没有充分发挥应

---

〔1〕 宋华琳：《论解释性规则的法治化——以药品监管为例证》，载《学术交流》2020年第5期。

〔2〕 周佑勇、周乐军：《论裁量基准效力的相对性及其选择适用》，载《行政法学研究》2018年第2期。

有的制度功能，因此，仍需要进一步加大研究力度，使各种制度更贴近行政实践需要。再次，对于行政规则中可能产生外部效力的规则，我国学术界近几年才展开研究，且主要集中在“裁量基准”规则，对其他同样可能产生外部效力的规则很少关注。最后，对于不产生外部效果的纯粹内部行政规则，在我国行政法学界没有研究。这是因为传统上认为这类规则属于公共行政学研究范畴，与法学关联性不大。但是事实上，依法行政、行政法治的实现离不开内部行政规则的制度化，因此，要实现合理和合法行政的目标，也要关注内部行政规则的制定和实施。

三、研究框架

从宏观角度，将行政规则置身于一个产生、变化、发展的历史过程进行总体考察，同时结合微观细致的理论界定和法律规制研究，是构成本书整体框架的两个着眼点。本书的总体架构从行政规则的现象和本质开始引述，对行政规则的概念、特征、本质和类型展开行政法学视野内的观察和论证，在此过程中，基于外向外效型行政规则对行政实践和行政法理论的重要功能，详细论述了对其形成和规制必须通过严格细化的法律程序和制度来完成。在此基础上，本书以对行政规则发展前景的前瞻性评论作为结束语。

本书分为五个章节，主要内容如下：

第一章行政规则基础论。这一章主要对“行政规则”的基本概念加以定义，将其与我国行政法学和行政实践中使用的与之类似概念相比较，并结合国内外研究成果，明确了本书中“行政规则”的内涵和外延；在此基础上，对行政规则在行政法学和行政实践中生发与兴起的背景与原因进行分析。最后对行政规则的本质进行论证，指出行政规则的本质属性应当是介于法律与政策之间的一类规则。

第二章行政规则类型论。行政规则并非单纯由一种规则构成，而是数种不同性质规则的结合体系。因此对行政规则进行类型化分析是深入研究行政规则的前提。这一章首先对行政法学理论和行政实践中存在的行政规则适用不同的标准进行概括性介绍和分类，然后按照调整对象和实际效力标准，将行政规则分为外向外效型规则、内向外效型规则和内向内效型规则，并对每一种规则的范围、类型和效力加以具体阐述。

第三章行政规则形成论。这一章主要以外向外效型规则和内向外效型规则为例，研究两类行政规则的形成过程。研究行政规则的形成，目的在于从源头发现和减少不当或违法行政规则的出台，提高规则制定质量。外向外效型规则的准法属性要求规则形成应当逐渐参照正式立法，设置法定的程序和步骤。内向外效型规则由于其内向而外效的双重属性，在形成过程中需要具体问题具体分析。本章以裁量基准为例，寻求规则形成过程的正当化。对于广受关注的第三方参与行政规则制定的问题，在本章中重点探讨了专家参与和大众参与的不同作用。

第四章行政规则规制论。对行政规则的规制一直是行政法学关注行政规则的主要内容。但是不同类型的行政规则，规制的力度和范围也应有所差异。基于外向外效型规则对行政相对人的重大影响，应当选择最全面和最有效的规制方式，构建行政自制、人大备案和司法审查一体的规制体系，但是基于不同类型行政规则的差异，采取的具体规制重点也应有所不同。

第五章行政规则前景论。本章分别从行政法学视野这一微观角度以及法社会视野这一宏观角度考察行政规则的发展，对影响行政规则数量和规制规模的一系列因素进行分析。在微观层面，《立法法》的修订将会对行政规则的性质产生直接冲击，司法审查强度的加大和立法机关主导功能的加强都会对行政规则制定的积极性产生消极的影响。在宏观层面，经济社会的发展、国家权力结构的改变、公共行政疆域的缩减也是行政规则发展过程中的重要影响因素。

综上所述，通过本书的研究，首先，能够对行政实践和行政法学中尚处于晦暗不明的“行政规则”理念有较为明晰的认识，将其本质界定为法律与政策之间，也有利于在行政法学与行政学、公共政策学、公共管理学等学科间架起交流和沟通的桥梁。其次，以规则制定直接指向和实际效力为标准，首次将行政规则种类划分为外向外效型规则、内向外效型规则和内向内效型规则，有利于对行政实践中纷繁芜杂的行政规则进行明确的定位。在类型化的基础上，重点对外向外效型行政规则的形成和规制进行重点分析，建构全面有效的规制制度。最后，对行政规则的发展趋势进行展望，指出行政规则从生发、兴起到收缩的全部过程，既和行政与行政法学发展有关，更和一国政治经济发展的社会背景有关。认清这一点，有助于跳出行政规则自身范畴，扩展现有研究领域，从更广泛的视角对行政规则制度展开研究，发挥行政规则对行政事务和社会关系调整的最佳功能。

四、研究方法

法学学科作为一种以法律为研究对象的综合性的知识体系，决定了对其进行研究的方法也是综合性的。法学研究方法是人类了解法律、认识法律的一种立场和途径，建立多元、综合、整体化的研究方法是历史的趋势。本书主要运用以下方法进行研究：

1. 以价值分析为主，结合实证分析

价值分析是法学学科需要坚持的第一种方法，因为法学从本质上来说，是追求正义、实现公平的学科。因此本书在研究行政规则形成和规制的具体过程中，都是围绕“合法性”和“正当性”作为基本标准来进行建构、判断和研究的。实证分析则属于社科法学的范畴，与规范分析法不同，实证分析注重以具体事实推出结论，关注法律和制度在社会生活中的实施效果。实证分析法也有很多种类型，本书比较多采用的是实证统计分析法。在行政规则的规制中，注重以行政实践中已经存在的法律、法规和规章进行统计分析，得出结论。

2. 比较分析与历史分析相结合

比较分析法是人们在所有类型的科学研究中普遍采用的一种研究方法。比较的方式也是多种多样，有不同国家行政规则制度的比较，有不同时期行政规则发展的比较，也有行政法律规范中行政立法与非行政立法之间的微观比较。历史分析法则是将行政规则的发展置于不断变动的历史背景中，对其从兴起到繁荣再到收缩的全过程进行宏观分析，找出其发生发展的一般规律，为在更高层面上进行制度安排未雨绸缪。

3. 技术性的方法

随着法学研究的不断发展，原本属于其他学科的研究方法也被逐渐引入法学研究中加以使用。例如，成本-收益分析这类本来属于经济学范畴的研究方法，在法学学科中已经成为比较常见的方法。在行政规则的形成和规制中，除了考虑正当性需求之外，对于行政成本和行政效率的考量，需要借用一些技术性的方法加以选择。譬如在对内向外效型规则的规制中，行政自制并非最佳方式，司法审查相对来说更为合理和有效。

4. 文献资料分析法

这里的文献资料，包括各类报章杂志、博硕士学位论文、学者专著和有关法律、法规、规章文本等。本书的写作是在阅读大量文献资料的基础上，通过比较和分析，吸收和借鉴前人思想精华，创造和形成了自己的一些观点。

第一章

行政规则基础论

第一节　行政规则的概念阐释

一般来说，对某一法律概念进行准确的界定是很困难的，往往这种界定并没有使问题得以澄清，反而使问题更趋复杂和混乱。这不仅仅是因为现实世界的多样性及不断变化的特性，同时，在界定的过程中，我们在法律概念中掺杂了不同的目的和价值，并受到各个历史时期法律流派的影响。[1]对行政规则的界定不仅面临上述困境，并且由于其不像行政法规和行政规章那样已成为通用的学理概念和专门的法律术语，从而导致对一个在正式立法中找不到的词语进行外延和内涵的定位，必定是一个见仁见智的过程。这也决定了本书对行政规则的理解只能是一种基于实用主义哲学取向作出的描述性阐释，而非基于本质主义的终极还原。所谓行政规则，从

---

〔1〕 黄茂荣：《法学方法与现代民法》，中国政法大学出版社 2001 年版，第 39 页。

范围上来讲，通过排除性的定义可以将其作为一类规范文本形式的“除行政法规、规章以外其他规范性文件”，是由行政主体自我创制、自我生成、自我适应、自我发展出来的与遵循严格形式主义法律相区别的一套规则体系，其制定主体、制定程序以及效力与作为正式立法的行政法规和规章有极其明显的差异。然而，基于一种功能主义分析，这一类“非行政立法”由于更贴近行政实践，能够更加及时、灵活有效地处理纷繁复杂的社会事务，往往成为行政主体首先选择的执法依据，比法律和行政立法具有更强的适用性和约束力。

一、作为最终核心概念的“行政规则”

（一）对行政规则相关概念的梳理与评述

在现有立法中考察行政规则会发现，迄今为止在正式颁行的法律文本中，对于行政立法之外的普遍性规则并无统一表述。早期在宪法和组织法上用“行政措施”“决定”“命令”指代这一类规则。《中华人民共和国行政诉讼法》《规章制定程序条例》《中华人民共和国各级人民代表大会常务委员会监督法》中也沿用了“具有普遍约束力的决定命令”这一称谓。《中华人民共和国行政处罚法》则使用了“其他规范性文件”这一在学理界较为常见的名称。而在 1999 年颁布的《中华人民共和国行政复议法》第 7 条中则首次使用了行政“规定”指代非正式行政立法，当时在学术与实务中相对较为少见，之后获得了部分学者的认可和使用。[1]总的来看，目前在行政主体颁布的各类行政立法文本中，对行政立法外普遍性规则最为常见的行政称谓是“行政规范性文件”和“规范性文件”，如《甘肃省行政规范性文件管理办法》《江西省各级人民代表大会常务委员会规范性文件备案审查条例》《海南省行政规范性文件制定与备案规定》《江苏省规范性文件制定和备案规定》等。截至2021年1月1日，通过北大法宝数据库以“规范性文件”为关键词进行查询，全国31个省、直辖市、自治区的省级政府规章中，对于行政规则的制定与备案监督规定，均是以“规范性文件”或“行政规范性文件”为题。

在学理上考察行政规则会发现，由于行政法学本身在中国法学理论研究中属于比较新的学科，因此对于行政立法之外的普遍性规则的称谓，有学者的自创，有域外的启发，也受到来自正式法律文本用语的影响。当然这种影响具有交互性，以“具体行政行为”概念为例，就是从学术概念走向正式法律用语的范本。目前在我国行政法学理论中，与行政规则相似的学术概念大致有以下五种称谓：其他规范性文件、行政规范性文件、规范性文件、行政规范、行政规定。每一种称谓都有一定的受众面，获得了一定范围的认可和使用。

---

〔1〕 如张浪：《行政规定的法治逻辑与制度构建》，科学出版社2019年版；郭清梅：《中国行政规定规制研究》，北京大学出版社2017年版；徐建：《行政规定制度逻辑研究》，浙江大学出版社2018年版。

具体而言，其中“其他规范性文件”[1]“行政规范性文件”[2] 和“规范性文件”[3]由于是最早用来描述行政立法之外的普遍性规则的用语，因而在学术界和行政实务界都得到较为广泛的使用。上述各省级政府规章中的“规范性文件”表述，表明了学术概念对立法用语的渗透。行政规范[4]、行政规定[5]则是近年来学术界在对前三种称谓进行比较反思的基础上提出的替代性学术概念。其中我们可以看到，自1999年《中华人民共和国行政复议法》（以下简称《行政复议法》）颁布以后，用行政“规定”作为行政立法外普遍性规则之称谓的论文数量明显增多，体现出立法文本对学术研究的重要影响。

---

〔1〕 如湛中乐：《论行政法规、行政规章以外的其他规范性文件》，载《中国法学》1992年第2期；罗豪才主编：《行政法学》，北京大学出版社1996年版，第158页；应松年主编：《行政法学新论》，中国方正出版社1998年版，第228页。以上著述中均采取“其他规范性文件”用语。

〔2〕 如刘松山：《违法行政规范性文件之责任追究》，载《法学研究》2002年第4期；柳砚涛：《我国行政规范性文件设定权之检讨——以当下制度设计文本为分析对象》，载《政治与法律》2014年第4期；姜明安主编：《行政法与行政诉讼法》，北京大学出版社、高等教育出版社2011年版。以上著述中均采取“行政规范性文件”用语。

〔3〕 如叶必丰：《论规范性文件的效力》，载《行政法学研究》1994年第4期；姜明安主编：《行政诉讼与行政执法的法律适用》，人民法院出版社1995年版，第600页；马怀德主编：《行政法与行政诉讼法》，中国法制出版社2000年版，第208页。以上著述均采取“规范性文件”用语。

〔4〕 例如，叶必丰、周佑勇：《行政规范研究》，法律出版社2002年版。该书采取“行政规范”用语。

〔5〕 例如，朱芒：《论行政规定的性质——从行政规范体系角度的定位》，载《中国法学》2003年第1期，将规章以下规范性文件界定为行政规定。郭清梅的博士学位论文——《行政规定规制研究》——也采取“行政规定”用语。

（二）行政规则学术概念的选择与确立

1. 现有名称的缺陷与排除

首先，无论是“规范性文件”“其他规范性文件”或是“行政规范性文件”，重点和核心都是“文件”，旨在强调其与行政法规和规章不同的非法律属性，虽然用“规范性”加以限定，但仍是一种实务化通用语言，缺乏相应的抽象性与概括性，与严谨的学术概念尚有一定距离，也未能充分反映出此类规则的根本性特征。

其次，学术界曾用“行政规范”“行政规定”作为行政立法之外普遍性规则的指称，相比规范性文件来说，理论概括性更强，学术色彩更浓，更能反映出行政立法之外这类普遍性规则的典型特征，因而获得了一定范围的认可和使用。但仔细审视，“行政规范”虽然既有行政又有规范，但很容易和行政规范性文件混为一体，外延很难界定。至于“行政规定”的称谓，失之于具体，抽象性不强，而且实践中有些规章也运用“规定”作为名称使用，很难明确区分，譬如《女职工劳动保护特别规定》（国务院令第 619 号）是国务院颁布的行政法规，《公安机关办理刑事案件程序规定》（公安部令第 159 号）、《公司注册资本登记管理规定》（工商总局令第 64 号）都属于部门规章。至于立法中曾使用的“行政措施、决定、行政命令”的称谓，带有而明显的强制性色彩，对很多指导类和解释类的行政规则来说，并不是准确的用语。

2. 行政规则概念的初步选定

本书选择“行政规则”而不是“行政规范”或“行政规定”来指代规章以下规范性文件，除了考虑到“行政规范”

和“行政规定”的称谓本身存在的不足之外，还考虑以下两点：一方面是从法理学的角度出发而作出的判断。哈特（H. L. A. Hart）在《法律的概念》（*The Concept of Law*）一书中，构建了一个法律的规则体系。在哈特看来，规则观念是理解法律的基本观念，而法律规则区别于其他社会规则的根本特征在于它是初级规则和次级规则的结合。次级规则又可以分为承认规则、变更规则和裁判规则，全部围绕初级规则而定。其中承认规则主要起到确认初级规则的法律地位及消除规则的不确定性的作用。[1]将规章以下规范性文件以规则命名，无形中便能将哈特理解的承认规则与具有解释性、补充性功能的行政规则加以勾连，更接近法理学的定位，从而在行政实务和行政规范之间达成相应的平衡。另一方面，德日行政法中的行政规则理论引进时日已久，在中国行政法学界获得了广泛认知。虽然此处我们将行政规则界定为规章以下规范性文件，在外延上与德日行政规则不相等同，但是作为一种学术概念的沿用与改造，在一定程度上也能够促进中外行政法学界的相互理解与沟通。

二、行政规则理论与制度之概况

（一）以德日等国为代表的大陆法系行政规则理论

1. 德国的“法规命令与行政规则”理论

德国学者毛雷尔（Hartmut Maurer）教授在《行政法学总论》（*Allgemeines Verwaltungsrecht*）一书中详细阐述了有关

---

〔1〕［英］哈特：《法律的概念》，许家馨、李冠宜译，法律出版社 2011 年版，第 85~89 页。

行政法渊源体系中的“法规命令和行政规则”理论。他认为，在德国行政法中，行政法的渊源包括法规命令和行政规则。“法规命令”是指行政机关（政府、部长和行政机关）颁布的法律规范。[1]“行政规则”是指上级行政机关向下级行政机关、领导对下属行政工作人员发布的一般-抽象的命令；或者针对行政机关内部秩序，或者针对业务性的行政活动。[2]这里的“行政规则”只在行政内部产生和生效，一般情况下不具有直接外部效力。

2. 日本的“法规命令与行政规则”理论

日本与德国划分方式相同，亦将行政立法分为：①法规命令，是指行政机关制定的，关于行政主体和私人的关系中的权利义务的一般性规范；②行政规则，是指行政机关制定的规范，但与国民的权利义务不直接发生关系，即不具有外部效果的规定。[3]这种分类方式主要考察规范内容是否涉及私人权利义务关系，以是否具有外部效果为标准。

原则上，德日学者都认为，行政规则因不具备外部效果以及其与私人权利义务无涉的缘由，即使没有法律授权，也可以根据行政权能当然制定，所以长期以来将行政规则排除在行政法学研究对象之外。直到近年来，行政规则在现实中

---

〔1〕［德］哈特穆特·毛雷尔：《行政法学总论》，高家伟译，法律出版社2000年版，第58页。

〔2〕［德］哈特穆特·毛雷尔：《行政法学总论》，高家伟译，法律出版社2000年版，第591页。

〔3〕［日］盐野宏：《行政法总论》，杨建顺译，北京大学出版社2008年版，第60、64页。

显现的强大功能和事实上的外部效力，使其逐渐成为行政法学研究的热点。很多学者的研究都是基于德日行政法学对行政规则定位（相当于内部行政规范性文件）的立场而展开。〔1〕但是由于对概念并未形成一致的通说，所以在学界既有用行政规则指代包括正式的行政立法和其他规范性文件在内的所有行政规范性文件〔2〕，也有将行政规则等同于行政立法之外的其他规范性文件。〔3〕本书则基于后一种观点展开论述。

至于法规命令与行政规则的分野，尽管诸多学者在名称、职能、形式判断、实质判断等方面提出很多鉴别标准，但多数情况下仍然很难明确区别两者的界限。“实践中，法规命

---

〔1〕 例如，宋华琳：《论行政规则对司法的规范效应——以技术标准为中心的初步观察》，载《中国法学》2006 年第 6 期；陈恩才：《试论行政规则效力的外部化及司法审查》，载《江苏社会科学》2012 年第 2 期；徐文星：《警察裁量权之规范——以行政规则为研究中心》，载《清华法律评论》（第 3 卷第 1 辑），清华大学出版社 2009 年版；胡建峰：《论行政规则在司法审查中的地位》，载《行政法学研究》2004 年第 1 期；栾志红：《论环境标准在行政诉讼中的效力——以德国法上的规范具体化行政规则为例》，载《河北法学》2007 年第 3 期等著述，便是按照德日对行政立法的划分方式研究行政规则。

〔2〕 例如，沈岿：《解析行政规则对司法的约束力——以行政诉讼为论域》，载《中外法学》2006 年第 2 期；王锡锌、章永乐：《专家、大众与知识的运用——行政规则制定过程的一个分析框架》，载《中国社会科学》2003 年第 3 期；高秦伟：《科技政策、行政规则与司法审查》，载《北方法学》2007 年第 5 期等著述，即将行政规则等同于行政立法加其他规范性文件。

〔3〕 例如，郑雅方：《我国行政规则研究中的若干误区之克服》，载《政法论坛》2012 年第 5 期；史全增：《论作为行政裁量统制手段的行政规则——以警察武力使用裁量规则为重点》，载《公安学研究》2018 年第 1 期等论文，即将行政规则范围界定为行政立法之外的其他规范性文件。

令和行政规则的界限总是引发难题，而这反过来表明两者的原始区别——法规命令是具有普遍约束力的外部法，而行政规则是只约束行政机关的内部法——本身就存在问题。很有可能，同样内容、同样效力的规范可以采取法规命令的形式或者行政规则的形式。”〔1〕龚祥瑞教授也在《比较宪法与行政法》一书中指出：“法规名称繁多，地位效力不等，颁行机关不一。有时界限不清，甚至久经锻炼的执法家也无法告诉我们一个命令、一个特别命令、一个规则与一个规程在地位性质上、效力上究竟有什么区别。”〔2〕基于此种判断，行政规则理论成为现代德日行政法学中日渐受到瞩目的研究重点。

（二）以英美为代表的普通法系行政规则理论

1. 英国的“委任立法与行政性规则”理论

英国传统的“议会至上”原则决定了所有的法律只能由议会制定，行政机关只能根据议会授权进行委任立法，不经议会授权发布的各项指南、手册和法律解释、建议等，就是非正式规则（informal rules），也称为“行政性规则”。〔3〕这类规则只具有内部效力，只约束行政主体及其工作人员，不具备外部效果，对普通法院也没有法定约束力。这种委任立法和非正式规则的划分方式与大陆法系法规命令和行政规则的关系并无实质不同。

〔1〕［德］哈特穆特·毛雷尔：《行政法学总论》，高家伟译，法律出版社2000年版，第608页。

〔2〕龚祥瑞：《比较宪法与行政法》，法律出版社2003年版，第418页。

〔3〕王名扬：《英国行政法》，北京大学出版社2007年版，第84页。

2. 美国的“立法性规则与非立法性规则”理论

美国早在1946年的《联邦行政程序法》(Federal Administrative Procedure Act, APA) 中，将行政机关制定的法规 (rule) 分为实体法法规、程序法法规和解释性法规。实体法法规是规定个人权利和义务的法规，必须有法律的授权才能制定。它所产生的法律效果和国会所制定的法律之效果相同，具有法律所有的各种效果。程序法法规是实施实体法的规则，制定程序法法规的权力可以由法律授予，在没有法律授权时，行政机关在执行法律的范围内，有固定的权力制定必要的和合理的程序性规则。解释性法规是澄清或说明法律或其他法规的法规，是行政机关对法律的解释，不具备实体法法规同样的法律效果。[1]由此可见，美国的行政立法体系事实上也可以分成两种：一种是需要有法律授权的立法性规则；一种是无需议会授权的非立法性规则，主要包括解释性规则和政策说明，一般情况下不具有外部效力。在司法适用上，则有复杂不一的审查标准。

综上所述，虽然两大法系在行政规则的具体名称、分类和界定方面存在很多差异，但都基本认可行政规则的内部性，认为行政规则不能创设权利义务，不具有直接的外部效力，对法院也没有当然的司法约束力，在这一点上，表现出总体认知上的趋同。

---

〔1〕 王名扬：《美国行政法》，中国法制出版社2005年版，第352~354页。

三、行政规则概念的具体阐释

从上述国家和地区中与行政规则相似概念的比较可以看出，行政主体制定行政立法之外具有普遍约束力的规则，已成为其进行有效行政管理的重要手段。行政规则制定权限来源多样，可以基于法律授权制定，也可根据行政职权自主制定。在所涉内容上更为庞杂多元，虽然域外理论中的行政规则基本上都认为是针对内部行政法律关系而制定，但事实上的外部行政法律效果却越来越受到重视。本书的“行政规则”理念，是借鉴德日行政法学理论中的“行政规则”而来，但却不完全等同。由于中国行政法学中将行政法规和规章以外的所有普遍性规则都视为非正式法源，因此事实上在行政立法之外的行政规则中，很大一部分就是针对当事人权利义务关系制定的直接对外生效的外部行政规则。这使中国的行政规则理念在内涵和外延上都远远大于德日的行政规则理念，既包括德日行政法学理论中“法规命令”的一部分，也涵盖德日行政法学中的“行政规则”。尽管各国对行政规则的称谓、范畴、种类、表现形式以及性质与效力存在很多分歧，但都普遍承认，行政规则的制定与实施已经成为现代行政中行政权力运行最重要的方式之一。行政法学理论无法忽视这个现象，必须选定一个恰当的概念和范畴对其展开进一步的研究。

（一）行政规则的基本内涵：概念和特征

如前文所述，对一个法律概念进行准确界定是极其困难的，尤其是对行政规则这种具有多元种类和庞杂内容的不确定概念。但是在一个强调逻辑性的成文法国家，如果没有界定出一个基本的范畴，就很难展开系统的理论思考和研究。因此在借鉴国内外有关行政规则理论的基础上，本书将行政规则的内涵概括界定为：行政主体基于公共行政的需要，针对不特定多数人制定的除行政法规和规章之外的可以反复适用的普遍性规则。根据这个定义，可以从以下几个方面具体描述作为一项行政规则应当具备的基本特征：

1. 制定主体的特定性

在我国享有行政规则制定权的主体是根据宪法和组织法规定或者依照法律法规授权的行政主体。凡是依法成立的独立拥有国家行政权的行政机关以及法律法规授权的组织都有在自己的职权范围内制定行政规则的权力。以肯定的方式列举能够制定行政规则的制定主体包括以下三种：①从中央到地方各级人民政府，包括国务院及其职能部门、县级以上地方各级人民政府和乡、镇政府在内的五级政府。这些法定行政机关虽然有的没有立法权（如县乡级人民政府），但都有制定行政规则的权限。②县级及其以上各级人民政府的所有工作部门，包括垂直管理的各类工作部门和各级政府的直属办事机构和其他工作机构也可以制定行政规则。③法律、法规授权组织也可以在授权事项和权限范围内制定行政规则。另外，也可以通过排除的方法进一步明确下列机关和团体不属于行政规则的制定主体：①行政机关的内设机构、派出机构或工作机构，只能制定针对本部门内部的管理规则或程序规则，而不能以自己的名义制定行政规则；②其他国家机关（如司法机关和立法机关）以及各级党组织不是行政主体，因此它们制定的规则也不属于行政规则。

2. 制定规则的目的性

行政规则的制定是来源于公共行政管理的需要。《美国联邦行政程序法》中对行政规则的具体描述非常形象细致地表明了行政规则的这一功能。“行政规则是指全部或部分的行政机关的说明，这些说明是关于一般或特殊的应用；或者是影响将来到执行、解释、预设法律或政策之前；或者描述组织和程序；或者是一个行政的实践要求，包括关于批准、预设的预期税率、工资、公司、资本结构、重组；或者物价、公用设备、设施、服务、津贴以及因此而产生的价值、成本、预算，或者是前面提到的任何一项事务的践行。”〔1〕

3. 调整对象的广泛性

行政规则的适用对象包括行政主体自身和不特定的行政相对人，对于行政主体职权范围和管辖内的不特定人和事，具有可以反复适用的普遍约束力。

4. 制定行为模式的规范性

规范性是法律和行政规则共有的基本属性。和一般法律规范一样，行政规则同样具有普遍性、抽象性和一定的导向性。但行政规则的规范性程度低于一般法规范，不能自主规定法律后果，不能设定罚则，不能自我设定强制手段，这是其与行政立法最重要的区别之一。

5. 法律效力的有限性

通常认为行政规则没有法规范意义上的约束力，但有事

---

〔1〕《美国法典》第5编第551条（1998）。

实上的约束力。不具有法源的地位，对法院没有拘束力，但当事人可以以平等原则或依照合理预期得到司法保护。

（二）行政规则的对应外延

综上所述，行政规则是一种由行政主体基于公共行政需要而制定的具有规范性效力的普遍性准则，其外延非常广泛，涵盖行政法规和行政规章之外的所有行政性规则。但在实践中，需要运用行政规则的基本特征将以下文件排除在行政规则之外：

第一，不产生任何行政法律后果的文件。例如，公安部《关于填报“十一五”国家科技支撑计划项目课题预算的紧急通知》，仅通知申报课题的截止期限，属于没有任何行政法律后果的文件。

第二，针对具体对象制发的文件。通常将其作为具体行政行为来对待，不属于针对不特定人的抽象性规则。例如，国务院颁发的《国务院关于表彰全国公安机关先进模范集体的决定》《国务院办公厅关于调整监狱体制改革部际联席会议成员单位及成员的复函》，都是针对特定对象制定的文件，不属于行政规则。

第三，具有双重性质的机关根据其非行政职能制定的文件。在我国具有双重性质的机关主要指的是公安机关，既有行政性又有司法性。通常认为公安机关是政府的职能部门之一，是国家行政机关的重要组成部分，同时它又承担刑事案件的侦查、拘留、预审、执行逮捕等任务，是国家的司法机关之一。在公安机关负责刑事案件的侦查、拘留、预审、执行逮捕时作出的各种文件和决定不认为是行政规则。

第四，向上级行政机关作出的请示和报告、上级行政机关对下级行政机关就有关业务工作的请示作出的不创设行政管理规则的非普发性批复及公布办事时间、办事地点等事项的便民通告等文件，也不属于行政规则。

第二节 行政规则的本质

对行政规则本质的理解关系到行政规则理论的基础，追问的是“行政规则究竟是什么”的问题，对这个问题的认识和回答直接决定行政规则的表现形式和效力。通过和法律规范与公共政策的比较，将有助于明晰行政规则的本质。传统行政法学秉持“无法律则无行政”的基本理念，强调依法行政的重要价值，严格遵循形式上的法律统治以达到控制行政权力、保障个人权利的目的。而随着现代公共行政范畴的不断变迁，尤其是给付行政的形成和发展，行政法也从传统的更注重结果法治和形式法治转而面向行政过程本身，不再拘泥于事前立法控制和事后司法审查，力图对整个行政过程进行全面动态的考察、规制与监督。正如学者所言，现代行政的发展要求实现从形式行政法治到实质行政法治的转变，包括实现过程法治。[1]而行政过程法治的实现，必然要以一套相应成熟的行政立法体系为依托。在面向行政的背景下，正

〔1〕 朱维究：《再谈现代行政过程论——从形式行政法治到实质行政法治》，2006 年中国法学会行政法学研究会年会，2006 年 7 月 27 日，西宁市。

式行政立法之外的行政规则虽然并不具备法的外形，但由于在事实和功能上具备了规范性的特征，在行政实践中往往成为行政主体执法依据，从而进入行政法学的研究视野。此外，现代公共行政学一贯重点关注行政过程的积极运行，通过对公共政策的形成、制定、执行和评估，将行政过程加以整体的呈现和关联。行政学上的公共政策与行政法学中的行政规则，在功能目的、外在形式和实质内容上的高度近似与重合，使得两者在不同的学科中虽然称谓不同，但却经常指向一致：大部分公共政策通常都是以行政规则的外形加以表达，通过行政规则的颁布与实施，最终实现政策目标。虽然早有学者认为行政法的本质就是"寻求公共政策如何制定的理论",〔1〕但长期以来，由于各种原因，法理学研究去政策化导向成为主流，导致公共政策从来都没有进入到行政法学研究的对象和范畴。缺乏同其他相关学科的沟通和互动，缺乏对法律运行背景和环境的考察，也必然会导致法学学科无法得到纵深发展。而通过对行政过程的共同聚焦，借由行政规则与公共政策的融合互动，行政法学和行政学获得了一定意义上可以互相交流的语境和平台，这既有利于实现对公共政策的全面考察，也有利于促进行政过程的整体规范化和法治化，对构建公共政策与行政法治之间的良性关系大有裨益。

---

〔1〕 Colin S. Diver, "Policy Making Pradaigms in Administrative Law", 95 *Harv. L. Rev.* 393, 1981.

一、行政法学视野下的考察：类法律而非法律

行政规则是否具有法律属性和功能，是其能否成为行政法学研究对象的重要依据之一。在德日行政法学界看来，作为一种无需法律授权仅凭行政职权就可以制定的内部规则本身是不存在于行政法学之中的，只要能够判断何种规范属于行政规则，以便与法规命令加以区分就算完成了行政法学的任务。但是，一方面，我国的行政规则在外延上要远大于德日的行政规则，不仅包括内部规则，也包括很多外部规则。另一方面，即使是内部规则，由于其在现实中的巨大作用以及规则效力的外部化表现，也使之成为行政法学开始研究的重要内容之一。因此，分析行政规则的法属性与法功能，不仅能够厘清规则与法律之间的关系，为行政规则提供合法化基础，而且在更深层的理论意义上分析，通过对行政规则的深入研究，不再拘泥于正式的行政立法性文件，能够极大地拓展行政法学研究的视野。

（一）行政规则的“类法”属性辨析

作为一种规范的外在表现形式，行政规则和正式的法律在很多层面具有相似的功能和特征。判断行政规则是否属于法律规范体系，涉及对法律本质的根本认知，而对于法律是什么，则是法理学领域争论至今的议题。约翰·奥斯丁（John Austin）视法律为命令，哈特认为法律是规则的结合。埃德加·博登海默（Edgar Bodenheimer）则倾向于一种综合化理解法律的观点。不同的学者基于不同的背景和不同的视角分别提出各自的见解。我们只能根据一些外显的特征来辨

别行政规则和一般法规范以及行政立法之间的关联，据此作出相应的初步结论。

1. 行政规则与一般性法律规范的牵连关系

（1）行政规则具有规范性的本质特征。规范性是法律和行政规则共有的基本属性。作为一种社会规范，法律能够调整人们的行为模式并规定相应的法律后果，从而成为评价人们行为合法与否的标准，同时成为指引人们行为并对未来行为及后果加以预测的标杆。而行政规则作为一种抽象规则体系，目的是为不特定的相对人提供一套具有普遍意义的行为准则，同样表现为对一定社会关系的规范性调整，为相对人制定和提供一定的行为模式、标准和方向，具有指引、预测、评价的作用。和一般法律规范一样，具有普遍性、抽象性和一定的导向性。不过，虽然行政规则和一般法规范都具有规范性的基本特征，但是在规范性的程度上却有差异，法律规范的规范性程度原则上要高于行政规则。

（2）行政规则追求秩序价值的共通性。法作为规范系统，本身就是一定社会秩序的化身。汉斯·凯尔森（Hans Kelsen）在《法与国家的一般理论》（*General Theory of Law and State*）中，开篇即强调法是人的行为的一种秩序。〔1〕有学者认为，虽然法的价值是一个由秩序、正义、效益、自由、福利等组成的综合体系，但就法的价值体系中各个基本要素

〔1〕［奥］凯尔森：《法与国家的一般理论》，沈宗灵译，中国大百科全书出版社 1996 年版，第 3 页。

的地位看，法律秩序价值的地位更显突出。[1]人类社会就是以法律秩序为重要纽带而生存发展的。对秩序的追求和实现是法存在的最重要的基本价值与功能之一。现代行政不仅仅追求片面的法治行政，还追求更高层面上的良好行政。所谓良好行政，其中一个重要的表现就是良好秩序的形成与完善。行政规则的制定与实施已成为现代行政实现行政管理目标最常见的一种行使方式，通过行政规则，无疑可以更加直接有效地确立一种行政主体所期待的新的秩序，促进良好行政的形成与发展。由此可见，无论是法律规范或是行政规则，都具有同样的秩序价值追求。

（3）行政规则具有与法律相似的强制力。法是由国家强制力保障实施的一种社会规范，在法理学上往往以是否具有国家意志性为标准将法律规范与其他社会规范加以区分。但是，行政规则也同样具有一定的国家强制力。这种强制力来源于制定行政规则的行政主体自身所具备的对国家意志的执行性权能。在一定意义上，违反行政规则的后果与违反正式法律规范的后果是相近的，甚至可能比违反国家法律更容易承担相应的法律责任。

2. 行政规则与行政立法的牵连关系

（1）制定主体交叉重合。根据宪法和立法法规定，在我国，有行政立法权的主体是特定的，包括国务院，国务院各部、各委员会，国务院直属机构，省、自治区、直辖市人民政府，省、自治区人民政府所在地的市的人民政府以及所有

〔1〕 周旺生：《论法律的秩序价值》，载《法学家》2003年第5期，第35页。

设区的市人民政府。但这并不意味着这些有权主体制定的所有规范性文件都是行政法规和规章。其中最无争议的可以直接排除在行政立法之外的就是这些有权主体制定的内部行政规则，如广东省政府制定的《广东省人民政府工作规则》，虽然制定主体是法定的行政立法主体，但由于其内容完全是规范政府的内部组织制度和工作规则，所以不属于行政法规和规章，而是一种行政规则。

（2）形成过程和制定程序的相近化。实践中行政规则之所以会受到很多质疑，一方面是因为其制定主体多元且有些主体位阶较低导致权威性不足；另一方面也是因为其形成过程和制定程序相较正式行政立法来说，要简便随意得多。这种程序上的简化固然能够促进行政规则制定之高效，从而带来行政管理的高效性，但同时也降低了行政规则的严肃性和正当性。因此，在制定针对不特定多数人的外部行政规则时，很多规则也参照正式行政立法程序进行，尤其是利用网络征集民众意见，聘请专家论证规则合理性，加大民主参与力度，为最终增强行政规则的合法性和可接受性提供坚实程序基础。

（3）内容和功能的同质化。虽然很多行政规则并不是针对行政主体内部事务而制定的内部规则，而是涉及不特定多数人权利义务的外部规则，但由于制定主体并非法定行政立法主体，所以发布的规则也就不具备法规和规章的外形，只能属于一种行政规则。例如，东莞市政府曾在 2013 年发布《东莞市住房公积金缴存管理办法》(东府〔2013〕106 号)，该办法无论是从规则的具体内容，还是规则的实际效力上分析，都与地方性规章的内容与功能非常接近，但由于东莞市并非国务院批准的较大的市，无行政立法权，其发布的这类文件虽然具有实质法规范的属性，但也只能居于行政规则的地位。但随着立法法正式赋予东莞市政府制定地方政府规章的权限，这类行政规则很快就得以扶正获得规章之名，成为真正意义上的行政法规范。

（二）行政规则的“非法”属性辨析

尽管法律与行政规则都产生于对一定社会关系的调整，但这种调整无论在价值取向、具体内容、制定程序以及调整强度上都存在显著区别，表现出两者的实质差别。

1. 行政规则与一般法规范的分离

（1）价值取向的侧重点不同。法律规范与其他社会规范最本质的差异或许就在于法从古至今对正义的不懈追求。虽然正义的内涵会随着时代改变而改变，不同的人对正义的理解也不尽相同，但不可否认的是，法律的正义性始终是法律最基本的属性之一。而行政规则的形成，往往与行政高效运转的需求有关。与法律始终关注正义底线不同，行政规则更加注重对效率与秩序的考量，虽然也有对行政规则正当性的追问，但通常倾向于实质正义，体现行政效率优先的价值定位。

（2）调整内容与结构的差异。法律规范主要是通过配置和界定社会成员的权利和义务来调整可能的利益冲突，从而确认、保护和发展一定的社会关系。所有的法律规范都是直接或间接的关于社会成员权利义务的规范，法律与权利义务概念密不可分。而行政规则通常并不以创设权利义务为宗旨，内容更多表现为对法律的解释和细化，其形成主要是行政主体在长期行政过程中，经过不断的自我调整和适应而发展出的一套管理经验与专业知识的整合，相对法律来说，行政规则的制定通常既没有严格的形式逻辑结构要求（完整的法律规范通常要具备三要素，即适用条件、行为模式和法律后果），也不具备基本的权利义务内容。

（3）调整力度与范围的差异。虽然行政规则也有一定的强制性，但这种强制性与法律相比，在强制的程度和保障实施的方式上，仍存在本质差别。尤其是以行政指导、行政计划形式出现的行政规则，本身就以“非强制性”作为基本特征，往往更接近于一种自愿式、倡导式的实现途径，虽然也有可能会对不遵守指导的相对人产生一定的外部效果，但这种效果即使会产生事实强制性，也与以国家强制力为后盾而实现的法律强制力不相等同。

2. 行政规则与行政立法的差异

除了与一般法规范存在上述本质差异外，行政过程中的行政规则与行政立法在很多方面也有明显不同。在我国行政规范体系中，如果以外在形式为标准，行政规则是被排除在正式行政立法之外的，不属于正式法源。如果按照实质标准，虽然行政规则尤其是外向外效型规则具备了很多法律规范的特征，表现出与行政立法强烈的趋同性，却也并不能据此认定其与行政立法的同质性。

（1）制定主体不同。虽然行政立法与行政规则的制定主体有时会发生重合，即所有的行政主体都能够在自身职权范围内依照法律和相关政策制定行政规则，但并非所有的行政主体都具有行政立法权。如上文所述，在我国，行政立法权专属于法律规定的享有行政法规和规章制定权的特定行政主体。两者体现为一种包含关系。

（2）制定程序和步骤的要求不同。正式的法律规范都是由国家制定或认可并经由法定程序制定，以国家强制力作为实施保障的规范，这种制定程序的法定性是法律规范与其他规范相区别的又一重大特征。在我国有专门的《立法法》来规范法律、法规和规章的制定过程，而行政规则的制定则没有明确的法律规定。在实践中各类行政规则的制定程序通常比较简化，并没有确立如同行政立法所必经的规划—起草—审核—公布这些法定的步骤和程序要求。程序的简化一方面可以使行政规则能够适应复杂多变的行政管理需要，但另一方面也导致行政规则很难获得正式法律规范所具备的权威性和正当性。

（3）司法适用力不同。《中华人民共和国行政诉讼法》（以下简称《行政诉讼法》）第 63 条规定，人民法院审理行政案件，要以法律和行政法规、地方性法规为依据，参照规章。由此可见，行政法规和规章作为正式的行政立法，在行政诉讼中对法院具有约束力，是法官进行司法裁判的依据。而行政立法之外的行政规则，并无这种法定的约束力。根据 2014 年《行政诉讼法修改决定》，法院对行政规则拥有附带审查权，公民、法人或者其他组织认为具体行政行为所依据的国务院部门和地方人民政府及其部门制定的规章以外的规范性文件不合法，在对具体行政行为提起诉讼时，可以一并请求对该规范性文件进行审查。同时规定，人民法院在审理行政案件中，发现上述规范性文件不合法的，不作为认定具体行政行为合法的依据，并应当转送有权机关依法处理。这条新增规定一方面赋予法院对规章以外的行政规则有权进行司法审查，也同时说明其并非法院在审理案件时必须要“依据”和“参照”的依据，而能不能成为司法裁判的依据，是法律和其他行为规范之间的重大分野。这进一步凸显了行政规则与正式立法的分离。

（三）有关行政规则的初步结论

判断一种行政规则是不是法律，是一个艰深的法理学问题。笼统地将行政规则划归行政立法体系是和笼统地将行政规则排除出行政立法体系一样简单粗暴的做法。因为行政规则所指代的范围是如此之广，不采取特定的类型分析就不可能得出相对合理的结论。将行政实践中的行政规则按照一定的标准进行分类，在类型化的基础上分门别类界定各自的属性，是较为科学可行的做法。在类型化之前，通过分析行政规则与正式法规范的异同，也可以得出初步的结论，即从外在形式上分析，行政规则的确不属于严格意义上的制定法范畴，也很难成为具有司法约束力的行政法渊源。而从实质内容上判断，至少那些针对外部相对人制定的可以反复适用的具有创制权利义务关系内容的外向外效型行政规则，已经在本质上最大限度地接近了正式的法。

二、行政学视野下的考察：类政策而非政策

公共政策是公共管理学研究的主要范畴，也是公共行政学的核心术语。在行政学视野内看待行政规则，通常是将其作为公共政策的一类载体。而在法学研究的视野内，公共政策的内涵外延以及其与法律和行政规则之间的相互关系，与行政学的认知有较大差异。行政学视野中公共政策的外延大

致可用图 1-1 加以表达：

公共政策
- 党的政策
- 公共法律
- 政策行政法规和规章（行政立法）
- 司法机关政策
- 其他规范性文件（行政规则）

图 1-1　公共政策的外延

（一）公共政策之内涵："以行为规则为中心"之界定

公共政策学是基于社会问题的压力和政府管理的需要而在 20 世纪 60 年代产生的一门新兴交叉学科。对于公共政策的含义，学者们从不同视角出发给予不同的界定。美国学者托马斯·W. 威尔逊（Thomas W. Wilson）认为公共政策是由政治家即具有立法权者制定的而由行政人员执行的法律和法规。[1]哈罗德·D. 拉斯韦尔（Harold D. Lasswell）和亚伯拉罕·卡普兰（Abraham Kaplan）指出："政策是一种为某项目标、价值与实践而设计的计划。"[2]戴维·伊斯顿（David Easton）认为，公共政策是政府对整个社会的价值作权威性的分配。[3]托马斯·R. 戴伊（Thomas R. Dye）认为："公

---

〔1〕 伍启元：《公共政策》，商务印书馆 1989 年版，第 8 页。

〔2〕 H. D. Lasswell and Kaplan, *Power and Society*, N. Y. : McGraw-Hill Bok Co. , 1963, p. 70.

〔3〕 David Easton, *The Political System*, N. Y. : Knopf, 1953, p. 129.

共政策就是政府选择要做的或者不要做的事情。”[1]美国学者罗伯特·艾斯顿（Robert Easton）认为：“政策就是政府机构和它周围环境之间的关系。”[2]这些理解从不同侧面描述了公共政策的具体特征，为国内学者结合具体国情理解公共政策提供了思想基础。一般看来，我国学者大多赞同托马斯·W. 威尔逊和哈罗德·D. 拉斯韦尔的观点，倾向于“从社会规则或者规划”的角度理解公共政策，百度百科上对“公共政策”有较为全面的定义：公共权力机关经由政治过程所选择和制定的为解决公共问题、达成公共目标、以实现公共利益的方案，其作用是规范和指导有关机构、团体或个人的行动，其表达形式包括法律法规、行政规定或命令、国家领导人口头或书面的指示、政府规划等。这种理解既是我国学者比较偏好的立场，也是将公共政策与法律共同视为一种“行为规则”从而能够置于同一平台进行比较的前提。

（二）法律与公共政策的关系

1. 法律与公共政策的分离

如上文所述，公共行政学通常将公共政策视为一种引导个人和团体的行为规则，将凡是由公共权力主体制定，对一定的社会行为主体产生一定影响的法律、法规、战略、规划、计划、条例、规章、政令、声明、指示、管理办法、实施细则都作为公共政策的载体。按照这种理解，不仅所有行政主

---

〔1〕［美］托马斯·戴伊：《理解公共政策》，孙彩红译，北京大学出版社2008年版，第2页。

〔2〕［美］詹姆斯·E. 安德森：《公共政策制定》，谢明等译，中国人民大学出版社2009年版，第2页。

体所制定的行政立法和行政规则都是公共政策，立法机关制定的法律也成为形成公共政策的基本形式。这种完全将法律规范视为政策工具的认识与传统法学理论对政策的理解几乎是南辕北辙，如美国法学家博登海默就将政策与法律明确分离，仅将其作为一类法律渊源。他认为“公共政策主要是指尚未被整合进法律之中的政府政策和惯例”。〔1〕在多数法学学者看来，政策与法律的混同将直接形成政策至上的国家治理模式，无疑会最终导致法治精神的消亡，因此必须要明确区分法律与政策的关系。综合来看，法律与政策在制定主体、内在结构和作用形式上的确存在根本性不同，虽然由于学科差异和历史原因，法学界对公共政策的研究并没有其他学科那么深入，但对政策与法律之间的关系大致存在以下两种观点：

第一，一种观点从德沃金的政策观出发，认为法律与政策存在一体性。政策包含在法律之内，是法律的组成部分，法律反映一定的政策导向。在此基础上很多学者进而认为，政策相较于法律来说，具有超前性和对应性。类似“政策是立法的先导，法律是政策的体现”这类格言就鲜明地反映了在这种思想指导下政策与法律的关系。但这种理解将公共政策的外延严重缩小，虽然是特定情形下的认识，但和现代公共政策理念格格不入。随着社会发展，公共政策也随之呈现多样化的形态，既有执政党的政策，也有国家政策、政府政

〔1〕［美］E. 博登海默：《法理学：法律哲学与法律方法》，邓正来译，中国政法大学出版社 1999 年版，第 465 页。

策、司法政策；既有中央政策、区域政策，也有地方政策；既有经济政策、社会政策、文化政策，也有教育政策、卫生政策、科技政策、环境政策等。[1]

第二，另一种观点则将政策与法律严格分离，认为只有成文的制定法才是法律，政策只是制定法之外具有指引导向意义的行为规则。在法理学中进行去政策化研究，在行政法中强调依法律行政而不是依政策行政。通常的研究主要在以下方面从静态角度阐述法律与政策的不同：①外在表现形式不同。法律规范一般都以规则为主，内容相对明确具体，由宪法、法律、法规等规范性文件作为法的渊源。而政策相比而言较为原则和抽象，通常以决定、纲领、通知、纪要、决议等形式表现出来。②权威性和强制力不同。从法理角度而言，法律的重要特征就是以国家强制力为后盾来获得实施。而公共政策虽然也有一定的强制力，但相对较弱，政府对违反政策的人只能通过行政手段予以处分。③稳定性不同。法律一般是对试行和检验为正确的政策的定型化，具有较强的稳定性。政策则要适应社会发展的需要，及时解决新出现的社会现象和社会问题，相对于法律而言，政策灵活多变，稳定性不强。

应当说，以上两种认识都失之于简陋，没有客观全面地反映出政策与法律的真正关系，急需在新的行政法治视角下重新展开建构。

---

〔1〕 肖金明：《为全面法治重构政策与法律关系》，载《中国行政管理》2013 年第 5 期，第 37 页。

2. 法律和公共政策的融合与渗透

虽然在法学研究中我们很容易指出法律与政策在制定主体、规范形式和效力上的差别，但当视野放到广袤的国家治理层面就会发现，两者之间的不同并不如想象中那样泾渭分明，政策与法律在根本目的、价值取向和基本功能上有差异，但同时也存在更多的共性。在很多情况下，成熟的政策可以转化为法律，从这个意义上来说，公共政策甚至可以被视为立法的起点和实践。例如，2011 年正式实施的《中华人民共和国社会保险法》，就是从城镇社会保险政策脱胎而来，经过多年的立法之路，最终以政策法律化、规范化的形式宣告了我国以政策为支柱的社会保险时期的结束，以及以法律为支柱的社会保险时期的到来。〔1〕

此外，罗纳德·德沃金（Ronald Dworkin）在其提出的“规则-政策-原则”模式中，将政策作为法的内在构成要素之一，认为法律不仅仅包含规则，还包含非规则性的原则和政策，无论如何复杂的立法，都需要原则和政策的考虑，处理疑难案件时，往往不是规则而是原则或政策在发挥作用。〔2〕这种观点充分体现出法律与政策的一体化。在很多法律文本中存在各种政策性的表述，已经成为一种常态，很多公共政策也只有通过法律手段才能获得实现。以 2018 年 12 月修正的《中华人民共和国老年人权益保障法》为例，从第

〔1〕 许多奇：《〈社会保险法〉亮点：政策法律化与法律政策化》，载《中国社会科学报》2011 年 1 月 20 日，第 8 版。

〔2〕［美］德沃金：《认真对待权利》，信春鹰、吴玉章译，中国大百科全书出版社 1998 年版，第 23~24 页。

3条开始，很多条款都属于政策性的描述，如第4条第1款规定，积极应对人口老龄化是国家的一项长期战略任务；第5条第3款规定，倡导全社会优待老年人；第8条第1款规定，国家进行人口老龄化国情教育，增强全社会积极应对人口老龄化意识。这种将长期实施的公共政策通过法律的形式加以固定，同时在法律文本中又渗透政策理念的法律在社会法〔1〕中尤为多见。

（三）行政规则与公共政策之异同

相比其他部门法学，行政法领域与公共政策的联系和融合更加密切。尤其是现代行政国家，为了使行政能够更有效率的运作，各国都逐渐脱离传统的立法机关授权、严格依法行政的约束，赋予行政机关根据行政管理实际需要进行政策判断的权能。由此整个行政法体系的形成与发展都伴随着公共政策的形成与发展。无论是宪法、法律、行政法规或规章以及行政规则，基本上背后都承载相应的公共政策目标。事实上，公共政策在行政的任何阶段都已经对行政法规范产生巨大影响，从政策的形成、制定到实施再到评估，虽然需要通过行政法的视角进行合法性监督，但同时也可以看到，新的行政立法和规则的出现，绝大部分是为行政机关有目的地

---

〔1〕 社会法，是中国近年来在完善市场经济法律体系，落实科学发展观、构建社会主义和谐社会的历史大潮中应运而生的新兴法律门类和法律学科。中国现行的社会法包括《中华人民共和国劳动法》《中华人民共和国劳动合同法》《中华人民共和国工会法》《中华人民共和国未成年人保护法》《中华人民共和国老年人权益保障法》《中华人民共和国妇女权益保障法》《中华人民共和国残疾人保障法》《中华人民共和国矿山安全法》《中华人民共和国红十字会法》《中华人民共和国公益事业捐赠法》《中华人民共和国消费者权益保护法》。

实施相关政策提供法律依据而制定的。通过行政规则为载体来实现公共政策，在很大程度上已经成为行政立法的主要驱动力。研究行政过程中的行政政策与行政规则的形成和互动，对于全面动态地理解行政法规范体系，具有深刻的意义和价值。

1. 行政规则与公共政策的共通性

行政规则在行政学中被视为公共政策的载体，行政主体经由制定行政规则反映和实现公共政策。其共通性主要体现在：

（1）制定主体的共通性。在行政领域，制定政策和行政规则的主体都比较广泛，不像行政立法那样需要有明确的法律规定和授权。

（2）涉及领域的共通性。无论是行政规则还是公共政策，都是基于公共行政、公共利益的目的而制定，涉及的都是公共事务领域。公共政策是政府等公共部门进行社会公共管理，维护社会公正，协调公众利益，确保社会稳定与发展的措施和手段。行政规则也是为了公共行政的需要而制定并执行，为社会公益而非个人团体私益而存在。

（3）目的功能的一致性。两者本质相同，具有权威性、价值性、利益性，都是为了实现优质和良好行政，实现公共利益和公共福利。

（4）灵活性和效率性。行政规则和公共政策的制定过程相对法律规范来说比较简易，能够适应社会发展的需要，及时对新出现的问题进行处理，目标性和导向性非常强。无论是行政规则还是公共政策，其制定所依据的社会问题导向是非常明确的。这与法律相对滞后、保守、被动的基本特征形成较为鲜明的对比。公共部门制定和实施公共政策的目的是为了协调和平衡公众利益，而公众的利益是处在不断的变动之中的，旧有的差距和不平衡得到调整后，又会出现新的矛盾与冲突，需要有新的政策来进行协调。如果说法律是一种对行为的限制性规范，那么行政规则和公共政策在某种意义上来说就是有关如何行为的规范。

2. 行政规则与公共政策的不同点

行政规则与公共政策的不同点主要体现在以下几方面：

（1）外延上不同。公共政策范围更广，表现形式更多，即使是在行政领域由行政主体制定的公共政策，也不全都以行政规则表现出来，还有讲话、指令、命令等。

（2）形成过程不同。作为一种具有普遍性可以反复适用的行为规范，行政规则的制定虽然不像正式立法那样有严格的程序要求，但也逐渐注重对程序、公众参与等的抑制。在我国，政策的形成则更加灵活随意，更多体现部门利益，其民主性和科学性不如行政规则。

（3）实施方式不同。制定行政规则是政策实施工具的一种，除此之外，政策实施还有其他可选择方式。政策工具的主流分类一般为三类：自愿性工具、强制性工具与混合性工具。例如，在食品监管领域，未来的政策设计就可以摆脱仅依靠传统的命令-控制型的政策工具，而增加一些诸如责任追究型规制、信息规制、标准规制型的政策工具。[1]既要强调对强制性工具的使用，也要加强对混合性工具与自愿性工具的使用。

（4）对司法影响力不同。行政规则的司法效力，虽然没有明确法律依据，但实践中法官都会慎重考虑，虽然不作为判决的依据，但允许经过审查后成为判决的理由。公共政策虽然也介入司法，但程度通常比正式制定的行政规则要弱。

（四）有关行政规则与公共政策关系的一般结论

事实上，行政规则与公共政策的差异与共性，基本上是在法学领域从静态的角度考察而得。从动态的角度考察全部行政过程会发现，行政规则与政策在大多数情况下实际指向是一致的。这是构建行政法学和行政学学科进行交流的平台。传统行政法学注重在行政过程的下游考察行政行为的合法性，而通过对行政规则的研究，可以借鉴行政学对公共政策研究的既有成果，从政策的形成、制定、运作及评估等全部行政过程进行全面考察，极大拓展行政法学研究的范围。综合来看，行政规则与公共政策大致在以下两方面形成良性互动：政策的形成和发展会直接指引行政规则的制定，同时，通过行政实践中对规则的有效执行，可以有效率地反映并完成政策目标。

三、行政规则的本质属性定位

法律与政策的相互关系在根本上影响对行政规则的认知。

---

〔1〕 岳经纶：《食品安全问题及其政策工具选择》，载白钢、史卫民主编：《中国公共政策分析》，中国社会科学出版社2006年版，第78页。

如果看到现代行政中法律与政策相融合的趋势，那么行政规则无疑是沟通法律与政策、行政法学与行政学的重要桥梁。通过行政规则的制定，使政策具体化呈现，通过行政规则的运行，在成熟的时候上升为正式的法律，这个过程是在现实行政中常见的现象。基于法律与政策的不同特征和功能，对于行政实践中新出现的尚未定性的社会关系及突发的、临时的或者急需解决的社会问题，先由政策加以调整可以起到试错和积累经验的作用，在条件成熟后通过法律化，使之获得执行的合法性依据和权威。

行政规则究竟是一种法律还是一种公共政策，争论的焦点在于对法律和政策相互关系的认识和理解。行政法中关注对行政权尤其是裁量权的限制，而公共行政学则更关注行政过程的积极运行。行政法学研究和行政实践中存在两种倾向：一种是坚持形式法治思维，片面强调依法控权，坚持“法律自洽”，不承认行政规则的法律属性。另一种是混淆法与政策之间的差异，强调政策的重要性。前者容易导致行政法学与其他相关学科的脱节，而后者则会使行政法学淹没于行政学或政策学中，因而都不是科学严谨的认知方法。

将行政规则视为广义的法律或是一类公共政策，区别只在于理论角度的不同。如果认同博登海默和德沃金的观点，那么政策即是法律的一个组成部分，行政规则作为现实中的一种政策工具自然也可以成为广义上法律规范的组成部分之一。如果按照公共行政学家们的普遍看法，将法律作为政策的一个重要表现形式，那么行政规则就更是一种典型的政策。在行政过程中，应当关注规则制定及对其运行的规制，考虑良好行政与行政法治的理想结合，即通过对规则的研究，达到促进行政过程和行政行为的良好运作，以及与行政法学对行政权力的控制、保障人权最终目标的实现。正如博登海默所言："我们不能把治理效率作为一个终极目的，而应该把实现保护人权的适当措施视为开明进步的行政司法的一个基本条件。"〔1〕

第三节 行政规则的产生与兴起

作为一种调整行政关系的行为规则，大致来说，行政规则应当是和行政活动（特别是权力关系领域）同步产生的，要早于近现代意义上的行政法。和行政法学相同的是，行政规则的生发和兴起同样是时代的产物。有行政便有规则，但随着社会的发展和行政疆域的扩张，行政规则在世界各国都出现了蓬勃发展的情势，从不被行政法学关注到成为行政法学研究的新领域，这个过程，既有相应的行政基础，也伴随法治理念的更新。

一、行政规则兴起的行政背景

行政法是关于公共行政的法，"公共行政既是行政法学者研究的有效对象，也是他们需要保持回应性的事项，重要

〔1〕［美］E. 博登海默：《法理学：法律哲学与法律方法》，邓正来译，中国政法大学出版社 1999 年版，第 465 页。

的是，行政法应与其行政背景同步。”[1]公共行政的发展变化直接影响行政规则的命运，也最终决定行政法学的研究领域和研究重点。公共行政的变迁大致可以描述为这样一种趋势：权力行政—福利行政（全能政府）—公共管理—公共治理。而行政规则的勃兴与全能政府的出现密切相关，从传统的以强制性和消极性行政为特征的权力行政到19世纪之后从“摇篮到坟墓”的福利行政时代，行政规则的出现正适应行政职能不断扩大的全能政府需要，既是维系全能政府统治的重要工具，也是全能政府广泛实施的必然结果。

（一）强调工具性的国家权力行政

封建时期公共行政的任务主要是处理当时社会经济条件之下的公共事务，包括保卫国家安全、维护公共秩序、修建基本的公共设施等。与现代公共行政最重要的不同在于公共行政的目的不是以公共利益为依归，而是专制君主统治的工具。“率土之滨，莫非王臣”即是如此。处于自由资本主义时期的各国政府所构建的行政制度基本上都属于“权力行政”，这种行政方式以强制性、消极性和国家行政为基本特征，与当时社会经济发展背景相适应。古典政治经济学家亚当·斯密（Adam Smith）曾有著名论断：在市场的自发秩序下，当每个人为追求自己的目标而努力的时候，他就像被一只看不见的手指引着去实现公共利益。政府不应过多地干预

〔1〕［英］卡罗尔·哈洛、［英］理查德·罗林斯：《法律与行政》（上卷），杨伟东等译，商务印书馆2004年版，第34、76页。

经济，应放任经济的自由发展，依靠市场自发调节。〔1〕这一时期信奉的格言是“最好的政府，最少的管理”。政府的任务在于“保护国土不受邻国侵犯；在国内维持正义，安定秩序，使富人财产不受侵犯；举办私人所不愿办之事业”〔2〕。公共行政范围很窄，仅限于国防、外交、警察、税收等维持社会发展和维护个人自由所必需的最小范围内。以维持社会秩序、国家安全和排除对人民及社会危害为目的的秩序行政成为这一时期的典型行政形态。在这个时期，政治与行政二分理论是传统公共行政的理论基础之一。它将政治与行政二分，行政被视作单纯地执行国家法律和政策的工具，将行政定位于高效执行国家法律与公共政策，实现政治决定的目标。至于民主价值以及公共政策制定的事务则由政治家们与立法机关完成。在这种背景下，行政立法和行政规则也被立法机关通过严格的依法行政原则控制在尽可能小的范围内，避免行政权的扩张损害私人权利。

（二）强调人本性的新公共行政

19 世纪后半叶，随着资本主义进入垄断时期，“市场失灵”导致的各种社会问题和经济问题层出不穷，到 1929 年全世界经济危机则达到一个高峰，宣告自由主义的经济和行政理念必须要加以调整。以凯恩斯主义为代表的经济学理论被重视和采纳，政府开始全面调控社会生活，除了经济之外，

---

〔1〕［英］亚当·斯密：《国民财富的性质和原因的研究》，郭大力、王亚南译，商务印书馆 1974 年版，第 27 页。

〔2〕林纪东：《行政法新论》，五南图书出版有限公司 1995 年版，第 40 页。

还大量参与教育、卫生、交通等公共事业。这种行政权的扩张要求行政机关拥有更多的立法权来规制社会，法律保留原则的广为接受直接导致大量行政性立法随之出台。譬如英国每年发布的正式行政法律规则多达 6432 页，这还不包括被视为软法（soft law）的部门通告、指示、意见、会议纪要和业务规程等执行细则。[1]

二战之后，世界各国迎来了普遍性的经济高速增长，除了传统的调控领域（如反垄断、促进就业、避免经济危机、对抗通货膨胀等）之外，又新增了伴随经济发展而来的环境、能源等问题以及各种由工业化和城市化引发的社会保障问题，行政任务急剧膨胀，行政权能得以进一步强化和扩张，公共行政出现多元化的态势，行政合同、行政指导等非强制性的合作行政方式不断涌现，以公共福利为宗旨的服务行政成为公共行政发展的重心。20 世纪 70 年代以后，随着全球化和公民社会的兴起，公众需求更加多样化，要求政府尽可能提供更加优质全面的服务和福利，但可供分配的社会资源有限，政府再也不可能包办一切公共服务和公共产品的提供。全能政府理念下的政府面对全球经济一体化、错综复杂层出不穷的新任务和新需求、骤发的技术革新和市场变化应接不暇，譬如医疗卫生领域的快速发展提出了新的伦理难题，使食品药品监管部门必须提供更加充分完善的批准和实施程序；不断推陈出新的新兴网络科技也对传统

〔1〕［英］卡罗尔·哈洛、［英］理查德·罗林斯：《法律与行政》（上卷），杨伟东等译，商务印书馆 2004 年版，第 300~306 页。

的管制模式提出了新的挑战。从全能政府走到“政府失灵”，使人们开始反思由国家充当超级保姆掌控全部公共事务的有效性，社会公共行政由此兴起。一场强调提高政府效能、主体多元化的新公共管理运动在各国逐渐展开，但是，由于公共管理依然固守管理型思维，不能适应公共行政的新变化，由此又出现了公共治理（Public Governance）的新模式。全球治理委员会（Commission on Global Governance）在 1995 年的《天涯比邻》(*Our Global Neighborhood*)报告中将治理定义如下：治理是个人和制度、公共和私营部门管理其共同事务的各种方法的综合。它是一个持续的过程，其中，冲突或多元利益能够相互调适并能采取合作行动，它既包括正式的制度安排也包括非正式的制度安排。这个定义强调公共治理模式是由开放的公共管理与广泛的公众参与二者整合而成，相比公共管理模式而言更注重民主过程和协商、指导、鼓励、合作等非强制性行政方式的功能。这种公共行政的新思维在关注效率的同时关注公平和民主，能够弥补公共管理行政的不足，体现了社会发展的新特点，所以得到世界各国的重视和发展。新行政方式的出现赋予行政主体更大的自由裁量权，但是这种裁量权在促进有效行政的同时，也存在被滥用的风险，现有的对于自由裁量权的立法和司法控制都存在各种弊端，尤其当面临前所未有的社会发展新态势时，这种控制就显得更为薄弱。在这种情况下，各种裁量基准和执法指南等行政规则纷纷制定出来以促使行政主体良好行政。

在美国，适用非正式程序的行政活动比重已经占据

90%，被称为“行政活动的生命线”。在德国、日本等大陆法系国家，利用没有实体法授权的“非正式行政活动”实现管制目标，也日益受到重视，如利用补贴、义务的免除、税收措施等经济上的激励诱导私人的行动以便达到行政目的，利用建议、劝告、引导等行政指导手段柔性地将相对人的行为指引到公共政策目标轨道。在我国，“治安承包协议”等行政契约（合同）手段在社会治安管理领域的运用，“有奖举报”“经济补贴”等行政奖励性、诱导性手段在经济管理、行政管理领域的展开，“告知-承诺”等协商型手段在审批管理领域的探索等，都是上述发展趋势的实践注脚。[1]在这种背景下，新的治理主体的加入和更多非强制行政手段的使用必然呼唤新规则的出现，行政规则虽然没有获得正式法律制度的地位，但也和行政立法一样，获得了极大的生长空间，而且相比程序要求较高、制定相对严格的正式行政立法而言，在制定主体、程序和实施方式上都相对灵活简易的行政规则更能够因时应势地满足公共行政的新变化，弥补成文法滞后性、被动性等不足，从而在世界范围内都出现了规则数量、范围和程度的爆发。1933 年 3 月 20 日之后的最初 15 个月内，美国总统发布命令 674 个，接近 1400 页，这个数量是 1862—1890 年间发布的总统令的 6 倍。[2]

---

〔1〕 朱新力、梁亮：《公共行政变迁与新行政法的兴起》，载《国家检察官学院学报》2013 年第 1 期，第 114 页。

〔2〕 Erwin N. Griswold, “Government in Ignorance of the Law: A Plea for Better Publication of Executive Legislation”, *Harvard Law Review*, Vol. 48, No. 2, 1934, pp. 198-199.

二、行政法治模式的变迁与行政规则功能之强化

人类从有法治以来，就一直存在形式法治和实质法治的争论。亚里士多德（Aristotle）认为，法治应当具备两大基本要素，即法律的至上权威和法律自身的优良。这本身就包含了追求外在权威性的形式法治和追求内在公平正义的实质法治之要求。一般而言，形式法治要求法律的明确性、统一性和普遍适用性；实质法治要求法律必须体现公平、正义、自由和尊严。形式法治追求法的形式平等性，主张同样问题同等对待；实质法治追求的是法的实质平等，强调不同问题区别对待，因而注重结果平等。形式法治把效率置于优先地位；实质法治把公平置于首要地位，认为公平是第一位的价值选择。两者体现出不同国家不同时期对于法治的不同态度，实质法治是受到大多数学者首肯的制度设计，但是矛盾的问题是，如果没有形式法治的坚持，可能更难以实现实质法治的目标。

行政领域的形式法治主要强调行政主体要严格“依法行政”，无法律则无行政，法律指的是正式立法，同时强调法律规定要尽量具体明确，避免或最大限度缩小自由裁量权的适用。这种机械的形式法治受到罗斯科·庞德（Roscoe Pound）的严厉批评：“法律使行政陷于瘫痪的情况，在当时是屡见不鲜的。几乎每项有关治安和行政的重要措施都被法律所禁止……将行政限于无以复加的最小限度，在当时被认为是我们这个体制的基本原则。换言之，当一些人走向一个极端并接受官僚支配时，我们却走向另一个极端并接受着法

律的支配。”[1]当社会发展到新的阶段之后，这种形式法治的理念就有了重新被解读、被重置的空间，依法行政中的法律被广义化理解，除了正式立法之外，行政规则也可以成为行政的依据。这种理念的发展直接导致行政规则的大量出现。实质法治要求在行政过程中，保证程序正当和内容合理以最终实现公平正义，而要实现这个终极目标，必须通过适当的行政规则体系才有可能完成。

（一）从形式法治到实质法治：以行政规则弥补正式法源之缺陷

形式法治把成文法作为法的唯一渊源，在法治初创时期的确可以充分发挥法律的明确性、稳定性和权威性，有利于迅速实现法治理念的全面普及和社会的安定。然而，成文法从诞生之日起就存在固有的无法克服的局限性：首先是成文法的滞后和僵化，既无法避免，也无法克服。如亨利·萨姆奈·梅因（Henry Sumner Maine）所言：“社会的需要和社会的意见常常是或多或少地走在法律的前面，我们可能非常接近地达到它们之间的缺口的结合，但永远存在的趋向是把这缺口打开来。因为法律是稳定的，而我们谈到的社会是前进的。”[2]立法者即使再怎样周密，也都是在以往经验和认识的基础上进行的总结和预防，无法应对千变万化的现实社会生活而导致“立法滞后”。其次是成文法的模糊抽象和概括

---

〔1〕［美］庞德：《依法审判》，载《哥伦比亚法律评论》1914 年第 14 期。转引自［美］E. 博登海默：《法理学：法哲学及其方法》，邓正来等译，华夏出版社 1987 年版，第 354~355 页。

〔2〕［英］梅因：《古代法》，沈景一译，商务印书馆 1959 年版，第 15 页。

性，在使法律规范最大限度地适应普遍广泛的社会生活的同时，又难免可能丧失对个体正义的实现。最后是成文法的制定始终是人类思维的产物，而立法者认识的有限性与社会生活的无限性的矛盾决定了其总是会存在立法空白，无法穷尽社会生活的各种可能性而产生各种“立法孔隙”。随着社会高速进步发展，单纯的形式法治已经走到了尽头。为了弥补成文法的缺陷，在法学理论和实务操作中都进行了一定的努力。通过立法补充、法律解释、类推适用等方式可以在一定程度上克服立法漏洞的问题，而通过颁布行政规则解释法律、为执行法律提供细化的技术标准以弥补成文法的缺陷则是在实践中最易于实行的一种手段。

（二）从自由裁量到裁量控制：以行政规则实现裁量控制目的

形式法治的机械性适用法律并不能区别法律法规本身是否具有正义性，实质法治追求实质的公平，不仅要求结果正义，还要求过程正义，这就必须赋予行政主体个案上的自由裁量，行政裁量几乎渗透到行政过程的各个环节，而裁量权如果不加任何限制，则易于滥用，从而走向法治的反面。因而对于自由裁量权的控制就成为各国行政法中的重要内容。

对于自由裁量权的控制是一个综合性的问题，传统的方式主要包括立法控制、程序控制、内部控制、司法控制和社会监督等几个方面，而从具体表现形式上看，除了司法控制和社会监督之外，其他的控制模式基本上都属于一种规则控制。从理想状态上分析，对自由裁量权的控制最为有效的手段即是通过制定明确细致的规则，压缩可以自由裁量的范围、幅度和空间，包括我国在内的很多国家也都在规则控制方面进行了大量努力。正式的立法监控和所有成文法一样具有固有的不足，程序控制也必须通过立法规则转换才能实现，内部控制则是一种直接对裁量的控制方式，其中以制定裁量基准作为控权手段在近些年成为行政法学研究的热点。裁量基准即是一种典型意义的行政规则表现形式。肯尼斯·卡尔普·戴维斯（Kenneth Culp Davis）在《裁量正义》(*Discretionary Justice*）一书中就明确提到，传统的立法控制方式通过立法机关确定细化的标准试图清除自由裁量的做法，在实际上由于缺乏行政经验而很难操作，对自由裁量权进行限制的希望，在于鼓励行政机关以制定规则的方式进行自律，通过持续不断的行政规则制定，将行政过程中积累的经验和智慧理性化和规则化。一些限制裁量的工作要立法机关来做，但更多的任务却得由行政机关来完成。他甚至认为，行政机关的规则是比法院审查更加有效的控制裁量工具。〔1〕余凌云教授也曾论证过，在当下中国，通过指南、手册和裁量基准将“专家知识”外化为社会知识，对于治理行政自由裁量最有成效，也能够立竿见影。当然，用规则克制裁量不可能彻底解决所有问题，但它却可以缩小裁量行使的误差，是一个可取的治理路径。〔2〕

当然我们也看到，是否制定裁量基准，在何种程度和范

---

〔1〕 Carol Harlow, Richard Rawlings, *Law and Administration*, Cambridge University Press, 2009, p. 202.

〔2〕 余凌云：《现代行政法上的指南、手册和裁量基准》，载《中国法学》2012 年第 4 期，第 126 页。

围内约束自由裁量权，本身也是一个裁量的过程。这看上去似乎是一个哲学悖论：为了实现实质法治，必须赋予自由裁量权的适用；为了避免滥用自由裁量权破坏实质法治而制定越来越多的规则，但完全依照规则行政，会在表面上看起来更接近形式法治的本质。但是事实上这和形式法治有本质区别，严格的形式法治从根本上拒绝自由裁量权的存在，认为法治与裁量不能并存，戴雪（A. V. Dicey）在对法治主义进行阐述的时候，认为法治的要素之一就是“绝对的法律至上或法律统治，而排除恣意的权力、特权或政府所拥有的广泛自由裁量权”〔1〕。而实质法治则是认可自由裁量的不可或缺，认为法治和裁量是可以并行不悖的存在。关注的重点并不是通过规则消灭裁量，而是尽可能在规则的范围内对裁量进行规范化行使，正如庞德所言：“历史上所有的政府和法律制度，无一不是法律规则与自由裁量共存。从自由裁量权广泛存在的意义上讲，没有一个政府能够做到‘只受法律的统治’而不受‘人的统治’。所有法治政府都是法律统治和人的统治的结合。”〔2〕

综上所述，虽然世界范围内的公共行政历经几次重大沧桑和转变，从封建时期强制行政到自由资本主义时期的消极行政、最小政府，由于市场失灵导致垄断时期的全能政府，再到由于政府失灵导致的新公共管理运动。由于行政主体相

〔1〕 A. V. Dicey, *The Law of Constitution*, 8th ed., London: Macmillan, 1915, p. 198.

〔2〕 R. Pound, *Jurisprudence*, Harvard University Press, 1959, p. 67.

比立法机关和司法机关而言，事实上掌握更多社会资源，因此行政权在各国都呈现出不断强大的趋势，在这种情况下，传统严格三权分立的国家结构基本上都在事实上转变为以行政权为核心，即行政国家是世界范围内存在的现象，而行政国家的基本特征表明行政规则兴起是行政国家背景下的必然趋势。在中国国家政治结构中，行政机关的地位较为强势，虽然出现新的一些非强制性行政行为方式和新的公共行政主体，但是行政权地位较强势的情况仍然存在。在这种背景下，行政实践中行政主体自身的立法行为以及准立法行为必然会继续呈现出井喷的状态，与此相应，在行政法学的研究领域，要借鉴公共行政学、政治学中对政策的研究成果，从行政规则本质、类型、形成和制定以及规制等角度开展研究，关注整个行政过程的合法性和合理性，将行政规则置于法治视野之下。

第四节　我国行政规则的现状与问题

在中国行政规范体系中，以“行政规范性文件”为主体的行政规则，是行政实践中行政主体贯彻执行各种法律规范、实施行政事务管理的重要手段，也是做出各种具体行政行为的直接依据。作为一种具有“准行政立法”性质的普遍生效的行为规则，由于制定主体的多元多层级性、数量和种类的繁杂性以及所涉范围的广泛性，使其在行政实践中显现出事实上的巨大功能，无论是对行政主体或是行政相对人，影响都是广泛而深远的。但由于这类行政立法之外的普遍性规则通常不被视为正式行政立法，不具有相应的法源地位，因而在制定和颁布程序上相对行政法规和规章来说较为简单，在具体实施过程中也缺乏有效的规制，以至于行政规则在中国行政实践中呈现出一些弊端和缺陷。违法和不当的行政规则存在，究其根源，既在于制定主体对行政规则的性质和作用认识不足使得行政规则未经合法程序科学制定，也由于规控不力使得违法和不当的行政规则不能得到有效纠正和监督。由此可见，如果无法将浩如烟海的行政规则纳入行政法学研究的视野并对其进行有效的规制，将不可避免地对行政相对人合法权益造成侵害。

一、行政规则的现状分析

（一）行政规则的数量庞大

在全国范围内，行政规则的数量并不像正式法律法规一样能够经过统计从而形成有效的统计数据。虽然很多学者都喜欢引用王名扬先生的名言，将法律形容为浮现在规则大海中的岛屿，以此来描述正式法律规范之外规则的数量巨大，但具体这个大海有多大，在现行条件下却无法确认。虽然有一些省市通过备案等方式进行了一定范围内的统计，也有一些省市建立了地方行政规范性文件数据库，但截至目前，全国范围内各层次、各类型的行政规则数量究竟有多少，仍然无法通过科学方式实现有效统计。也由此可见，在行政实践中行政规则的数量要远远超过正式的行政立法，这一点毋庸置疑。

(二) 行政规则的制定主体多元、程序简单

首先，行政规则的制定主体具有多元多层级性的特征。如前所述，行政规则是行政主体制定的除行政法规和规章之外具有普遍性效力的规则。由于其制定主体并不像行政法规和规章制定主体那样具有严格的法定性，因而在行政实践中，只要该行政主体是依法成立的能够独立行使行政职权的国家行政机关或机构以及法律法规授权的组织，都能够在自己的职权范围内制定和颁发行政规则。这就意味着，从中央国务院及各部门到地方政府及其部门，甚至乡镇级政府都能够制定和颁发行政规则，这种制定主体的广泛性，决定了行政规则的数量必然远远大于正式国家法律规范。其次，行政规则的制定程序相对简单。和正式法律规范的制定程序相比，行政规则并无严格的法定程序要求。行政实践中虽然各省也通过制定地方政府规章的形式对行政规范性文件制定程序提出更加规范的要求，但是相对法律规范来说仍然比较简便，程序的简便一方面会削弱行政规则的权威性和正当性，另一方面会极大地提升行政规则的出台数量，以随时适应新的形势变化需求。行政规则的制定主体与制定程序的特性，直接导致行政规则的数量不断扩张和膨胀。

(三) 行政规则的实效性显著

规模庞大、种类繁多的行政规则在数量上不可胜数。在具体的行政实践中，行政规则调整范围的广泛和绝大部分规则效力的外化显现出其事实上的法规范功能。首先，行政规则的调整内容具有广泛性。行政规则之所以成为现代行政国家进行社会事务管理的重要手段，原因之一就是随着经济社

会的不断发展和行政职能的不断扩大，所管理和调整的社会关系也随之扩大和膨胀。由于法律天然的滞后性，制定灵活的行政规则因为更能够贴近现实的需要从而获得了进一步发展壮大的空间，在法律尚未能够对各类新型社会关系进行及时有效的调整时，通过行政规则能够实现为之后制定正式法律“试错”的功能。其次，行政规则的效力具有外部化特征。在我国行政实践中，行政规范性文件是指行政机关依据法定职权或者法律、法规、规章的授权制定的涉及公民、法人或者其他组织权利义务，具有普遍约束力，在一定期限内可以反复适用的文件。从中可以看到，行政规范性文件具有直接的对外效力，会对行政相对人权利义务产生直接影响。而行政规范性文件之外的行政规则，虽然并不直接针对行政相对人制定，但以裁量性规则、解释性规则为代表的内部行政规则却往往会产生间接的外部效果，也对行政相对人权利义务构成实质影响。因而，行政规则虽然不具有正式行政立法的外形，但却在法律后果和调整效力上与正式行政立法无异，具备“准法”的功能和效力。

二、行政规则存在的主要问题

在现代行政国家，行政规则的存在已经成为不争的事实。数量庞大、类型多样的行政规则在行政实践中表现出或直接或间接的效力和功能，对行政主体自身、行政相对人以及社会秩序构成了实质上的重大影响。现实中行政规则既展现出巨大的功效，同时在实施过程中也产生各种问题。俗称“红头文件”的行政规则，虽然能够在一定程度上带来管理的高效，但与之相伴的质疑也一直存在。行政权力部门化，地方利益、部门利益文件化成为最显而易见的弊端。2018 年，中国政法大学法治政府研究院发布《中国法治政府评估报告 2018》，在“行政规范性文件实体合法情况”评估中，首次以网约车新规实体合法情况作为观测点，并重点考察是否存在涉嫌违反《中华人民共和国行政许可法》《中华人民共和国行政处罚法》等情形。结果显示，85 个制定了实施细则的城市中，有 24 个城市因为“要求具有本市户籍或居住证”失分，有 40 个城市因“要求具有本市户籍或居住证”扣分，35 个城市因“要求在本地设立企业法人或分支机构”失分，5 个城市因“增设行政处罚”失分。在总体评估得 0 分的 29 个城市中，15 个城市因未及时制定实施细则而失分，14 个城市因出现以上三种违法增设许可条件和增设行政处罚情形而失分。[1]由此可以看到，行政规范性文件的合法性问题仍然存在。而且这里的“违法”主要表现为明显地超越制定权限、内容和上位法冲突等情况，并不包括不合理的不当行政规则在内。在行政实践中，如较随意设定行政处罚权和行政许可权，违法设定行政强制措施和收费等情形屡见不鲜。造成这种现象的根源在于行政权力的滥用，而行政权力的滥用又在于对行政规则的认知不清，导致行政实践中出现一系列的问题。因此，在行政法学领域内展开对行政规则的研究的根本目的，一方面是厘清行政规则的性质和效力，更重要的

---

〔1〕 曹鎏：《管好“红头文件”建设法治政府——对推进行政规范性文件法治化的思考》，载《紫光阁》2018 年第 11 期，第 91 页。

是在此基础上，展开对行政规则制定程序和形成过程的规范，并建立有效的规制制度，从而保证行政规则能够在行政法治的轨道上运行。

（一）行政规则的性质与定位不明

通常认为，作为行政规章以下的规范性文件，行政规则不属于法律规范，因而在制定程序上可以相对随意，在规制制度设定上也相对简化。但是，行政规则并非是一个单一的法律术语，事实上，不同类型的行政规则，其性质也呈现出极大的差异。尤其是行政规则中的“行政规范性文件”，直接以行政相对人的权利义务作为调整对象，在效力和功能上与正式法律规范几无差别，是最接近于正式立法的一种实质法律规范。行政规则不仅仅是行政决策的外在载体，同时也是行政主体实施具体行政行为的依据。而且，由于行政规则更贴近行政执法实际，从而获得了比正式法律规范更广泛的适用和功能。因此，传统的将“行政规则”排除出行政立法领域的观点和做法，已经无法适应行政规则在行政实践中的现状，必须要通过具体类型化的分析，分别进行定位和考量。

（二）行政规则的制定程序不规范

由于行政规则不被视为正式立法，因而并不像行政法规和规章的制定程序那样需要受到《立法法》的约束。虽然截至目前，全国 31 个省、自治区和直辖市都制定了专门针对行政规则制定或备案的省级地方规章，但是各省对行政规则的具体制定程序规定得并不相同，没有形成全国性统一的程序要求。现行法律中，除《中华人民共和国宪法》（以下简称《宪法》）和《中华人民共和国地方各级人民代表大会和地方各级人民政府组织法》（以下简称《地方各级人民代表大会和地方各级人民政府组织法》）中有一些针对行政规则制定的非常原则的规定外，并没有更多正式法律文本对其作出统一规定。法律的缺位导致行政主体在制定行政规则时处于“无法可依”的状态，很容易导致规则与现有法律规范的冲突。由于行政规则主要是行政主体依职权制定，民主性和正当性存在天然的缺陷，因而对于程序的要求就应该更加严格，以期通过程序正义的实现来弥补实质正义的不足。但是，行政实践中的规则制定程序，在具体落实过程中往往并不能发挥预设的制度效果，如曾经受到广泛瞩目的听证程序，由于没有建立相应配套制度，使其失去了应有的公正性和合理性。因此，如何完善现有的行政规则制定程序，避免行政规则制定成为行政主体的单方面决策或是行政首脑的个人决策，就成为行政规则研究中无法规避的重要问题。

（三）行政规则欠缺有效的规制制度

由于行政规则在实践中产生的诸多问题，为避免不当的行政规则对行政相对人合法权益造成侵害，维护行政规则制定和实施的权威和公信力，从行政主体内部到立法和司法机关都意识到对其进行规制的重要性，并建立起一系列的规制制度。在行政主体自身方面，通过颁布行政规则制定程序和备案的相应规范性文件，试图在源头上实现对行政规则的有效规制；通过建立行政复议审查制度，试图在行政主体内部实现对行政规则的准司法规制。2018 年，两份针对规范性文件制定的重要文件先后由国务院办公厅发布：一是《关于加强行政规范性文件制定和监督管理工作的通知》，二是《关于全面推行行政规范性文件合法性审核机制的指导意见》，基本上构建了我国行政规范性文件制定和监督管理的基础性框架。但这两份文件总体上看来内容规定过于宏观，在微观层面缺乏具体指导，刚性约束力也不强。立法机关也通过备案审查制度对行政规则进行外部监控。2014 年《行政诉讼法修改决定》中，明确建立起对行政规则的附带审查制度，正式在法律层面将行政规则纳入司法审查的范围。这些规制制度或是外部监督或是内部监督，或是事前控制或是事后控制，从一定程度上说，也形成了比较全面的行政规则规制体系。但是，迄今为止，虽然各种规制手段都发挥了一定的功效，但是行政规则面临的问题仍没有得到有效解决。因此，为了更加有效地实现行政规则的积极作用，将其负面效应控制在最小的范围内，就必须在现有规制制度体系的基础上，进行更加明确和细化的制度安排。不仅要考虑每一种规制制度的合法性和合理性，还要全面考虑各种规制制度的衔接和协调，避免重复规定和制度虚化。譬如，在规定了行政规则事前合法审查的情况下，事后的备案审查可以相对简化；在规定了行政规则有效期制度的情况下，行政规则清理制度可以不必另行设置。同时，行政复议中的行政规则审查和行政诉讼中的规则审查如何实现有效对接，也是在制度实施过程中必须考虑的重要问题。

综上所述，基于事实上的巨大规模和强大的实质功能，行政规则已经成为行政法治建设进程中不可绕过的重要环节，行政规则制定的质量和实施的水平，是判断政府是否贯彻依法行政的重要指标。但现有的围绕行政规则的制定与规制制度并不足以支撑行政规则的法治化运行，因此，有必要在学术和行政实践中进一步明确行政规则的本质属性和不同类型，在更高的法律层次上分别建立起有效的形成与规制制度。通过对行政规则的内部自我规制，可以提升行政规则制定和实施的质量，进而提升行政法律规范执行和适用的水准，更好地保护行政相对人的合法权益。通过对行政规则的外部规制，可以实现立法、行政、司法之间权力结构的重新配置，改善和避免现存问题。通过对行政规则进行法视野范围内的深入研究，不再局限于正式行政立法的框架之内，对拓展行政法学研究领域，实现行政法学与行政学等相关学科的互动具有重大意义。

第二章 行政规则类型论

第一节 行政规则类型化的标准体系

一、行政规则类型化之意义

概念的产生来自舍弃事物的个别属性而抽象概括形成，但抽象的概念往往由于过度抽象而忽略事物的个体特征，在法学上这种抽象思维既难以照顾法律上的个别正义，也容易导致法律自身的僵化。而类型化思维则可以避免这一趋势，在抽象与具体之间获得平衡。

随着行政领域的不断扩张，行政规则所涉及的内容和类型也随之丰富多元。行政规则在实践中的多样芜杂使得单纯的概念分析并不能充分反映出行政规则的全貌与特质，必须借由类型化的法学研究方法，在抽象出相对精确概念的同时，结合相应的事实与相互之间的关联性，按照具有一定规律性的标准，描述并构造出在整体形态上具有相似特征的各种不同规则类型，确定其内含的意义、性质或价值，为接下来的制度安排和法律适用提供实证基础。

二、行政规则类型化之标准和方法

（一）以制定主体为标准的分类

与正式的行政立法相比，能够制定行政规则的主体范围是非常广泛的，凡是依法成立的独立拥有国家行政权的行政机关以及法律法规授权的组织都有在自己的职权范围内制定行政规则的权力。正式的行政立法主体必须同时具有行政主体资格和立法认可的造法主体资格，而行政规则的制定主体则仅要求具有严格的行政主体资格即可，实践中一般主要包括以下几种：市、县（市、区）和乡（镇）人民政府；县级以上人民政府所属工作部门；县级以上人民政府依法设立的派出机关；法律、法规、规章授权行使行政职权的组织。以制定主体为标准划分行政规则，通常又可以按照管辖范围、主体性质和主体数量为标准进一步细化区分。其中按照主体的管辖范围，可以分为国务院行政规则和地方行政规则。实践中也有按照主体性质不同分为政府行政规则和部门行政规则两种的方式，如《西安市规范性文件管理办法》《广州市行政规范性文件管理规定》中就将市人民政府、各区县人民政府发布的规范性文件称为“政府规范性文件”；政府工作部门、有关机构和法律、法规授权的具有公共管理职能的组织发布的规范性文件称为“部门规范性文件”。此外，以行政规则制定主体的数量为标准，还可以将行政规则划分为单独制定的行政规则与联合制定的行政规则。在行政实践中最常见的是单独规则，对于联合制定的规则，只要其中一个制定主体为行政机关，一般也视为行政规则。

以制定主体为标准的分类方式，除了可以直接追溯制定源头之外，最重要的意义在于可以根据制定主体的不同来对行政规则的效力等级做出直接的认定。按照行政主体的地位和职权来确认行政规则在规范体系中的效力等级，是在学理和实践中通行的观点。通常国务院发布的行政规则被视为国家政令，在行政规则体系中具有最高的效力，也是其他部门和地方政府制定行政规则的直接依据。同级政府行政规则的效力一般要大于部门行政规则。甚至《立法法》第 80 条明确规定："国务院各部、委员会、中国人民银行、审计署和具有行政管理职能的直属机构，可以根据法律和国务院的行政法规、决定、命令，在本部门的权限范围内，制定规章。部门规章规定的事项应当属于执行法律或者国务院的行政法规、决定、命令的事项。"根据这条规定，国务院发布的决定或命令等行政规则，具有比部门规章要高的法律效力，这就排除了完全依照行政规范渊源确定法律效力的一般性做法，即国务院颁布的行政规则的法定效力要高于地方性法规、部门规章和地方性规章。这种效力的获得主要源于行政组织"下级服从上级"的基本原则。其他行政规则的效力，也是遵照职权等级的高低来确定效力大小，同一职权等级的行政主体发布的行政规则如有冲突，以共同上一级行政主体的行政规则规定为准。

（二）以具体内容为标准的分类

按照行政规则调整的具体内容的不同，可以分为社会事务管理规则、裁量性规则、解释性规则、行政内部规则、技术标准规则、社会发展政策指导规则和行政组织及人事调整规则等。这种分类方式与德日学者对行政规则的归类有异曲同工之处。德国学者毛雷尔在《行政法学总论》一书中，将行政规则分为组织和业务规则、解释性规则、裁量性规则以及替代性规则四类。其中组织和业务规则就是行政组织和人事调整等内部管理规则；解释性规则是指“针对法律规范的解释和适用，特别是法律概念的理解”所作的行政规则，它“为下级行政机关提供了法律解释的指南，从而确保法律的统一适用”；裁量性规则“是确定行政机关如何行使法定裁量权”的行政规则，其目的是“确保裁量权行使的统一性和平等性”；替代性规则即替代法律的行政规则，是指在出现法律缺位或者没有法律规定而又需要规范时，行政机关所制定的起替代法律作用的行政规则。[1]日本学者盐野宏则将所有行政规则分为以下五类：一是关于组织的规定。例如，各省的事务组织及事务分配的规定。二是关于具有特别关系的人的规定。例如，关于公务员、公立学校的学生的规定。三是以各行政机关为相对人，关于各行政机关的行动基准的规定，包括解释基准和裁量基准。四是交付补助金时制定的交付规则或者交付纲要。五是对相对人的行政指导基准的规定。[2] 这种分类方式有助于直观地了解行政规则的具体内

---

〔1〕［德］哈特穆特·毛雷尔：《行政法学总论》，高家伟译，法律出版社2000年版，第593~594页。

〔2〕［日］盐野宏：《行政法》，杨建顺译，法律出版社1999年版，第73页。

容，进而了解制定行政规则的目的和作用。

(三) 以是否为私人创设权利义务为标准的分类

以是否为私人创设权利义务为标准，可以分为创制性规则、解释性规则、指导性规则。这种分类方式是我国学者叶必丰、周佑勇提出的，是在德日行政法学者行政规则类型基础上更进一步的归纳，在行政法学界也获得了一定的认可并产生了一定的影响。[1]它以行政规则是否能对外产生法律效果，以及怎样产生法律效果为标准，将行政规则分为创制性、解释性和指导性规则。创制性行政规范是在行政法规范或上级行政规范没有作出规定而又需要加以规范的情况下，行政主体为了弥补行政法规范或上级行政规范的空缺，未启动行政立法程序而为不特定相对人创设的权利义务的规则。解释性行政规范并没有在行政法规范和上级行政规范的基础上创设新的权利义务，而仅仅是对现有法规范所作规定的具体化，虽然没有新的法律效果，但对外也有相应的法律效力，并影响到行政法规范的准确适用和自由裁量的合理限度。指导性行政规范是指行政主体依法运用职权引导特定或不特定相对人自愿作为或不作为，以实现行政目的的非强制性行为，既不为相对人创设新的权利义务，也不具有法律约束力。例如，2021 年北京市城市管理委员会等部门联合颁布的《北京市城市管理委员会等部门关于印发鼓励推广高压电力用户配电室智能化改造及运维指导意见的通知》就是指导性行政规则，

〔1〕 叶必丰、周佑勇：《行政规范研究》，法律出版社 2002 年版，第 78~119 页。

对相对人没有法律约束力。这种分类方式有一定的创新性，但也存在一些无法自圆其说的理论缺陷。譬如他宣称以是否对外产生法律效果作为分类依据，但很多指导性规则也具有事实上的外部效果。实际上这种分类既可以说是以是否为相对人创设新的权利义务为标准的，也可以说是以规则的具体内容不同为标准，唯独不可以认为是以法律效果为依托。

（四）以受规则影响的事务性质和领域为标准的分类

以受规则影响的事务性质和领域为标准，可以分为经济规则和社会规则。这种分类方法是将规则按其影响与引导的社会不同领域加以宏观性的区分。作为调整社会公共事务的重要手段和方式，法律规则不可避免地会涉及社会生活的政治、经济和社会等诸多方面。行政规则虽然不涉及国防、外交等政治事务，但基于其自身的灵活性和实用性，在对经济事务和社会事务的调控和引导方面显现出巨大的优势。在经济事务管理规制方面，通过行政规则可以实现宏观调控和微观管理。宏观调控主要是通过制定和执行计划、财政、金融和产业政策，弥补市场经济的局限，引导经济健康有序发展。微观管理方式更加多元，包括制定各项具体经济政策，制定各种准入或退出规则等，如《江苏省人民政府办公厅关于印发江苏省支持外贸稳定增长实施方案的通知》（苏政办发〔2014〕46号）。在社会事务管理规制方面，行政规则主要涵盖教育、科学、文化、卫生、体育、民政、社会保障和环境保护等领域，以达到保护公民健康、安全和发展的目的，促进公民基本权利的实现，如《江苏省政府关于高邮历史文化名城保护规划的批复》（苏政复〔2014〕56号）即属此类。

（五）以调整对象为标准的分类

以调整对象为标准，可以分为内部规则、外部规则。行政规则产生之初，是基于行政职权范围由行政主体自行根据行政管理需要而制定的仅发生内部效力的规范性文件，本身并不涉及外部行政相对人的权利义务。德日行政法中对于行政规则的界定就是单纯从内部行政规则角度理解的，根据相应规则是具有外部效果还是内部效果，分为法规命令和行政规则。法规命令用来规范行政相对人和行政主体之间的关系，而行政规则则是特别拘束行政机关相互关系，对私人并无规范效果。在这种概念限定下，德日行政法学中的行政规则仅指内部规则，法规命令则是外部规则。但随着行政权力的扩张，行政规则也在事实上发挥重大的功能，出现了行政规则外部化的现象。这是德日行政法学界将行政法学研究视野扩展到行政规则的重要原因。而我国的行政规则，在外延上要比德日行政法中的行政规则更广泛，不仅包括本身不欲涉及的内部规范性文件，也包括部分针对行政相对人制定的规范性文件。在这种不同的研究视野下，我国的行政规则自然能够以是否具有外部效果为标准，分为内部行政规则和外部行政规则。几乎所有的行政主体都会制定一些适用于内部行政管理需要的纯粹内部规则，如一些办公室管理制度，资金、票据管理制度，物资和固定资产的采购和管理制度以及一些关键岗位和主要部门负责人的轮岗制度等。外部规则顾名思义则是以外部相对人为调整对象而制定的行政规则，如一些不具备行政立法权的主体所颁布的一些公积金管理办法，经济适用房、廉租房管理办法，等等。

（六）以制定目的为标准的分类

这是以制定行政规则的具体目的为标准而设定的一种分类方式。行政立法本身即是以实施和执行权力机关制定的法律、实现行政管理职能为根本目的而存在的，执行现行法律是行政主体的重要行政职能之一。行政立法以内容和目的为标准，可以分为执行性立法、补充性立法和试验性立法。参照这种分类标准，行政规则也可以具体分为执行性规则、补充性规则和试验性规则。执行性规则是以执行现行法律、法规、规章和上级行政规则而制定的行政规则，目的是对现行法律法规和规章规则的实施进行因地制宜的细化，从而适应现实行政管理需要。行政实践中大部分执行性行政规则通常都会明确在规则的名称中指明该规则的执行性，如原人事部下发的《关于认真贯彻实施〈行政机关公务员处分条例〉的通知》(国人部发〔2007〕84 号)、《广东省文化厅关于贯彻执行〈娱乐场所管理办法〉的通知》(粤文市〔2017〕82 号)、《广东省人民政府法制办公室关于认真贯彻实施〈广东省行政机关规范性文件管理规定〉的通知》(粤府法〔2005〕5 号)、《关于印发广州市黄埔区科学技术局贯彻落实〈关于大力支持民营及中小企业发展壮大的若干措施〉的实施细则的通知》(穗埔科规字〔2020〕1 号）等。需要特别注意的是，执行性行政规则的内容有严格的限定，绝不能任意地增减法律法规规章和上级行政规则所规定的事项，否则就不属于执行性规则，而应当划入补充性或试验性规则。从法理上分析，执行性行政规则的时间效力应与其执行的立法相一致。当执行性立法被废止，执行性规则也自然终止。

补充性规则的制定目的是补充现有法律法规和上级规则所规定事项的不足或漏洞。这种补充事实上突破了原有立法的边界，因此属于授权性补充。当然，行政实践中也有一些规则属于实施与补充内容兼具，如《江苏省政府关于印发江苏省实施〈中华人民共和国契税暂行条例〉办法的通知》(苏政发〔2014〕66号)，里面大部分内容是根据国务院颁发的《中华人民共和国契税暂行条例》和财政部颁布的《中华人民共和国契税暂行条例实施细则》而制定，但也有一些内容属于补充性规定，如第12条规定的纳税人纳税的时间和期限。

试验性规则也被称为自主性行政规则，强调的是这种规则的制定并非基于现行法律法规规章和上级规则的补充或执行，而是行政主体为了自身行政管理实践的需要，自主性地依职权制定的行政规则，如《东莞市人民政府进一步减轻企业负担优化营商环境的实施意见》《东莞市水务局城市供水水质管理办法》等。

（七）以调整强度为标准的分类

以规则对行政相对人影响的程度大小为标准，可以将其分为禁止性规则、许可性规则、信息性规则和指导性规则。禁止性规则主要指的是包含强制性无条件禁令的一些规则，虽然绝对数量较少，但对相对人权利义务影响最大。许可性规则是为某些行业准入进行事前的审批许可所设定的规则，事实上也往往会以标准性规则的形式出现，如《上海市工业产品生产许可管理实施办法（试行）》(沪市监规范〔2021〕3号）对企业取得生产许可证规定了相应的要求，只有符合条件才能获得相关产品生产许可证。标准性规则的数量比禁止性规则更为普遍，被大量运用在设定产品和活动标准的技术规则都是标准性规则，这些规则不直接限制产品和行为，而是提供一个统一的标准，这些技术性标准和法规范之间并无泾渭分明的界限，如《上海市人民政府关于本市实施第五阶段国家机动车排放标准的通告》(沪府发〔2014〕25号)对实施第五阶段国家机动车大气污染物排放标准的车辆具体范围进行统一的标准设定。信息性规则是一种附有信息要求的规则类型，通常要求对方披露特定事实，但并不对行为进行强制。标准规则可以分为目标标准、性能标准和规格标准，干预强度从小到大。其中干预强度最弱的一种规则形式也被称为指导性规则，对相对人仅起到指导效果，没有强制性效力。但在行政实践中行政主体颁发的一些指导性规则在事实上也成为下级行政主体执行的重要依据和参考。从学理角度分析，这种指导性规则更接近于一种行政政策，德沃金认为政策是规定一个社群致力于实现的偏好目标的准则，一般是关于社会的某些经济、政治或者社会问题改善的准则。[1]按照这种理解，行政政策即是行政主体为了行政管理的现实需要而以书面形式向外作出的行政指导，如阳江市人民政府《关于印发阳江市村（居）集体留用地开发利用的指导意见的通知》(阳府〔2013〕109号)。

（八）以外在表现形式为标准的分类

行政法学中的行政规则和行政实务中的“公文”内涵外

---

〔1〕［美］罗纳德·德沃金:《认真对待权利》，信春鹰、吴玉章译，中国大百科全书出版社1998年版，第41页。

延大致相同，因此可以参照《党政机关公文处理工作条例》第8条对公文种类的划分方式，以外在名称作为分类标准，具体可以参见表2-1：

表2-1 《党政机关公文处理工作条例》第8条对公文种类的划分

外在名称	适用范围
决　议	适用于会议讨论通过的重大决策事项
决　定	适用于对重要事项作出决策和部署、奖惩有关单位和人员、变更或者撤销下级机关不适当的决定事项
命令（令）	适用于公布行政法规和规章、宣布施行重大强制性措施、批准授予和晋升衔级、嘉奖有关单位和人员
公　报	适用于公布重要决定或者重大事项
公　告	适用于向国内外宣布重要事项或者法定事项
通　告	适用于在一定范围内公布应当遵守或者周知的事项
意　见	适用于对重要问题提出见解和处理办法
通　知	适用于发布、传达要求下级机关执行和有关单位周知或者执行的事项，批转、转发公文
通　报	适用于表彰先进、批评错误、传达重要精神和告知重要情况
报　告	适用于向上级机关汇报工作、反映情况，回复上级机关的询问
请　示	适用于向上级机关请求指示、批准
批　复	适用于答复下级机关请示事项

续表

外在名称	适用范围
议　案	适用于各级人民政府按照法律程序向同级人民代表大会或者人民代表大会常务委员会提请审议事项
函	适用于不相隶属机关之间商洽工作、询问和答复问题、请求批准和答复审批事项
纪　要	适用于记载会议主要情况和议定事项

（九）以制定行政规则的权力、内容和法律效果为标准的分类

这种分类方法借鉴 1946 年《美国联邦行政程序法》对规则的定义而划定，其中实体性规则和程序性规则的分类是以私人权利的性质和特征来划分的。由国会命令或授权按照法定程序制定的影响私人权利义务的规则被认为属于实体性规则，规定的是实质性的权利，地位相当于我国正式的行政立法，也被称为“立法性规则”。程序性规则则是一种技术层面的规则，界定政府机构的组织和运转过程，通过这些程序规则，可以让公众充分了解如何参与政府决策和规则制定过程。例如，在 2014 年江门市政府和阳江市政府分别就重大行政决策的制定、决策和执行程序颁布了两个行政规则——《江门市人民政府关于印发江门市人民政府重大行政决策程序规定（试行）的通知》(江府〔2014〕10 号）和《阳江市人民政府印发〈阳江市人民政府重大行政决策程序规定〉的通知》(阳府〔2014〕15 号)。阐释性规则是行政主体制定的

向公众阐释现有法律政策的规则，一般情况下虽然也可能会增加新的法律内容来适应新的情况，但是不具有增设义务的资格，也就不具有与实体性规则相同的法律效果和约束力。后两种规则的制定都不需要遵循《美国联邦行政程序法》规定的通告评论程序，又被称为“非立法性规则”。当然实践中有时候很难区分立法性规则与非立法性规则的界限。

三、行政规则之新的类型化方法

在前文简要介绍之行政规则分类基础上，笔者尝试以行政规则的调整对象和效力范围作为综合性标准，进行一体化分类。行政规则是一个外延十分广泛的法律概念，为较为精确地对其制定、运行、监控、效力进行全面的研究，将其类型化是一个必要的前提。在上述标准系统化梳理的基础上，本书提出一种新的分类标准，即不再关注行政规则的制定目的，而是以其直接调整对象和在实际中产生的效力为标准，分为以下三种：

（一）外向外效型规则

该类行政规则是针对相对人制定的直接对外生效的普遍性规则，本身就是外部规则，在规则属性上和行政立法没有本质不同，行政实践中一般称之为“行政规范性文件”。对这一类行政规则，无论从制定到运行到事后监控，都必须遵循准立法性程序。

（二）内向外效型规则

该类行政规则是针对行政机关制定的普遍性规则，本身应当不具备外部效果，但由于其成为行政执法依据后，往往会对相对人产生相应的权利义务影响，导致实践中需要认真对待。以裁量基准、解释基准为代表的此类规则，近年来受到很多研究关注，因其事实上的外部效力，也要求其必须建立完善的制定和监控制度。

（三）内向内效型规则

该类行政规则纯粹属于因行政内部事务管理而制定且通常情况下不会产生外部效果，其效力展现主要通过特别权力关系理论予以明确。在内向内效型行政规则中，组织业务性规则、纪律性规则是重要表现形式。一般来说，这种规则的制定主要基于提高行政效率的需求，对外部相对人几乎不构成直接影响，自然也不会产生外部化效果。

综上所述，行政规则的类型化有很多种标准，系统地梳理各种标准有助于形成一套较为完善的类型化体系，从而为进一步研究行政规则的形成、实施、效力和规制等内容奠定坚实的理论基础，为行政规则的政策化或法治化提供全面的分析进路。

第二节　外效型行政规则

一、外效型行政规则的创制及其意义

在我国行政法规范中，行政法规和行政规章被视为具有正式法律效力的规范，只能由有权机关根据法定授权或在自身权限范围内按照法定程序才能制定，其内容主要是根据行

政管理的需要，对某一方面的具体行政事务作出相应的具有普遍性外部效力的规定。因此，行政立法无疑都是对外直接生效并适用的外部行政规则。而行政规则由于其自身的复杂性，并非所有的行政规则都具有外部效力。如前所述，行政规则在德日行政法学中单纯指向内部规则，只是后来随着这种规则效力的外部化而逐渐引起人们的重视，使其与法规命令的界限不再泾渭分明。而我国行政规则的范围更加广泛，不仅包括纯粹的内部规则和有外部效力的内部规则，还有相当一部分是直接针对行政相对人而制定的对外生效的行政规则。从法理角度分析，这部分针对行政相对人的行政规则事实上具有类似于行政立法的法律效果，只是由于制定主体没有行政立法权或是有行政立法权的主体没有按照法定立法程序制定，因而不具有行政立法的法律地位。前者如东莞市政府发布的《东莞市计划生育养老奖励办法》，其针对管辖区域内所有不特定的行政相对人能够获得计划生育养老奖励的条件进行详细的规定和设置，在具体内容和实际效力上都和传统意义上的法规范没有本质差异，只是由于东莞市政府尚不属于具有行政立法权的较大的市，所以这个办法只能视作行政规则。后者如广东省政府 2020 年 12 月 15 日发布的《广东省人民政府关于一次性失业保险金计发标准的通知》，制定主体虽然是具有行政立法权的省政府，具体的内容也是为失业人员设定一次性失业保险金的计发标准，但是由于并未按照《立法法》规定的有关程序拟制，因此也只能作为不具备正式法律效力的行政规则。这种定位一方面使得该规则权威性不足，另一方面也导致在司法效力上潜藏司法适用上的困境。由于这类规则事实上对相对人的权利义务存在重大影响，但由于不被视为正式行政立法，无需遵循严格的法定程序，因此在行政实践中很容易成为部分行政主体有意规避立法程序、侵犯行政相对人合法权益的手段。由此，就有必要将这种外效型规则以一定的标准加以识别，一方面有助于辨明该类规则的法律属性和司法效力，另一方面为对其从制定、运行等过程进行有效规制提供基本前提。本书的行政规则采取“是否影响私人权利义务”的效力标准，不考虑行政主体制定规则的主观目的和形式上的调整对象，甚至也不考虑规则的具体内容，而是以其是否能在实际上对外产生效力、影响相对人权利义务为标准划分为外效型行政规则和内效型行政规则。这种分类方式和传统行政法学上对于内部规则与外部规则的划分方式表面看起来具有相似性，但存在实质差异。内部规则与外部规则是以形式上是否以行政相对人作为调整对象而作出的分类，并没有指明如果以行政主体为调整对象的内部规则对行政相对人产生了实质影响应当怎么处理的问题。因此，采用“实际效力”这种实质标准替代“调整对象”这种形式标准，无疑是更为科学可行的。以直接指向和实际效力为标准，可将行政实践中的行政规范具体细分为外向外效型规则、内向外效型规则和内向内效型规则。内向外效型规则和内向内效型规则等同于传统“内部规则”的外延，但是在本书中，则会将内向外效型规则与外向外效型规则合并在一起成为“外效型”规则进行研究，因为这两者虽然存在制定直接目的的不同，但都会产生实际的对外效力，对相对人权利义务形成实质影响。关于外部规则与内部规则、外效型规则与内效型规则及外向外效型规则、内向外效型规则、内向内效型规则的具体关系如图 2-1 所示：

外部规则=外向外效型规则
内部规则=内向外效型规则+内向内效型规则

外效型规则=外向外效型规则+内向外效型规则
内效型规则=内向内效型规则

图 2-1　规则关系图

二、外效性行政规则的界定与分类

如前所述，外效型行政规则可以按照主观性标准进一步细化为外向外效型规则和内向外效型规则。所谓主观性标准，是指以行政主体制定规则的直接目的作为判断标准。外向外效型规则的制定并不是基于内部行政管理的考虑，而是为了适应更有效实施行政管理的需求，直接对外行使行政职权，以外部行政相对人作为调整对象，通过制定规则的方式影响相对人的权利义务。

而内向外效型规则和内向内效型规则的制定主要是围绕内部行政活动展开，制定规则的本意在于更好地进行内部管理，提高内部行政效率，原则上不与外部行政相对人发生直接关系。但是在具体行政实践中，很多文件虽然在形式上只是命令、禁止或允许行政机关内部人员作为或不作为，但这种行为作用的对象却使外部相对人成了行为后果的直接承受者。以“裁量基准”形式出现的行政规则为例，虽然内容和制定意图是明确地规范行政主体自身的裁量行为，但是无论从要件设定、程序要求还是具体内容上，都直接成为具体行政行为的执行依据，这就不可避免地出现效力的外部效果。由于规则效力的外部化，对相对人权利义务发生影响，才使本来应该属于内向内效型的规则产生了外部效力，变成了内向外效型规则。对于这些仅仅是在形式上约束行政主体自身，而却实际地改变、限制或新设、废除了相对人权利义务的行政规则，如果还是按照传统的形式标准认定为内部行政规则，那么不仅在制定程序上无法严格要求，在具体实施中也无法有效对其进行内外监控，从而对相对人权利的保护造成极大的负面影响。因此，就必须以一种新的标准对行政规则进行科学界定，凡是能够成为具体行政行为执行依据的并且对外部相对人权利义务关系产生实质影响的行政规则，就应当认定为外效型行政规则，接受和外向外效型规则一样的规范性要求。因此，在行政实践中，对行政规则的鉴别，主要集中在内效型规则和外效型规则的判断标准上。

对于外效型规则和内效型规则的界定，在本书中则主要采取以下两种标准判定：

（一）客观性标准

外向外效型规则的具体内容通常涉及对相对人权利义务的创设和补充，不仅可能为相对人创设新的权利义务，也可通过补充性、解释性规则对相对人权利义务形成影响。因此从这个角度来看，所有的创制性、补充性行政规则都属于外向外效型行政规则，解释性规则如果涉及相对人权利义务也应包括在内。当然，在严格形式法治视角来看，只有国家正式颁布的法律规范才能为不特定多数人创设权利义务条款，但采取实质法治的视角，由于现代行政事务的庞杂导致的行政权力扩张，使得在某些情况下行政主体可以通过被授权或者在职权范围内对行政法规范进行补充性的准立法行为。一般来说，行政主体按照自身职权可以自主制定给付性行政规则，赋予行政相对人更多的权利；而负担性行政规则则必须要有合法的授权才能制定，避免相对人承担法律之外的更多义务。从规则的调整对象和具体内容两个客观性标准上鉴别，外向外效型行政规则和内向型行政规则比较容易区分。但单纯依靠上述两个指标，很难对内向外效型规则和内向内效型规则进行准确的厘清，因为所有的内向型规则，仅靠制定目的和条文表述，往往容易将其化为一类“内部行政规则”，难以发现两者实质的不同。以山东省住房和城乡建设厅《关于印发〈山东省住房城乡建设系统行政处罚裁量基准（试行）〉的通知》(鲁建发〔2013〕8号）为例，该通知以“各市住房城乡建委（建设局)、规划局、城管局（执法局、市政公用局)、房管局、住房公积金管理中心、建管局（处、办)，济南、临沂市园林局，菏泽市开发办，泰山、崂山、博山、青州、蒙山景区管委会，省建管局，厅机关、直属单位”作为收件人，在正文中明确“为规范住房城乡建设领域行政处罚裁量权行使，根据《山东省规范行政处罚裁量权办法》(省政府令269号）规定，省厅制定了《山东省住房城乡建设系统行政处罚裁量基准（试行）》，现印发给你们，请遵照执行”。从文件中可以看出，该裁量基准主要是为执法人员进行行政处罚提供更加细化具体的标准和幅度，属于典型的内部规则，但是执法人员在依照该规则进行具体的处罚裁量时，必然会对行政相对人的权益造成实际影响，很明显具有外部效力，从而是一个内向外效型行政规则。

因此有必要将判断标准从制定过程转向实施过程，引入“外部效力”标准作为区别内向内效型规则和内向外效型规则的实质标准。

（二）外部效力标准

所谓外部效力标准，主要是观察该规则对制定规则的行政主体自身是否具有确定力和约束力，对外部行政相对人是否具有约束力和强制执行力。

首先，按照行政体制中“下级服从上级”的原则和领导负责制以及行政自我约束原则的相关内容，行政主体所制定的一切行政规则都应该对其本身和下级行政主体及公务员具有强制约束力。这种效力属于行政主体的内部效力。其次，从功能主义角度观察行政规则可以发现，行政规则的制定和实施主要是针对现行法律、法规和规章的细化和补充，是连接具体行政行为和法律规范的桥梁。因此在行政过程中，外效型行政规则是行政主体的执法依据，并且由于这类规则制定主体级别较低，适用范围相比正式行政立法更加明确具体，在行政实践中往往比正式法规范具有更直接广泛的执行力。对于行政相对人来说，行政主体依照行政规则的规定对其实施的具体行政行为，相对人有必须服从的义务，从而具备了事实上的约束力，即一项行政规则在被有权主体依法确认为违法或不当之前，对行政主体和不特定相对人具有普遍约束力。对于一项内部规则而言，如果其在行政实践中被行政主体当作对行政相对人的执法依据，并因而影响了其权利义务关系，那么就可以认为这项内部规则已经发生了外部效力，成为一种外效型规则。据此可以看出，对外部行政相对人是否具有普遍约束力，是否实际上影响了其权益，是判断外效型规则和内效型规则的核心标准。

三、外效型行政规则的法律属性

在传统的行政法理论中，行政规则不被视为一种法律规范："行政规则的法律性质充满争议，而分歧又因不同的概念表述变得更加模糊和激烈。在19世纪的国家法和行政法学理论中，法的概念限于独立的权利主体——在行政法领域是国家和公民——之间的关系。"〔1〕行政规则作为行政机关的内部规则被排除在法的范畴之外。而随着内部规则效力的外部化，行政规则的法律特征已经得到了广泛承认，尤其是外效型行政规则，其法律属性更为明显。在所有类型的行政规则中，外效型规则由于对行政相对人权利义务的直接影响，应当被视为最具有法律属性的准行政立法。

首先，外效型规则作为一种一般性、抽象性的行为规则，不针对具体事或具体人（这一点和行政处分文件相区别），而是为人们规定一种行为模式或行为方案，在相同的条件下可以反复适用，具有鲜明的规范性和抽象性特征，规范性是

〔1〕［德］哈特穆特·毛雷尔：《行政法学总论》，高家伟译，法律出版社2000年版，第591~592页。

行政规则的内在属性。而法律最重要的特征之一也在于其是一种具有上述特征的行为规范体系。按照哈特所言："无论何时何地，法律最突出的一般特征即它的存在意味着人类的特定种类的行为不再是任意性的，而是在某种意义上具有义务性。"〔1〕凯尔森也将法律定义为一种"人的行为的强制性规范秩序"。所以以"规范"的形式体现法律的这个基本属性就不言而喻。外效型规则在其制定主体的职权管辖范围内具有普遍的约束力，对制定者本身和所有行政相对人都有效力，人人必须遵守，在这一点上体现出和法律规范一致的普遍性特征。

其次，外效型行政规则和法律规范一样，是以规定人们的权利义务作为主要调整手段的行为规范系统。虽然内向外效型规则在制定和颁布的时候，从内容和调整对象上看不出和相对人权利义务的直接关联，但在具体行政执法中，却会直接对相对人权利义务构成实质的影响，因此也属于权利义务型的外效型规则，和法律规范在内容和效力上具有相同的特征。

最后，外效型规则和法律规范具有相似的强制性和权威性特征。外效型规则由行政主体制定，并在行政实践中由行政执法人员作为执行的依据，如果行政相对人拒绝配合行政规则的实施，行政主体可以通过强制性手段，譬如行政处罚、行政强制等方式进行制裁或强制执行，从而使外效型规则具

---

〔1〕 H. L. A. Hart, *The Concept of Law*, 2nd edition, Oxford: Clarendon Press, 1994, p. 6.

有和法律规范相似的强制性特征。外效型规则的这种强制性和权威性源于其由行政主体制定和颁布，而政府的权力正是源于国家强制力，公民和社会组织有义务服从和配合政府机构制定的法律法规、决策决议和公共管理，否则将依法受到制裁。行政规则制定作为一种行政行为，一经颁布实施，和其他所有行政行为一样具有行为的公定力、确定力、约束力和执行力等法定效力，非经合法程序不得被推定为无效。

实践中，大量的外效型行政规则在事实上成为执法人员的执法依据，虽然不具备正式行政立法的地位，但是所起到的作用和法律类似，甚至相对于抽象的法律法规而言，由于行政规则制定主体广泛，从国务院到乡镇政府及各工作部门都有权制定，所以更能贴近行政实践，相比法律法规而言，越是低位阶的规则越是可能产生更直接有效的约束力，在具体行政行为执行过程中发挥更大的作用。

基于外效型行政规则的准法地位，对相对人权益影响甚大，因此必须在制度上进一步规范，尤其是内向外效型行政规则，必须要深入行政执法过程中才能考察其效力，所以这种制度规范除了事前审查，还必须包括过程监控和事后监督。而在我国，对于行政规则的规制，从程度上来看，并没有达到这样全面深入的制度建设阶段。虽然行政规则的出台往往是基于对具体行政行为的规范目的，但是如果缺乏合适的立法程序，没有充分进行合理考察和利益衡量，没有有效的民众参与，那么很可能会导致行政规则本身的随意和违法。尤其是对外部相对人产生实际影响的外效型行政规则，由于其普遍性和反复适用性的特征，一旦缺乏上述要素，很可能产生比具体行政行为更为恶劣的后果。以深圳市2014年出台的《深圳市人民政府关于实行小汽车增量调控管理的通告》为例，该通告对小汽车交易突袭限购，直接限定市民小汽车购买指标、竞价购买小汽车指标与二手车交易，在性质上属于具有普遍约束力、可以反复适用的外向外效型行政规则，对不特定相对人的权利和义务造成实质影响，影响力度和幅度巨大。但由于颁布该项行政规则采取的是突袭限购的方式，因而在社会各界都引起了较大的争议和震动。至少从程序法治视角来看，这种突袭颁布行政规则的行为，很明显违反了2004年《广东省行政机关规范性文件管理规定》(广东省人民政府令第93号)[1]中有关行政规则接受行政听证的程序要求。由此可见，将行政规则分为外效型规则和内效型规则，正是为下一步开展规制制度建设提供基本的前提。

四、外效型行政规则的司法适用力

一项行政规则是否具有法律规范的地位，从普遍约束力的角度分析，并非仅仅观察其对行政主体和相对人的效力，关键在于其对法院是否具有强制力，即法院在审理行政案件的过程中，是否要受到行政规则的约束。这种约束在司法审判中，大致可以描述为法官是否能够接受行政规则作为裁判依据的可能性。根据上文对外效型规则法律地位的认定，法理上可以认为外效型行政规则具有与行政立法类似的法律地

〔1〕 该规定后被2020年7月29日《广东省行政规范性文件管理规定》(广东省人民政府令第277号) 所替代。

位，那么，这是否意味着外效型行政规则和行政立法一样，对法院具有司法约束力，能够成为法院审判的依据呢？长期以来，我国行政法学界通常认为，只有具备正式法源地位的行政立法才能成为法院审判的依据，《行政诉讼法》第 63 条在立法上继续沿袭此种观点，明确规定“人民法院审理行政案件，以法律和行政法规、地方性法规为依据。……人民法院审理行政案件，参照规章”。条文隐含了法院可以通过一定程度的司法审查，确认规章制定及内容不存在不合法、不合理之后再决定是否予以适用的意图。至于规章以外的行政规则不在此范围内。这意味着规章以外的所有行政规则在具体案件中，只具有对相对人的执行规范的约束力，在司法适用力方面不能取得与行政立法等同的地位，不能成为法院审判的依据，对法院没有约束力。另外，考察外效型行政规则的司法效力，还应当包括法院的司法审查权问题。按照《行政诉讼法》的规定，毫无疑问，行政规则不具备司法约束力，那么法院对行政规则，可不可以在裁判中对其进行合法性评判，这就涉及对外效型规则的司法审查。按照法律规定，法院对规章的参照被认为赋予法院对规章一定程度的司法审查权，那么规章以下的行政规则就更应该接受来自法院的审查。进而要考虑的问题是：如果法院拥有对行政规则的司法审查权限，那么经过司法审查认定为合法、合理的规则，是否能够成为法院裁判的依据呢？由此可见，研究行政规则的司法效力问题，应当围绕法院的司法审查和司法适用展开。司法审查是适用的基本前提，经审查不能作出合法性评判的行政规则，法院可以拒绝适用毋庸置疑，而经审查认定为合法合理的行政规则，是否能够拥有作为裁判依据的可能性和正当性呢?

（一）法院对外向外效型规则司法审查权的确立

2014年《行政诉讼法修改决定》加强了法院对行政规则的司法审查权，特别新设一条有关对规范性文件的审查作为第53条第1款:“公民、法人或者其他组织认为行政行为所依据的国务院部门和地方人民政府及其部门制定的规范性文件不合法，在对行政行为提起诉讼时，可以一并请求对该规范性文件进行审查。”这个增加的条文正式从立法上确定和加大了法院对行政规则的司法审查，也是对近年行政法学界对行政规则司法审查研究成果主流观点的回应与认可。这项规定中的司法审查只是非常狭义角度的有限“审查”，和广泛意义上的司法审查制度存在较大的偏差：①审查提起的被动性。只能由行政相对人在提起具体行政行为之诉时一并提起，法院不能主动审查。②审查效力的有限性。只对个案有效，不具有普遍的约束力。因为根据当前的司法体制，法院还无权在裁判文书中直接对其他规范性文件予以撤销、变更或责令行政机关废止、修订，进而“产生法律上的形成力”。[1] 虽然如此，但是综合来看，通过法律授予法院对行政规则的司法审查权，对于规范和监督行政规则的制定和实施、保障相对人合法权益具有非常重要的价值和意义。

（二）外效型规则作为裁判依据的可行性分析

按照国内行政法学界的传统观点，只有行政法规和规章

〔1〕 江必新、梁凤云:《行政诉讼法理论与实务》，北京大学出版社2009年版，第106页。

才是正式的行政立法，具有正式法律渊源的地位，在司法审判中能够成为法院裁判案件的依据。2014 年《行政诉讼法修改决定》也保持了一贯的认知，只规定人民法院审理行政案件依据法律、法规和参照规章，对行政规则能否作为法院审判的依据并未确定。《立法法》也规定，法院在审理各类案件中应当予以适用，即使认为违法也只能通过有权机关予以处理的，即对法院具有强制拘束力的是法律、法规和规章（包括它们的法定解释），并不包括法定解释性行政规范以外的行政规范。由此可见，行政规则的司法适用力不仅在理论上存在较大分歧，在立法上也没有明确规定，导致在司法实践中对于是否适用行政规则作为裁判依据没有形成确定一致的做法。如上文所述，依据行政权的既定力原则，行政管理领域中颁布的行政规则对行政主体和行政相对人都具有普遍的约束力。但是在行政诉讼领域，法院并不受行政规则的约束。也就是说，行政规则不像行政法规和规章（包括法定解释性规则）那样，能够依照法律规定当然地成为法院审理案件的裁判依据。但是，行政主体制定的行政规则在司法实践中往往会使得法官面临两难的境地：一方面，如果法官在审理案件时严格依照形式法治原则，对行政规则完全拒绝适用，那么在行政权力几乎涵括社会生活各个角落的当代中国，在正式立法不能及时更新的背景下，很容易导致法官无“法”可依，作出的判决也由于缺乏对社会现实需求的回应而难以得到行政主体和社会大众的认同。另一方面，如果允许法官在审判中过多依靠行政规则为裁判依据，又容易引发对法律权威性和确定性破坏的疑虑。因此，行政规则是否能成为司法裁判的依据，在大陆法系强调法官依成文法办案的背景下，并不是一件容易衡量决断的事情。

在理论界，叶必丰教授认为所有的行政规则既可以作为具体行政行为的依据，也能够成为司法裁判的依据。他认为，由于法院必须对审理的案件作出一个裁判，那么在法律规范没有作出规定或者规定不具体的情况下，适用行政规则是比适用其他行政规范或者法官自己的理解判断更好的选择。〔1〕沈岿教授也认为，属于法源的行政法规、规章对司法的约束力，如果理解为“不可司法审查性”“不在裁判文书中受合法性评判”“应当予以适用、作为裁判案件的依据或基准”，在“高度尊重”和“一般尊重”之间，无需维系固执不变的界限。〔2〕同样，对于行政规则对司法的约束力，也应按照不同的类型和性质加以灵活的区分。

1. 行政规则司法适用的合法性基础

虽然在《行政诉讼法》等基本法律文本中并没有明确行政规则的司法适用力，但是在正式法律和行政立法相对滞后的情况下，在行政诉讼中，如果对依据行政规则作出的具体行政行为一概认为无“法律依据”而排除适用，则明显不能适应依法治国的现实需要，也不利于对双方当事人的保护。为了解决这个问题，2000年最高人民法院颁布的《关于执行〈中华人民共和国行政诉讼法〉若干问题的解释》第62条第

---

〔1〕 叶必丰：《行政规范法律地位的制度论证》，载《中国法学》2003年第5期，第68页。

〔2〕 沈岿：《解析行政规则对司法的约束力——以行政诉讼为论域》，载《中外法学》2006年第2期，第184页。

2款规定“人民法院审理行政案件，可以在裁判文书中引用合法有效的规章及其他规范性文件”。该规定表明，人民法院作为诉讼活动中的法律适用机关，实际上是有条件地承认了规范性文件在行政诉讼中的“法律依据”地位，但前提是该规范性文件必须具有合法性。2004年5月18日，最高人民法院印发的《关于审理行政案件适用法律规范问题的座谈会纪要》进一步明确了行政规范性文件在行政诉讼中的效力。该纪要指出，行政规范性文件“不是正式的法律渊源，对人民法院不具有法律规范意义上的约束力”，“但是，人民法院经审查认为被诉具体行政行为依据的具体应用解释和其他规范性文件合法、有效并合理、适当的，在认定被诉具体行政行为合法性时应承认其效力；人民法院可以在裁判理由中对具体应用解释和其他规范性文件是否合法、有效、合理或适当进行评述。”2009年最高人民法院出台的《关于当前形势下做好行政审判工作的若干意见》规定，在对规范性文件选择适用和对具体行政行为进行审查时，充分考虑行政机关为应对紧急情况而在法律框架内适当采取灵活措施的必要性，既要遵循法律的具体规定，又要善于运用法律的原则和精神解决个案的法律适用问题。这一指导性意见通过“选择适用”，隐含了对行政规则从筛选到适用的过程。2009年11月4日，最高人民法院又根据《立法法》和《行政法规制定程序条例》的规定，发布了《关于裁判文书引用法律、法规等规范性法律文件的规定》。该司法解释规定，行政裁判文书对于“国务院或者国务院授权的部门公布的行政法规解释”，“可以直接引用”；而对于其他行政规范性文件，“经审查认定为合法有效的，可以作为裁判说理的依据。”

由此可见，最高法虽然前后几个文件对于行政规则是否能够予以司法适用并没有形成完全一致的用语，但是仍然通过司法解释等形式在事实上承认和确认了对行政规则有条件的适用：经过司法审查，认为合法有效的行政规则，可以成为法院裁判说理的依据。虽然“裁判说理的依据”并不完全等于“裁判的依据”，但是仍然表现出最高司法机关对行政规则的主动审查和接纳的态度。

2. 行政规则司法适用的合理性评述

(1) 外效型规则的准法属性。通常之所以认为行政规则具有不可司法适用性，主要是以德日行政法中的行政规则为例。譬如德国行政法院认为，行政规则原则上并不对行政法院具有拘束力，行政法院在审理行政主体和私人之间行政诉讼案件时完全可以不予适用。但是德日的行政规则并不与本书的行政规则等同，我国的行政规则中，相当一部分是直接对外生效的外向外效型规则，还有一部分虽然是对内制定但在适用中也会产生对外效力。所以，根据上文分析，这类外效型行政规则相比内效型行政规则具备更强的法律属性。甚至很多外效型行政规则仅仅是在制定主体上欠缺正式立法权，而在具体内容上与正式行政立法并无本质区别。所以这类行政规则能够成为法院适用的依据，并非完全不合法理。

(2) 对相对人有利的可以优先适用。“侵害保留说”认为，法律保留原则之适用范围仅限于干预行政，仅在行政权侵害国民之权利自由或对于国民课以义务负担等不利益之情形，才需要法律根据。至于其他行政作用，则在不违反法律之范围内，均得自由为之，无需法律授权。[1]由此可以推知，像增加或设定相对人义务的具体行政行为，如行政处罚、行政强制、行政征收、征用等，必须要有相应法律法规规章作为依据，而不能仅以行政规则为依据；而授益性的行政规则，应当可以成为单独司法适用的依据，这样才能更充分地保护行政相对人的利益。如果在实践中对授益性规则和负担性规则完全不予区分，一概认定其不能成为行政审判的适用依据，那么受到损害的只能是相对人。譬如在2014年《行政诉讼法修改决定》实施以前，广州市政府在2014年8月颁布了《广州市行政机关负责人出庭应诉暂行规定》，明确规定了在特定情况下行政机关负责人必须出庭应诉，如果在行政诉讼过程中对此行政规则不予适用，那么应当出庭而未出庭的行政机关负责人就不用承担任何责任，这对于相对人来说是极为不利的。

（3）法院司法审查后适用的可行性。外效型行政规则能否成为法院裁判的依据，从基本程序上说，司法审查是其能够司法适用的前置程序。当法院经过司法审查，认定规则制定权限、主体、内容、程序等符合合法性和合理性的要求，从而判定该行政规则合法有效之后，就可以根据案件的实际需要选择是否适用。事实上，在司法实践中，我们也可以看到很多经司法审查认定之后以行政规则为依据而作出判决的案例。以“朱某某诉被告龙游县新型合作医疗管理办公室医

〔1〕 翁岳生编：《行政法》(上)，中国法制出版社2002年版，第180页。

疗补偿纠纷一案”为例，[1]无论是一审还是二审判决，都大量适用行政规则作为裁判说理乃至于判决的依据。朱某某因不满龙游县新型农村合作医疗办公室社会保障行政给付，向龙游县法院起诉，一审法院以《国务院办公厅转发卫生部等部门关于进一步做好新型农村合作医疗试点工作指导意见的通知》(国办发〔2004〕3号）和卫生部、财政部、国家中医药管理局出台的《关于完善新型农村合作医疗统筹补偿方案的指导意见》(卫农卫发〔2007〕253号）（这两个文件都属于外效型行政规则）为依据，认定县级以上政府有权制定有关新农合的行政规则，并有权委托新农合办公室制定相应的新农合补偿方案，因此判决原告朱某某败诉。在浙江省衢州市法院的二审判决中，根据《国务院办公厅转发卫生部等部门关于建立新型农村合作医疗制度意见的通知》(国办发〔2003〕3号）以及上述两个行政规则，认定龙游县政府的三项行政规则是依法规授权而制定，制定主体、权限及内容均具有合法性，经过司法审查，认定龙游县新型农合医疗办公室发放的社会保障行政给付这个具体行政行为合法有效。通过这两个判决可以发现，在审理过程中，法院必须要对相关的行政规则先进行司法审查，对于合法有效的规则予以认可和接纳，才能对案件作出裁判，否则将面临无依据可判的窘境。

---

〔1〕 参见 http：//www. court. gov. cn/zgcpwsw/zj/zjsqzszjrmfy/xz/201501/t20150109_6201 492. htm，最后访问日期：2015 年 1 月 2 日。

3. 司法适用的具体标准

经过合法性审查之后的行政规则，是否就必须成为法院审理的依据，这也不能一概而论，通常由法官在个案审判中运用司法自由裁量权，是作为审判依据（高度尊重）还是作为参照甚至完全不予适用（一般尊重），则根据行政规则的性质和类型来进行具体分析。司法实践中可以按照以下几种标准加以判断和衡量：

（1）按行政规则的类型确定。一是按照规制强度划分的命令性、禁止性、惩戒性、承诺性外向外效型行政规则。这类规则在司法实践中最容易引发是否能够成为裁判依据的争议，法院经审查认为该规则合法有效，那么原则上应当视同行政立法，给予高度尊重，予以适用。原因在于这类规则对行政相对人权利义务影响最大，通常行政主体在制定时就已经对于制定权限、程序、内容等进行了较其他类规则更为严格的制定标准，科学性和合法性程度较高，因此法院经审查如果没有发现合法合理性问题，就应当予以适用。对于内向外效型规则，也依上述审查步骤之后予以适用。二是内向内效型规则。在当前内部行政人员尚不能对惩戒或承诺提起诉讼的框架之下，尚不会涉及内向内效型规则的司法约束力问题。三是指导性规则。这类规则原则上对公众不产生法律上和事实上的约束力，公众是否遵守也是其自由选择，故在司法实践中一般不会引发争议，法院通常持“一般尊重”立场即可。

（2）按制定程序的正式和非正式确定。对民意表达充分和制定程序严谨的行政规则给予“高度尊重”。按照严格的程序制定，并且在制定过程中充分体现了民主参与和各种利益表达而形成的外效型规则，在性质上已经无限接近于法律，因此法院应当予以适用。

（3）按是否有正式的法律法规授权确定。有正当的授权依据，也会使得行政规则享有更为正当的合法地位。依照正式法律法规授权而制定的行政规则，通常法院也应给予“高度尊重”。

（4）按照专业技术性标准确定。专业技术性强的行政规则通常可以成为法院审理依据。宋华琳博士曾在一篇论文中详细论述过技术标准对于行政审判的规范作用。〔1〕对于这些高度专业性、技术性的问题，行政机关比法院有着更好的事实认定能力，而且技术标准还牵涉诸多与科学技术事项相关联的科学政策问题。法院没有能力去替代行政机关制定技术标准，也没有能力对技术标准的实体内容进行科学判断和政策选择；而且由于技术标准实际上和法源有着同样的机能，为了维持行政运作的圆通无碍以及司法的效益，法院通常应对技术标准予以尊重并加以适用。〔2〕

---

〔1〕 宋华琳:《论行政规则对司法的规范效应——以技术标准为中心的初步观察》，载《中国法学》2006 年第 6 期，第 122 页。

〔2〕 陈清秀:《行政法的法源》，载翁岳生编:《行政法》(上)，中国法制出版社 2002 年版，第 131 页。

第三节　内向内效型行政规则

一、内向内效型行政规则概述

内向内效型行政规则，相当于德日行政法学中对“行政规则”的最初定位，即完全依照行政职权制定的内部规则，主要约束行政主体自身及下属机关和工作人员，不会对外部相对人产生任何效力。例如，日本学者室井力认为行政规则的制定是“行政权的当然权能，行政规则不具有影响国民权利义务的法律效力（外部效力），仅局限在行政组织内部的拘束力（内部效力），也不构成裁判标准，其不需要公布，形式也不固定”〔1〕。亦即行政规则制定的最初目的和功能定位仅仅是在内部生效的行为规则，但随着行政法学理论和行政实践的发展，逐渐发现这类行政规则有很大一部分会产生直接或间接的对外效力，从而突破对传统内部行政规则的认知。因此，本书已通过类型化的分析，将在实践中产生外部效果的行政规则作为内向外效性行政规则予以处理，而内向内效型行政规则与其存在本质区别。

〔1〕［日］室井力主编：《日本现代行政法》，吴微译，中国政法大学出版社 1995 年版，第 38 页。

二、内向内效型行政规则的类型

行政实践中最常见的内向内效型行政规则集中表现为组织业务性规则以及一些纯粹道德性、内部性行为规范。通常情况下，这两类规则几乎不会产生直接或间接的外部效果，属于纯粹内效型规则。组织业务性规则是采纳毛雷尔的分类方式，即那些“调整行政机关的内部机构和业务活动，如行政机关内部机构设置、业务划分、案卷制作方式和上下班时间等”[1]的规则。

（一）组织规则

这种组织规则主要用来设定行政主体内部组织机构的设置和业务的划分问题。在中央和地方行政机关，这类行政规则必不可少。在中央一级，国务院办公厅在2013年分别印发了《国家新闻出版广电总局主要职责内设机构和人员编制规定》(国办发〔2013〕76号)、《国家海洋局主要职责内设机构和人员编制规定》(国办发〔2013〕52号)、《国家卫生和计划生育委员会主要职责内设机构和人员编制规定》(国办发〔2013〕50号)，对上述机构的职责和人员编制进行规划和调整。在地方，以广州市政府为例，2014年颁发了诸如《广州市人民政府办公厅关于调整市食品安全委员会委员的通知》(穗府办函〔2014〕100号)、《广州市卫生和计划生育委员会主要职责内设机构和人员编制规定的通知》(穗府办

〔1〕［德］哈特穆特·毛雷尔：《行政法学总论》，高家伟译，法律出版社2000年版，第593页。

〔2014〕31 号）这类组织性规则。

（二）业务管理类规则

所有的行政主体为维持正常的行政业务活动，都会制定这种类型的规则用以规范行政内部行为，每个行政机关都会发布一些财政管理制度、会议制度等内部规定，形成有序有效的行政工作制度。例如，财政部在 2012 年公布了《行政单位财务规则》，对行政单位的财务行为统一进行规范，加强行政单位财务管理和监督，希望达到提高资金使用效益，保障行政单位工作任务完成的目的。又如国务院为统筹协调全国旅游工作、对全国旅游工作进行宏观指导、提出促进旅游业改革发展的方针政策、协调解决旅游业改革发展中的重大问题、研究旅游业改革发展中的其他重要工作等，在 2014 年 9 月发布了《关于同意建立国务院旅游工作部际联席会议制度的批复》，要求下属 28 个相关部门建立联席会议制度。这些都属于典型的内向内效型行政规则。针对内部公务员的考核、奖惩、任免、退休等内部人事管理关系的规范，也是以规则的形式出现，如《公务员考核规定》。

（三）行为规则

行政主体也会颁布一些针对内部工作人员的行为规范，如公安部 2007 年发布的《公安机关人民警察着装管理规定》、四川省政府 1997 年发布的《四川省国家公务员职业道德规范（试行）》以及 2003 年广州市政府发布的《广州市国家行政机关及其公务员公共服务行为规范试行规定》都属于纯粹的内效型规则，约束的对象仅限于内部工作人员的内部非执法性行为，不会对相对人权利义务产生任何实质影响。

三、内向内效型行政规则的效力特征

（一）效力的内部性

内向内效型行政规则只具有对内的约束力，这种效力主要来自于行政科层体制和首长负责制，而非外部授权。实践中需要注意区别的是有些内向型规则事实上会发生外部效力，在此情况下，能否以内部规定为裁判依据，是需要重点考量的问题，如引起争议的武汉警方《110 接处警工作规范》。2001 年 9 月 2 日晚，武汉市蔡甸区一名女中学生被一违章小客车撞伤，当晚被送往医院后抢救无效死亡。事发后，其父母认为蔡甸区公安分局出警太慢，导致其女因抢救太迟，流血过多而死亡，遂向蔡甸区人民法院提起行政诉讼，索偿 12 万余元。一审法院判决认为：依据《中华人民共和国人民警察法》第 21 条“人民警察遇到公民人身、财产安全受到侵犯或者处于其他危难情形，应当立即救助”“对公民的报警案件，应当及时查处”之规定，以及武汉市公安局《110 接处警工作规范》有关“城区出警民警必须 5 分钟赶到现场、郊区 10 分钟内赶到现场”之规定，判决蔡甸区公安分局延迟出警的行政行为违法。而 2002 年 9 月 3 日，二审法院武汉市中院审理后认为，武汉警方《110 接处警工作规范》规定的出警时间是公安机关内部对干警工作要求的规范，且无证据证实该规范对外公布，故不具有法律效力；经庭审没有证据证实被告接到报警问明事项后延迟出警。据此，武汉市中院作出终审判决：驳回原告诉讼请求。法院的判决在学术界和社会上都引发了较大争议。按照本书观点，武汉警方《110 接处警工作规范》虽然是典型的内向型规则，但对其条款的作为或不作为将直接影响外部相对人的权利义务关系，因此属于一种内向外效型规则，作为一种外效型规则，就应当在经过法院司法审查合法后具备成为裁判依据的资格。

（二）效力的层级性

内向内效型规则的效力也存在按照制定主体级别高低决定所制定规则效力相应高低的特性。级别高主体制定的内部规则效力高于其下属单位制定的行政规则。譬如财政部公布的《行政单位财务规则》，对各级各类国家机关、政党组织（即“行政单位”）的财务活动都适用，各级各类行政单位自己制定的财务规则都不得与财政部的财政规则相抵触。

（三）效力的不可诉性

外效型行政规则由于在实质上影响外部相对人的权利义务，因而《行政诉讼法》确立了由法院对其进行附带司法审查的制度加以司法监控。无论是实务界还是理论界，都认为内效型行政规则属于行政主体依据有效行使行政管理权的需要而制定的内部事务规则，既无需遵循法律保留原则，又无需法律法规授权，单纯依靠行政职权即可制定，法院不享有对内效型行政规则司法审查的权力。上级行政主体针对下级行政主体制定的行政规则、中央政府机关对地方各级行政机关的行政规则之所以具有这种不可诉的内部效力，主要来源于“命令-服从”的行政权力运行规则。至于行政主体内部工作人员之所以对内效型行政规则必须服从，在发生争议的时候也无法获得司法救济，无疑是受到发源于德国的“特别权力关系”理论的影响。奥托·梅耶（Otto Mayer）认为，所谓特别权力关系，是“为达成公行政之特定目的，使所有加入所定特别关系的人民，处于（比一般人）更加从属的地位”〔1〕。日本行政法理论也认为，特别权力关系是指人基于特别成立原因（法律上的直接规定或当事人的自主同意），服从于国家或公共团体的一种特殊的、概括性的支配权的关系。〔2〕由此可见，传统意义上的特别权力关系排除依法行政、法律保留的适用，使得公务员在面临和行政主体的争议时，无法获得来自于外部的司法救济。虽然时至今日特别权力关系理论在德日进行了一定的修正，但仍然必须承认公务机关上下级之间、公务员与行政机关之间的法律关系的确与一般行政法律关系有所区别。理论上司法审查应该可以涵盖包括特别权力关系的全部领域，但事实上并不具有可行性。与内效型行政规则有关的事项主要涉及行政政策问题、行政内部纪律和制度问题等，法院一方面不熟悉行政机关内部事务，另一方面也缺乏具体的争议处理手段。作为国家审判机关，法院不宜对行政机关的组织建设事务通过审判程序加以干涉，否则有干扰行政机关正常工作，影响依法行政之嫌。例如，就法之勤务关系而言，由于内部管理事项的范围极其广泛，这些事项想要全部导入法律保留原则是不切实际的。

---

〔1〕 翁岳生：《论特别权力关系之新趋势》，载翁岳生编：《行政法与现代法治国家》，台海大学法学丛书编辑委员会1990年版，第135页。

〔2〕［日］室井力主编：《日本现代行政法》，吴微译，中国政法大学出版社1995年版，第39页。

同时，若没有必要的行政纪律与服从，行政主体也很难进行有效的管理，从而不利于国家行政管理目标的实现。〔1〕

〔1〕 杨解君：《特别法律关系论——特别权力关系论的扬弃》，载《南京社会科学》2006 年第 7 期，第 83 页。

第三章

行政规则形成论

通过制定行政规则对纷繁复杂的社会事务进行管理和回应，已经成为现代政府的最重要的职能所在。英国学者卡罗尔·哈洛（Carol Harlow）在《法律与行政》(*Law and Administration*）中指出："规则制定被视为现代官僚社会的一个基本特征，政府过程已为与规则有关的名词来定义：规则制定、规则适用、规则决定（裁决）和裁量。"〔1〕规则与规则制定进一步强化了效率、公正及责任的价值。有效的规制体系是建立在具有前瞻性和工具性的规则创造之上的。作为政府的一项工作，规则制定在速度、特殊性、质量和合法性方面具备其他政府工作无法企及的潜力。〔2〕由于立法机关的法律和行政法规、规章无法具体而微到社会生活的各个层面，也由于法律法规所固有的稳定性和权威性而导致不可避免的滞后性，使得规则制定已经成为现代公共政策体系中的核心一环。

---

〔1〕 Carol Harlow and Richard Rawlings, *Law and Administration*, Butterworths, 1997, p. 152.

〔2〕［美］科尼利厄斯·M. 克温：《规则制定：政府部门如何制定法规与政策》，刘璟、张辉、丁洁译，复旦大学出版社 2007 年版，第 2 页。

行政规则不仅是简单的行政执法行为，而且已经成为行政政策的主要载体和行政管理的重要手段，通过规则可以明确每个行政机构和工作人员的任务，对各种政府行为提供方向和内容，而对于行政相对人来说，无论是直接对外生效的外向外效型行政规则，或是间接发生对外效果的内向外效型行政规则，都会对其权利义务产生实质性的影响，发挥和法律法规规章几乎相同的功效。甚至基于行政规则指向的明确性和具体化，在实践中往往对行政相对人与行政机关产生更重要的法律意义。因此欧内斯特·盖尔霍恩（Ernest Gellhorn）的以下观点得到广泛认可：“在过去的20年里，行政法最重要的发展之一是行政机关日益依赖于规则（rules）制定——将其作为制定政策的一种手段。”“规则制定程序较之个案的裁断要更为有效，因为前者可解决在单一活动中的大量问题。一条明确的普遍规则能够在受到影响的公司或个人中间产生迅速和统一的遵守行为；而经裁断的先例的范围却难以界定，因为先例的适用在一定程度上通常取决于特定案例的事实。同时，规则制定可为个人提供重要保障。”“在未来的岁月里，规则制定过程完全有可能是行政法最有生气的领域之一。”〔1〕当然，本书中的“行政规则”和欧内斯特·盖尔霍恩所描述的包括行政正式立法在内的规则体系并不完全等同，但也可以同样接受上述观点的指引。同时基于外向外效型规则与内向外效型规则的不同属性，其具体形成过程（程序）

〔1〕［美］欧内斯特·盖尔霍恩、［美］罗纳德·M. 利文：《行政法和行政程序概要》，黄列译，中国社会科学出版社1996年版，第188~190页。

也有重大差别：外向外效型规则的类法属性决定其形成过程必须参考行政立法的步骤，进行法定化的设置和安排；而内向外效型规则的形成过程则需要具体考察不同规则的特性，予以正当化的制度考量。

第一节　外向外效型行政规则形成过程的法定化

作为一种重要的行政管理方式，外向外效型行政规则总是或多或少地承载了一个时期内的政策目标。甚至从本质上说，规则制定就是通过行政程序的一种行政决策。行政主体可以通过制定一个面向未来、整齐划一的普遍性规则来实现政策目标的效率最大化。同时，外向外效型行政规则的出现，也对法律、法规和政策影响深远。在应然状况下，当正式法律规范和现有公共政策非常明确时，规则应当仅限于对现有法律法规或政策的执行。但当法律法规或现有政策不能及时反映社会变迁时，规则就承载起补充、解释或创制的功能，通常会在具体内容中对相应社会关系加以实质性调整。这种调整对相对人来说，事关重大，因此必须在形成和制定一个规则之前，就要对规则进行充分的审视。事实上，制定规则的方式和步骤对规则的内容起到重大的作用，规则的内容和规则制定的程序相互影响相互关联：一方面，现代行政规则制定过程中的很多要素都反映了规则内容和主题发展变化的要求；另一方面，制定过程的环节和步骤设置也会直接影响到行政规则的内容质量。但是，一项行政规则的出台，并非只和表面的程序相关，已经拟定的步骤也并非总是按部就班地按顺序一步接一步的进行。我们可以参照公共政策的制定过程来对应行政规则的制定过程，因为行政机构制定规则是政策制定过程的核心。在公共管理学领域中，对于政策的研究通常集中于政策的制定过程，把政策制定视作一系列的过程，但同时也会发现，在现实中这些过程经常是同时发生甚至是相互交织的。规则制定机构、相关利益集团、专家学者、受影响的相对人，可能会在同一时间参与不同的制定过程，有时候甚至可以参与到同一制定过程中来。托马斯·戴伊在《理解公共政策》(*Understanding Public Policy*) 一书中，将政策制定的一般过程通过过程模型分解为几个部分（见表 3-1)，由于行政规则与公共政策之间的密切关联，这个过程表格对我们了解行政规则的制定过程也有重要的参考价值。[1]

政策制定可以看作一个过程——政策是如何按一定步骤制定的，但是，在现实中这些过程是相互交织在一起的。

表 3-1 政策制定的一般过程

过　　程	行　　为	参与者
问题确认	公布社会问题，表达对政府行为的要求	大众媒体、利益集团、公民组织

〔1〕［美］托马斯·R. 戴伊:《理解公共政策》，谢明译，中国人民大学出版社 2011 年版，第 28 页。

续表

过　　程	行　　为	参与者
议程设定	决定对哪些问题作出决策，政府要解决哪些问题	精英、包括总统和国会选举的候选人、媒体
政策形成	提出解决问题和改善困境的政策建议	智囊团、总统和行政官员、国会议员、利益集团
政策合法化	对政策方案作出抉择，寻求政治支持，使之成为法律，决定其合宪性	利益集团、总统、国会、法院
政策执行	组织有关的部门和机构，提供相关费用与服务，征税	总统和白宫成员、行政部门和机构
政策评估	报告政府项目的结果，评估政策对目标群体和非目标群体的影响，建议政策变更或“改革”	行政部门和机构、国会监督委员会、媒体、智囊团

由此表延伸，我们可以初步对应现有行政规则制定程序要求的一般性步骤，进而进行深入分析。如上文所述，目前我国并没有全国性的统一行政规则制定程序立法，但是有立法权的地方政府和国务院部门大多通过制定规章或规则的方式对行政规则的制定程序进行规范。在这些地方或部门规章规则中，形成一项外向外效型行政规则，通常要遵循下列步骤：规划与起草、前置审查、决定公布和备案。

2018年发布的《国务院办公厅关于加强行政规范性文件制定和监督管理工作的通知》明确对行政规范性文件的内涵进行了界定：行政规范性文件是除国务院的行政法规、决定、命令以及部门规章和地方政府规章外，由行政机关或者经法律、法规授权的具有管理公共事务职能的组织依照法定权限、程序制定并公开发布，涉及公民、法人和其他组织权利义务，具有普遍约束力，在一定期限内反复适用的公文。通过阐述，实现了行政规范性文件与外向外效型行政规则的对应。同时对发文权限和发文数量严格管控，并设置了制定发布行政规则的一般性步骤，要求必须严格依照法定程序制发，重要的行政规则要严格执行评估论证、公开征求意见、合法性审核、集体审议决定、向社会公开发布等程序。此通知的出台和实施，将极大地推动外向外效型行政规则的形成过程的法定化进程。但该通知侧重于对行政规范性文件制发的审核和监管，对于具体的制度流程和内容并未提出明确的要求。因此，从学理上探究行政规则制定的每一个环节，仍有重要的价值和意义。

规划和起草是行政规则从酝酿到出现的初始环节，了解这两个步骤，有助于从源头上认识行政规则的实质，同时，也可以对行政规则的科学制定进行合法性和正当性规范。

一、制定主体与起草主体分离

（一）科学编制规则制定规划

行政规则的立项对应于政策制定过程中的问题确认和议程设定环节。一项行政规则出台的背后，必然对应相应利益的调整。这些内容原则上属于公共政策学和社会学研究范畴，本书不拟充分讨论。但从规制的视角出发，对于行政规则的立项可以通过科学地编制地方行政规则的制定规划开始。这是对其进行下一步程序规制的前提和基础。在我国，无论是立法机关出台法律或是行政主体出台法规和规章，都要求必须进行规划编制来指导具体立法工作，以便使整个立法过程更加规范和系统。但是在行政规则制定过程中通常没有此要求，这直接导致行政规则出台的无序和混乱，因此有必要专门规定一个编制规划程序加以调整。随着经济社会的迅速发展，不同地区面临不同的问题，行政规则的制定成为有效行政管理的重要手段。在此背景下，如何遴选重要问题进行统一调整，如何科学界定规则制定的先后顺序，怎样克服部门利益和地方利益的垄断，避免损害相对人利益，维护国家法制统一，是编制规则制定规划时必须考虑的首要问题。为了确保行政规则编制规划的科学性和民主性，需要设置相应的程序和步骤加以规范。

1. 规划的主体

一般应由政府法制机构作为编制规划的专门机构。政府制定行政规则，先由政府法制机构在经过充分调查研究和征求意见的基础上列出计划草案，报政府审定。政府各部门认为需要以政府名义制定规则的，应当向政府报请立项，再由政府法制机构审查后报政府审定。政府部门规则的制定，由部门法制机构在充分调研的基础上提出建议，经部门领导会议集体审议决定是否纳入规划。立项申请应当对制定的必要性、依据、拟规范的主要内容和拟确立的主要制度等作出说明。

2. 规划的出台

政府法制机构原则上应审查规划的可行性和必要性。通过认真的调查研究，咨询有关专家的建议，以各种渠道听取社会公众的意见，结合本地区经济社会的实际发展情况以及行政管理的直接需要，编制既符合地方实际，具有合理性，又符合上位法相关规定，具有合法性的行政规则。

3. 规划的效力

未列入规划的行政规则一般不予制发，要坚持规划的稳定性和权威性。同时也要兼顾灵活性需要，规定法制部门（机构）可根据实际情况适当调整计划，报政府或部门有关领导批准后实施。

综上所述，科学地编制制定规划，主要目的在于使行政规则尽可能在衡量各方利益的基础上，最大限度地避免对权利人的损害，形成最佳的决策方案。从行政法学视野里观察，除了需要遵循制定主体和制定权限法定、遵循法律优先和法律保留原则之外，还有必要引入专家和公众参与程序，提升规则制定的科学性和正当性。

（二）完善行政规则的起草程序

1. 主体要求：制定主体与起草主体的分离

根据上文有关行政规则的内涵和外延界定，行政规则的制定主体限定于行政机关以及法律、法规和规章授权的组织。在省级地方政府出台的规范行政规则的规章或规则中，对有权制定行政规则的主体也基本上都以明确的条文加以规定。例如，《上海市行政规范性文件管理规定》（上海市人民政府令〔2019〕第17号）第10条规定：下列行政机关根据履行职责需要，有权制定规范性文件：①市、区和镇（乡）人民政府；②市、区人民政府工作部门；③依据法律、法规、规章的授权实施行政管理的市人民政府派出机构；④街道办事处。市人民政府办公厅、区人民政府规范性文件管理部门负责编制市、区规范性文件制定主体清单，经本级人民政府同意后予以公布。规范性文件制定主体清单以外的单位，不得制定规范性文件。行政机关的内设机构以及临时性机构、议事协调机构不得以自己名义制定、发布规范性文件。《广东省人民政府办公厅关于进一步加强行政机关规范性文件监督管理工作的意见》（粤府办〔2014〕32号）第1条明确，制定主体权限属于各级人民政府（含政府办公厅、办公室）及其依法设立的派出机关、县级以上人民政府组成部门、直属机构和法律、法规授权的管理公共事务的组织。除法律、法规明确授予的行政主体资格外，议事协调机构、临时机构、部门的内设机构及其他所属机构均不得以自己的名义制定规范性文件，需要出台规范性文件的，应提请有关行政机关制定。有权制定规范性文件的行政机关由同级人民政府法制机构会同机构编制部门向社会公布。综合来看，除了政府部门内设机构、派出机构和议事协调机构、临时机构不具备制定规则的权限外，各级政府和县级以上政府工作部门以及授权组织都可以成为行政规则的制定主体。

需要注意到，制定主体并不完全等同于起草主体。所谓起草，指的是拟定行政规则的最初方案或草案，它是随后审查和决定公布定稿的基础。在行政实践中，草案在拟定后，虽然也要经过一系列的审查过程才能最终定稿，但往往内容差异并不大，所以草案对制定一项行政规则的意义特别重大。目前全国大多数省市虽然都相继出台了关于行政规则制定程序的一些规章或规则，但在起草环节仍然存在较大问题。决定制定规则的主体和起草的主体重合，极大地增强了规则出台的随意性和利己性，规则起草机构往往成为执行机构，使得规则的权威性大打折扣，成为部门利益或政府自身利益的代言人。根据对 21 个省级立法文本的考察，对起草主体的规定主要有五种类型，一种是由制定机关起草，其他四种除规定制定机关起草外还加了例外情况。对 21 个文本五种类型主体规定的统计见表 3-2。[1]

表 3-2　起草主体类型统计

起草主体类型	由制定机关起草	可以由制定机关的法制机构起草	可以邀请有关组织、专家参加或委托有关组织、专家起草	可以请有关专家参加或委托有关专家起草	应当邀请有关专家、组织参与或者委托有关专家、组织起草
数量	12	3	4	1	1
比例	57%	14%	19%	4.8%	4.8%

〔1〕 杨书军：《规范性文件制定程序立法的现状及完善》，载《行政法学研究》2013 年第 2 期，第 87 页。

从上表可以看出，行政规则的制定主体基本上和起草主体重合，这就直接导致行政规则制定中行政机关的意志往往能够得到充分的展现，“政府行政权力部门化、部门权力利益化”问题比较突出，极易形成部门利益对公共利益的侵犯。所谓“部门利益法制化”则是指某些行政机关在规则制定过程中，以“部门本位”和“部门中心”为宗旨，淡化或忽视其他部门甚至社会公众利益，将制定行政规则作为实现本部门利益和强化本部门权力的有效工具。行政规则的普遍效力，导致这种倾向严重损害社会公益、破坏法制统一，与依法行政本意相悖。“政府凭借其自有条件已然成为一个强有力的、独立的特殊利益团体。……政府和那些围绕在它周围施加影响的私人参加者一样，是自利的，有损于公共利益的。”〔1〕因此，在规则制定主体必须由行政机关承担的情况下，有必要打破行政机关对规则起草权的垄断，通过制定主体与具体起草主体的分离，尽可能实现各方利益的均衡。虽然这种分离也是在行政主体的操控和指导下进行，很可能只是一种形式上的有限度的分离，但相比完全由行政机关自己起草、自己审查、自己通过的模式，这种分离仍然具有一定的正面价值。

为了使规则草案能够更加具有合法性、科学性和民主性的特征，综合反映各方利益，对于起草的具体程序，可从以下几个方面着手进行规范：一是起草主体的变更。虽然目前

〔1〕 See Peter H. Schuck, “Against (and for) Madison: An Essay in Praise of Factions”, *Yale Law & Policy Review*, (1996-1997) Vol. 15, p. 567.

绝大部分行政规则的起草主体是由行政机关自身担任，但为了防止部门利益对公共利益的侵犯，有必要考虑逐渐将规则起草权交由专门法制机构或者组建专门的规则起草专家小组，就要解决的问题、拟确立的制度或拟规定的主要措施等问题充分进行调研和论证，提高规则制定的质量。原则上起草成员中应当既有行政经验丰富、专业性强的行政机关工作人员，也有精通法律和相关政策的专家和学者。二是建立规则制定回避制度。在制定规则过程中，如果该规则内容涉及制定主体自身利益的，那么该主体应自动放弃或应申请应指令放弃该规则的起草。在实践中也有地方立法对“自身利益禁止”这一制度进行确认，如《厦门市行政机关规范性文件管理办法》（厦府令〔2019〕第178号）第6条第4款明确规定：没有法律、法规依据的，不得增加本单位权力或者减少本单位职责。此外，负责起草的公务人员也应承担相应的回避义务，当其与文件内容有可能有利害关系时，应该回避。三是民主参与程序的完善。起草行政规则，应当广泛听取公民、法人或其他组织的意见，征求意见的方式应当多元化，可采取座谈会、论证会、听证会或向社会公布草案等方式。对于涉及相对人权利义务的重要事项，必须要严格民主参与程序，以增强规则制定的正当性。四是草案的公布。草案制定完成后，必须向社会公布，以满足公众知情权，并充分实践公众参与权。对于公布后公众提出的建议和意见，起草主体必须予以研究和处理，并将处理结果及时反馈和公布。

2. 合法性要求：法律优先与法律保留

在行政实践中，草案的内容在大部分情况下和最终的文本没有实质性差异，因此在起草行政规则草案时，尤要注意草案的合法性和正当性。制定行政规则作为一种准行政立法行为，必须遵循法律优先和法律保留原则，这既是依法行政的基本要素，也是规则内容权限的基本原则：要求制定规则不能越权立法，行政权必须依据法律而行使。

（1）法律优先原则。传统法律优先原则的主要内涵在于所有行政行为都应当受现行法律的约束，不得与现行法律相抵触，并不要求所有行政行为都要有法律依据，因此被认为是一种消极的依法行政。但也有学者认为现代法律优先原则应当不仅仅只具有消极不抵触的含义，在法律与行政立法行为的关系中，法律优先还应当包含必须以上位法为依据的内涵。如周佑勇教授认为，法律优先原则包含两个派生原则：一是“根据法律”原则，该原则是指行政立法应服从法律位阶的要求，以上位法作为行政立法的根据。“根据法律”原则厘清了立法权在不同地位的国家机关的权限划分标准，保障了国家立法体系的统一性和有序性，同时亦是对行政立法内容的一种限定，使行政立法遵循上位法的规定，符合内容合法有效的成立要件。二是“不抵触”原则，所谓“不抵触”，是指在法律位阶的层级结构中，下位阶的法律不得与上位阶的法律相冲突，凡有冲突应以上位阶的法律为准绳。与“根据法律”原则相比，“不抵触”原则主要侧重于行政立法的内容不得与法律相抵触。行政机关为了执行法律而进行行政立法，必须严格依照法律的规定和原则，其立法内容不得与法律相悖。[1]根据此种理解，在制定行政规则时，也必须坚持以宪法、法律、法规、规章和上位行政规则为依据，规则的具体内容不得违反宪法、法律、法规和规章的规定，也不得违背上级行政机关的行政规则。

（2）法律保留原则。法律保留作为依法行政的另一个子原则，和法律优先具有密切的关系。没有法律优先，也不可能有法律保留，法律优先是法律保留的前提和基础，法律保留则是法律优先原则的具体延伸。如果说法律优先原则侧重于强调“不抵触”上位法这一消极层面上的依法行政的话，法律保留则成为一种积极的依法行政，即如果没有法律授权，行政机关即不能合法地作成行政行为。[2]法律保留原则强调某些特定领域内的事项只能由法律规定，或是必须在法律的明确授权之下行政机关才能规定。这个原则相比法律优先，对当事人的保护和法治国的维护有更进一层的价值，更能在本质上体现依法行政的精髓，因此在行政法上受到更多的研究和重视。对于法律保留的范围，即哪些事项或行政领域应当成为法律规制的对象，存在“全面保留说”“侵害保留说”“重要事项保留说”“机关功能说”“权力行政保留说”等多种不同的理论。在种种理论中，全面保留要求绝对的“无法律无行政”，忽视行政事务的复杂多变性，无法得到全面的贯彻和实施。获得大多数现代行政法学者认可的保留主要有

---

〔1〕 周佑勇：《行政法中的法律优先原则研究》，载《中国法学》2005年第3期，第51~52页。

〔2〕 应松年：《当代中国行政法》（上卷），中国方正出版社2005年版，第89页。

侵害保留和重要事项保留两类。“侵害保留说”要求行政机关在作出对相对人权利进行“侵害”的行政行为时，必须有相应的法律依据。换言之，给予相对人利益的给付行政则属于行政自由裁量的范围，不必然要求有法律依据。“重要事项保留说”，顾名思义，指重大的事项应该由法律规定或由法律明确授权行政机关以正式行政立法的形式进行规定。至于何为“重大事项”，不同国家在不同时期有不同的判断标准。德国联邦宪法法院一系列的“重要性判决”主张，“重要”系指针对基本权利的实现而言，以基本权利作为重要性所依附的关联点，最足以反映出人权保障在现代宪法国家之价值系谱中所占有之特殊分量与地位。〔1〕也就是说，对于重要事项的判断，并非根据事务本身性质，而是看它是否对公共利益或公民权利具有重要和根本性的影响。凡是涉及公民基本权利或重大公共利益的事项，必须由法律加以规定，以避免对公民基本权利的伤害。综观各省制定的有关规范行政规则制定的规章或规则，基本上都包含法律保留的相关内容。以《天津市行政规范性文件管理规定》(天津市人民政府令第15号）为例，其第9条明确规定行政规范性文件不得作出下列规定：①增加法律、法规、规章规定之外的行政权力事项或者减少法定职责；②设定行政许可、行政处罚、行政强制等事项，增加办理行政许可事项的条件，规定出具循环证明、重复证明、无谓证明的内容；③违法减损公民、法人和其他

〔1〕 许宗力:《论法律保留原则》，载许宗力:《法与国家权力》，月旦出版社1998年版，第186页。

组织的合法权益或者增加其义务，侵犯公民人身权、财产权、人格权、劳动权、休息权等基本权利；④超越职权规定应由市场调节、企业自律、行业自律、社会自律、公民自我管理的事项；⑤违法制定含有排除或者限制公平竞争内容的措施，违法干预或者影响市场主体正常生产经营活动，违法设置市场准入和退出条件；⑥违法设定行政事业性收费项目等。

综合上述两项基本原则，基本上可以认为，在制定行政规则时，其内容必须受到如下限制：其一，不能规定只能由法律、法规、规章规定的事项；其二，不得缩小或者限制、取消法律法规赋予公民的权利和自由，同时不得创设或增加公民之义务或负担；其三，不得超越法律、法规的规定创设或增加国家机关的权力，也不得缩小或取消宪法、法律、法规为其设定的义务或职责。

3. 形式要求

作为能够普遍适用的一种准立法性规则，其外在表现形式必须符合最低限度的规范性要求，以增强规则的科学性和权威性。这种对于外在形式的要求主要从规则的种类、名称和行文结构的规范中得到反映。

（1）规则的种类和名称。2012 年《党政机关公文处理工作条例》对行政机关的公文种类进行了详尽的规定，每一种公文对应何种内容的文本也非常明确。行政规则作为一种行政机关的公文，也应当符合该办法的要求。一般情况下，行政规则的名称可以使用“办法”“规定”“决定”“规则”“细则”“通告”等，但不得使用“法”和“条例”。凡内容为实施法律、法规、规章和上级行政机关规范性文件的，其名称前一般冠以“实施”两字。政府制定的规则的标题应当冠以本行政区域名称，部门制定的规则的标题应当冠以制定机关名称。但实践中规章的名称也是采用上述名称居多，所以这种用法很难将行政规则和规章加以区分。此外，有些具体行政行为的作出也是以“决定”或“通知”命名，这也加大了和行政规则相互区别的难度，有必要进一步加以规范。

（2）规则的行文与结构。制定一项行政规则，应当符合精简、统一、效能的原则，条文内容应当明确、具体，具有可操作性。为体现规则的精简和效能原则，一般用条文形式表述，在结构安排上不采用正式立法的章节或总则、分则形式，而是采取首部、正文、尾部这种三段式结构。除内容复杂的之外，一般不分章、节。首部应写明规则的依据来源和制定目的，正文部分则主要对行政主体及相对人行为规则进行具体规定，同时还应具备相应的执行事宜，包括执行机关和解释机关、施行日期等内容。尾部并没有固定的写法，通常根据各规则具体的文种和内容而定，较为随意。

（3）用语的规范。行政规则的用语应当尽量准确和简洁，采用规范化的语言来保证行政规则的权威性和科学性。

二、制定程序的法定化

（一）前置审查制度的法定化

1. 前置审查制度的意义与设立

前置审查是对草案送审稿进行修改，形成行政规则草案的一种制度，具体而言，就是在草案被呈送印发公布之前，将规则送审稿和制定依据等有关资料报送专门审查机构，再由专门审查机构对规则制定权限、主体、内容等方面进行法律审核的过程。从一定意义上说，和行政执法检查一样，前置法制审查也属于行政主体内部监督的一种形式，是在规则制定环节中设置的针对行政机关抽象行政行为的一种事前规制措施。在规则起草后，通过设置前置审查程序，能够及时发现不合法或不合理之处，或是由审查机构直接进行修改完善，或是退回起草部门重新制定或修改。和行政规则备案审查相比，前置审查有独特的优势。备案审查通常是在行政规则公布后一定期限内，向上级有关部门申报备案接受监督和审查的制度，备案审查不是行政规则的生效要件，属于一种事后规制方式。基本上各地规定的备案审查期限在公布后15~30日内，这导致了备案审查的相对滞后，很可能在上级机关完成备案审查之前，这项行政规则已经对外生效，如果其中含有违法性内容，就会对行政相对人合法权益造成实际侵害。而通过公布前的合法性审查，一是可以最大限度地改变这种事后发现违法再进行补救的被动局面，提高行政规则的稳定性和公信力。二是设置专门法制机构对行政规则进行合法性审查，也有利于保障依法行政和法制统一。前置审查主要审查行政规则的合法性，从而使行政规则的具体内容符合有关法律法规和规章的规定，避免和预防规则的法律依据不足甚至与上位法和其他行政规则相互冲突的情形，维护和保障法制统一。三是建立行政机构内部的前置审查制度，也是保障上下级行政机构监督指导、沟通政策制定和行政信息交流的需要，可以克服不同层级制定的行政规则相互矛盾的问题，防止有关制度交叉，降低行政成本，提高依法行政质量。

2001 年国务院颁布的《规章制定程序条例》规定，规章以及不具有规章制定权的县级以上人民政府制定的行政规范性文件，也参照规章送审的程序执行，从而正式确立了前置审查制度。国土资源部于 2006 年率先出台的《国土资源管理规范性文件合法性审查办法》第 6 条规定，起草机构在形成规范性文件送审稿后，应当由本部门的办公厅（室）提交法制工作机构进行合法性审查。未经法制工作机构审查的规范性文件，不得提交国土资源管理部门的负责人签发，规范性文件不得发布。河北省政府也在同年颁布《河北省政府部门规范性文件合法性审查暂行规定》，此后相继有一些地方也专门出台了对行政规则合法性审查的规则。另外很多省市在有关行政规则管理的规则或规章中，也有关于事前合法审查的内容。由于这种行政机关内前置性审查具有纠错成本较低而审查效率较高的优势，近年我国各级行政主体在规制行政规则的程序中大多规定了事前的合法性审查。在北大法宝数据库内以“规范性文件管理”为关键词进行查找，全国 31 个省、自治区和直辖市（港澳台除外），除北京、西藏和福建外，均已制定了对行政规范性文件制定进行前置审查的省级政府规章。同样以“规范性文件管理”为关键词进行查找，现行有效的 10 个国务院所属部门制定的有关行政规则的管理规定或办法，均明确规定了规则发布前交由法规司审查的前置审查程序。[1] 由此可见，在行政实践中，对行政规则

〔1〕 参见 http：//www. pkulaw. cn，最后访问日期：2021 年 10 月 1 日。

设置前置审查程序已经成为从中央到地方的共识。2018 年《国务院办公厅关于加强行政规范性文件制定和监督管理工作的通知》正式要求对于重要的行政规范性文件需要加入评估论证和审核把关阶段，在国家层面设立了前置审查的具体要求。虽然前置审查的重要性不言而喻，但在具体行政实践中，和备案审查等制度一样，事前审查机制的运行仍有很多不尽如人意的地方，如审查主体分散、审查标准不一、审查责任不清等问题一直存在，并没有有效发挥审查纠正功能，需要进一步加以完善。

2. 前置审查制度的实施现状

（1）审查机构：分散审查与集中审查。审查机构的级别和性质直接决定审查的效果和质量。根据国务院颁布的《规章制定程序条例》，规章的送审稿交由法制机构负责统一审查。参照规章，行政规则的送审稿统一由法制部门负责审查并无异议，在有关规则制定的地方立法中，也都是将规制的事前审查交由法制机构负责。但是，是统一交由各级政府法制机构审查，还是分散交由部门法制机构审查，各地规定并不统一。

在行政实践中，对于审查机构的归属大致可分两种情况：其中一种情况是由政府法制机构集中进行审查。也就是本级政府法制机构不仅负责审查本级政府制定的规则，对政府部门制定的规则也要进行最终审查。部门行政规则的审查具体又可以分为两种情况：一是先由部门法制机构初审，再交由政府法制机构终审。例如，2016 年发布的《河北省规范性文件管理办法》(河北省人民政府令〔2016〕第 4 号）第 6 条第

2 款明确规定：制定机关的法制机构负责本机关规范性文件的合法性审查工作。二是不经部门法制机构审查而直接交由政府法制机构审查。例如，《广东省行政规范性文件管理规定》(广东省人民政府令 277 号) 第 4 条规定：县级以上人民政府应当加强对规范性文件的监督管理。县级以上人民政府办公机构按照国家公文处理相关规定，负责本机关规范性文件处理工作，并对下级行政机关的规范性文件处理工作进行业务指导和督促检查。县级以上人民政府司法行政部门负责本级人民政府规范性文件的合法性审核工作，并在本级人民政府领导下，具体承担规范性文件监督工作。

除了上述由政府法制机构集中审查的模式之外，还有一种情况是分散式的事前审查模式，这种审查模式是目前我国事前审查制度的主流，湖南、安徽、江苏、上海、天津等省市均采取这种审查模式。例如，《江苏省规范性文件制定和备案规定》(江苏省人民政府令〔2009〕54 号) 第 12 条第 1 款规定，起草政府规范性文件，起草单位应当将规范性文件草案送审稿及其说明和有关材料报送制定机关；起草部门规范性文件，起草单位应当将规范性文件草案送审稿及其说明和有关材料报送制定机关的法制机构。由此可见，所谓分散审查制，即是按照制定主体不同，分别由制定机关所属法制机构各自审查，无需交由统一法制机构审查的制度。在这种分散式审查模式下，部门制定行政规则的审查机构即是该部门的法制机构。显而易见，基于部门法制机构较低的行政级别和对部门机关的从属性，这种法制审查往往很难做到独立和专业。此外，行政实践中，行政规则的起草主体往往也由部门法制机构承担，这种自我审查就更难以做到公正。因此，有必要改分散审查为集中审查，取消部门法制机构的终审权，将对行政规则的合法性审查统一交给政府法制机构来完成，以达到打破部门利益法制化、统一审查标准、维护法制统一的目的。

部门行政规则先由部门法制机构初审再由政府法制机构终审，一方面部门初审可以减轻政府法制机构集中审查的压力；另一方面政府终审可以有效克服部门利益的影响，提高审查的质量和力度。从全国范围来看，深圳市二十多年的前置审查探索和经验具有比较明显的效果，值得重视和借鉴。2000 年 10 月，深圳颁布了《深圳市行政机关规范性文件管理规定》(市政府第 94 号令)，改革“红头文件”合法性审查机制，将行政规范性文件的事后备案审查调整为事先审查，在全国率先以政府规章形式确立了行政机关规范性文件事先审查制度。2001 年，为保证“红头文件”事前审查工作顺利进行，深圳决定在市法制局设立规范性文件审查处，专门承担规范性文件审查工作；同年出台《深圳市人民政府公告管理规定》(市政府 95 号令)，与上述“94 号令”同时实施。随后，深圳出台了《深圳市人民政府办公厅关于实施〈深圳市行政机关规范性文件管理规定〉和〈深圳市人民政府公告管理规定〉有关问题的意见》等配套政策文件。2018 年 2 月，深圳全面修订《深圳市行政机关规范性文件管理规定》，建立起行政机关规范性文件管理“六统一”（即统一要求、统一审查、统一编号、统一有效期、统一发布、统一查询）制度，最终形成较为全面的行政机关规范性文件前置审查管理规范体系。自 2001 年施行“红头文件”前置审查程序到 2019 年底，深圳市政府部门报送合法性审查的规范性文件超过 3300 件，年均审查量超过 170 件，通过合法性审查约 2664 件，审查通过率大约为 80.7%（如图 3-1 所示）。“红头文件”前置审查的“监控摄像头”功能发挥优良，行政机关规范性文件的制定主体、程序和内容等都被纳入审查对象和范围，效果十分突出。[1]

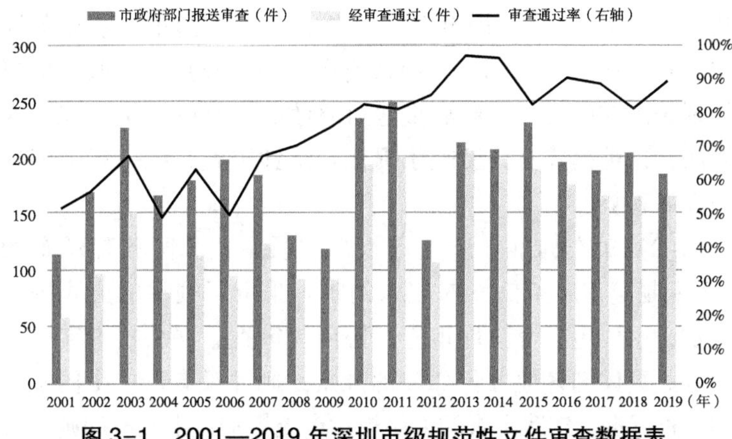

图 3-1　2001—2019 年深圳市级规范性文件审查数据表

此外，广东省在 2014 年颁布的《广东省人民政府办公厅关于进一步加强行政机关规范性文件监督管理工作的意见》（粤府办〔2014〕32 号）也明确提出要加强对行政规则的事

[1] 苏国锐：《深圳法治政府建设①丨首设“红头文件”前置审查，20 年审查超 3300 件》，载《潇湘晨报》2020 年 10 月 28 日。

前合法性审查。该意见第 4 条指出，各级部门起草的规范性文件应经本部门法制机构审核，并在发布前或者本级政府审议前由政府法制机构进行审查。2012 年《青岛市人民政府规范性文件制定程序规定》(青岛市政府令第 218 号)、2016 年《兰州市行政规范性文件制定和备案规定》(兰州市人民政府令〔2016〕第 2 号)、2018 年《武汉市行政规范性文件管理办法》(武汉市人民政府令第 290 号)、2018 年最新修订的《汕头经济特区行政机关规范性文件管理规定》(汕头市人民政府令第 178 号)、2019 年最新修订的《广州市行政规范性文件管理规定》(广州市人民政府令第 168 号) 也采取了部门规则先由部门审查，最后报送所属政府法制机构统一审查的做法，这种模式充分反映了强化合法性审查、统一集中审查的发展趋势。

(2) 审查标准：形式审查与实质审查。国务院颁布的《规章制定程序条例》对规章的审查采取了列举的方式进行规定，主要包括合法性审查、协调性审查、立法技术审查等内容。具体到各地方各部门的规定，则并没有形成全国统一的审查标准，实践中有的参照规章审查标准设定，有的则另行设定标准对行政规则内容加以审查，通常包括以下两种标准：

第一，形式审查。按照这种审查标准，法制机构仅对行政规则的合法性进行形式审查，不审查是否具有必要性和可行性等合理性问题。现有 14 个规定了前置审查的部门规章中对本部门行政规则的审查采取的都是这种形式审查标准。例如，《中国银保监会规范性文件管理办法》(中国银行保险监督管理委员会令 2020 年第 1 号) 第 18 条规定，合法性审核的内容包括：①不得违反上位法规；②不得违反我国加入的国际条约；③不得超越法定职权或减少法定职责；④不得违法设定行政许可、行政处罚、行政强制、行政收费等事项；⑤不得违反国务院关于公平竞争审查方面的规定；⑥不得违反国务院关于贸易政策合规工作方面的规定；⑦符合本办法规定的制定程序；⑧其他审查要求。省政府规章中，广东省也明确地排除了对必要性、可行性等合理标准的审查，只要求法制机构审查行政规则的形式合法性，如果发现明显可行性或者适当性问题的，可以向制定机关提出建议。例如，2014 年 6 月，广东省政府在《广东省人民政府办公厅关于进一步加强行政机关规范性文件监督管理工作的意见》(粤府办〔2014〕32 号）中明确要求法制机构要严格履行规范性文件审查职责，从规范性文件制定职权、内容、程序、形式等方面进行审查。规范性文件草案报送政府法制机构审查时，应同时报送关于文件制定必要性、制定过程、制定依据、主要内容以及征求意见情况的说明，并提供有关行政审批等涉及公民、法人和其他组织权利义务内容的法律依据。凡未按要求听取公众意见或者征求有关部门意见，违法创设行政审批等行政权力，在没有法律依据的情况下限制公民、法人和其他组织的权利或者增加其义务的规范性文件，一律不得通过审查，不得向社会发布。2020 年《广东省行政规范性文件管理规定》(广东省人民政府令 277 号）第 18 条明确规定，司法行政部门对规范性文件的合法性进行审核（审查)；发现存在明显可行性或者适当性问题的，可以向制定机关提出建议。按照省级规章精神，广州市、深圳市、珠海市、汕头市相继出台的有关行政规则的市政府规章也都采取了这种形式合法性审查作为审查标准。例如，《韶关市行政机关规范性文件管理规定》(韶关市人民政府令〔2016〕第139号）第28条规定：政府规范性文件草案在提交本级政府常务会议或全体会议审定前，应当将规范性文件送审稿报送本级政府法制机构进行合法性审核。部门规范性文件在发布前，应当将规范性文件送审稿报送本级政府法制机构进行合法性审查。此外，包括广西、青海在内的全国大部分省市基本上都对事前审查采取形式合法性审查标准，审查内容主要包括以下几点：①技术性审查。主要审查行政规则的名称、种类是否符合规定，用语是否精确规范，结构是否符合要求；规则是否已经纳入当年编制规划；起草机关报送的资料是否完备，是否按照规章规定履行起草程序等。②合法性审查。主要包括起草主体是否适格、是否具有制定行政规则的权限、规则内容是否符合依法行政原则的要求，即是否存在与法律、法规、规章、国家现行政策和上级行政规则相抵触等内容。③协调性审查：主要审查行政规则是否与其他行政规则规定一致，能否有效协调和衔接。

第二，实质审查。对行政规则的审查，不仅要进行形式合法性审查，还要审查规则制定的必要性和可行性。《贵州省行政规范性文件制定程序和监督管理规定》(贵州省人民政府令〔2019〕第192号）第17条规定，行政规范性文件合法性审核主要包括以下方面：①制定主体是否合法；②是否超越制定机关的法定职权或者超越法律、法规、规章的授权范围；③内容是否符合宪法、法律、法规、规章和国家政策规定；④是否违法设立行政许可、行政处罚、行政强制、证明、行政征收、行政收费等事项；⑤是否存在没有法律、法规依据作出减损公民、法人和其他组织合法权益或者增加其义务的情形；⑥是否存在没有法律、法规依据作出增加本单位权力或者减少本单位法定职责的情形；⑦是否违反行政规范性文件制定程序。该条明确规定法制机构要审查规则制定的必要性、可行性和可操作性。《宁夏回族自治区行政规范性文件制定和备案办法》(宁夏政府令〔2016〕第89号）和《山西省行政规范性文件制定与监督管理办法》(山西省政府令〔2020〕第274号）也采取实质性审查标准。与形式审查相比而言，实质性审查对法制机构提出了更高的要求，除了外在的形式合法性审查之外，还必须进行合理性审查。根据德国行政法对“行政合理性”原则的阐述，应当包括适当性原则、比例原则和必要性原则。按照这一合理性内涵，法制机构在形式合法性审查完成的基础上，应全面进行如下合理性审查：

首先是适当性审查。这项原则要求行政机关制定规则必须建立在正当考虑的基础上，要有正当的动机。不能违反法律精神或社会公平理念，不得以合法形式掩盖不正当目的，通过行政规则为制定者自身谋求利益。在对行政规范性文件进行事前合法性审查时，审查机构应深入审查行政规范性文件的制定目的，认真审查其明示目的背后是否有隐藏的不正当目的，判断该行政规范性文件的制定是否有利于建立良好的社会秩序，是否有利于保护人的生命、自由、财产，是否有利于提升人的尊严。[1]

其次是必要性审查。按照德国法理解，必要性原则又称为最温和方式的原则。该原则要求，行政主体在若干个适合用于实现法律目的的方法中，只能够选择适用那些对个人和社会造成最小损害的措施。因此在制定行政规则尤其是禁止性行政规则时，必须严格审查规则制定的必要性：首先确认在没有其他可替代的柔性行政手段时，才制定相应行政规则。其次审查制定主体是否在所有的行政手段里选择了侵害最小的手段。最后，要通过比例原则平衡行政规则制定后个人利益与公共利益的关系，禁止对个人利益的损害超过公共利益之规则的出现。

3. 前置审查制度与事前风险评估制度的对接

鉴于政府法制机构在行政机关中的级别和性质，要求其独立进行合法性和合理性审查虽然看起来很完美，但却有些罔顾现实。笔者认为，对于行政规则的前置审查标准，应以形式合法性审查为宜。涉及行政规则制定的必要性、可行性等实质合理性问题，可以通过重大规则制定的事前评估制度完成。例如，《河北省规范性文件管理办法》(河北省人民政府令〔2016〕第4号）第10条规定，起草规范性文件，应当采取书面形式征求有关行政机关、社会组织、管理相对人以及专家的意见。必要时可以召开论证会、听证会或者进行社会风险评估。事前评估是重大行政决策在形成行政规则前

---

〔1〕 刘权:《行政规范性文件的事前合法性审查》，载《江苏社会科学》2014年第2期，第153页。

的一个必经程序。由于很多重大行政决策在形成后都是以行政规则的形式表现和执行，所以在制定行政规则时，如果牵涉到重大行政决策问题，就必须按照相应规定进行风险评估。“行政决策”是在公共管理学中非常成熟的学术用语，近些年在我国，从中央到地方，对重大行政决策程序的规范已经蔚然成风。但是在行政法学中，能和行政决策对接的既包括行政规则，也包括针对特定对象作出的具体行政行为，反过来理解，所有的行政规则都是行政决策的载体。行政实践中对重大行政决策的规范换位到行政规则的规范中，就是要对承载重大行政决策的行政规则加以严格的审查和评估。

（1）“重大”行政规则的认定。对于一项行政规则是否需要进行事前评估，前提是该规则是否承载“重大”行政决策从而成为重大行政规则。因为行政事务的纷繁芜杂，基于行政成本、行政效率的考量，不可能对所有行政规则都加以严格的法律控制，只有重大行政规则才有严格法治化的必要。在各地颁布的关于重大行政决策程序规定的法律文本中，对重大决策基本上采取“定义+概括+列举”的方式加以规定，内容大同小异，主要依据决策对当事人的影响范围和程度来进行内涵定义，通过细化列举和排除等方式厘定重大决策范围。

以《湖南省行政程序规定》(湖南省政府令〔2018〕第289号）第31条规定为例，本规定所称的重大行政决策是指县级以上人民政府作出的涉及本地区经济社会发展全局、社会涉及面广、专业性强、与人民群众利益密切相关的下列行政决策事项：①制定经济和社会发展重大政策措施，编制国民经济和社会发展规划、年度计划；②编制各类总体规划、重要的区域规划和专项规划；③编制财政预决算，重大财政资金安排；④重大政府投资项目；⑤重大国有资产处置；⑥资源开发利用、环境保护、劳动就业、社会保障、人口和计划生育、教育、医疗卫生、食品药品、住宅建设、安全生产、交通管理等方面的重大措施；⑦重要的行政事业性收费以及政府定价的重要商品、服务价格的确定和调整；⑧行政管理体制改革的重大措施；⑨其他需由政府决策的重大事项。也有学者对判断重大决策与一般决策进行学术上的比较和探究，认为能够成为重大决策的标准主要有两种：一是政治性与专业性。政治性越强的决策，决策的重大性也越强。专业性越强的行政决策，越是需要加强决策的专家论证技术。二是公共利益性与公民权利性。要求重大行政决策的制定者一方面要以实现公共利益为目标；另一方面要充分尊重和保护公民个人的合法权益，最大限度地兼顾公共利益的实现与公民权利的保护、咨询以及风险评估等程序性环节。[1]2019 年国务院颁布了《重大行政决策程序暂行条例》，正式在全国范围内统一了有关重大行政决策的范围，该暂行条例第 3 条第 1 款规定：①制定有关公共服务、市场监管、社会管理、环境保护等方面的重大公共政策和措施；②制定经济和社会发展等方面的重要规划；③制定开发利用、保护重要自然资源和文化资源的重大公共政策和措施；④决定在本行政区域

---

〔1〕 黄学贤、桂萍：《重大行政决策之范围界定》，载《山东科技大学学报（社会科学版）》2013 年第 5 期，第 43 页。

实施的重大公共建设项目；⑤决定对经济社会发展有重大影响、涉及重大公共利益或者社会公众切身利益的其他重大事项。

（2）评估的主体。对于重大行政规则的事前评估，在现有的行政程序规定文本中通常都规定由起草规则的机构组织有关专家和公众参与来进行综合评估，建立起以政府主导，吸收专家和专业测评机构咨询和论证，必要时引入公民参与的多元评估主体机制，充分发挥评估的效果。为确保评估的科学性和民主性，建立起草主体与评估主体适当分离的制度是相对最佳的选择。起草和最终决策主体的任务是以评估主体提交的评估报告为基础，综合政治经济制度、社会文化发展水平等多方面因素，最终作出科学和民主决策的过程。如果由决策主体直接来承担评估责任，则极有可能影响风险评估的科学性。[1]但是，在行政实践中，专家和公众参与评估的形式在我国目前主要是以听证会、论证会等方式进行，而这些形式由于缺乏有效的程序设置和法律控制，导致专家和公众参与评估往往流于表面，事实上仍然是决策主体即政府机构承担了主要的评估过程。因此，有必要继续通过相应程序规定将重大规则制定过程的评估引入法治轨道，在实践中加以严格落实。

（3）评估的内容和方法。如果一项规则被认定为承载重大行政决策，那么评估的内容应当和上文所述的规则前置审

---

〔1〕 洪延青：《藏匿于科学之后？规制、科学和同行评审间关系之初探》，载《中外法学》2012 年第 3 期，第 549 页。

查进行有效对接。前置审查主要以形式合法性审查为内容，事前评估则承担合理性审查和评估的任务。对于合理性审查的具体标准，除了进行适当性审查、必要性审查和比例原则审查之外，还可以引入经济学中的成本收益分析法进行有效评估。成本收益分析是对行政规则实施后可能产生的执法成本、社会成本和净收益进行综合分析，只有收益大于成本的规则才有制定实施的必要性。例如，《广州市重大行政决策程序规定》(广州市政府令〔2019〕第168号）第10条规定：决策起草部门应当就决策草稿进行决策风险评估。决策风险评估可以分类委托有关专门研究机构进行。决策风险评估报告应当视决策需要，对决策草稿进行成本效益分析，对财政经济、社会稳定、环境生态或者法律纠纷等方面的风险作出评估，并相应提出防范、减缓或者化解措施。

规则制定前的评估是一个非常复杂的过程，只有同时具备科学性和民主性的评估，才能为以后制定行政规则提供可行的依据。一般情况下，通过专家论证可以增加评估的理性和科学性，通过公众参与则可以提高评估过程的民主性，但是专家理性和公众参与都有各自的局限性，因此评估制度设计在目前仍是需要重点研究的课题。

（二）决定程序的法定化

1. 决定主体：集体决策

行政规则的决定是指由特定主体对提交的行政规则草案进行商讨、审议并决定是否予以通过的环节。所涉及的关键问题是决定的主体和决定的方式。行政规则制定属于行政事务，《宪法》、《中华人民共和国国务院组织法》（以下简称

《国务院组织法》)、《地方各级人民代表大会和地方各级人民政府组织法》都规定实行“行政首长负责制”,我国的行政首长负责制是民主集中制和集体领导与个人分工负责制相结合制度的一种具体形式,它是指重大事务在集体讨论的基础上由行政首长定夺,具体的日常行政事务由行政首长决定,行政首长独立承担行政责任的一种行政领导制度。[1]根据这种制度内涵,行政规则虽然最终都由行政首长签署命令予以发布,但行政首长的签发通常只具有程序和仪式意义,实质的决定环节并非单纯由行政首长个人决定,而是需要结合集体讨论。以国务院制定行政法规为例,《国务院组织法》第4条规定:国务院工作中的重大问题,必须经国务院常务会议或者国务院全体会议讨论决定。以规章决定通过为例,《立法法》第84条规定:部门规章应当经部务会议或者委员会会议决定。地方政府规章应当经政府常务会议或者全体会议决定。以上采取的都是集体讨论、集体审议的集体决策制度。在行政学领域,集体决策是指享有决策权力的一群行政官员,通过会议或集体表决的方式通过行政方案。这种集体决策制度可以最大限度集思广益,降低个人专制风险,提高立法的科学性和民主性。集体决策可以集中多元思维,综合广泛信息,相比个人决策更全面可靠,对于提高决策的质量具有不可替代的作用。在心理学角度分析,集体决策可以增强每个参与人对决策的接受度和认可度,从而有效提高决策的执行

[1] 夏书章主编:《行政管理学》(第5版),高等教育出版社、中山大学出版社2013年版,第100页。

力度，有助于决策目标和方向的顺利实现。从风险角度分析，集体作出决定可以化解分担风险，减轻单独决策人的压力，也能对所有参与决策人形成有效的约束力。最后，集体决策能在集中有限的时间成本范围内，充分利用集体人力资源，从降低决策成本、提高决策资源利用效率角度来讲，具有更明显的优势。在政府机构中，政府的常务会议、办公会议、全体会议、部门会议等，都属于拥有决策权的集体决策机构。

集体决策的优势使其成为现代社会作出重大行政决策时必然采取的决策手段。行政规则制定作为一种准立法行为，也应以制定行政法规和规章的集体决策环节作为参照，同样采取集体决策的方式，以提高行政规则制定的质量。在行政实践中，也可以看到集体决策已经基本上成为从中央到地方的共识。以现行各省颁布的省政府有关行政规则规范的文本为例进行观察，根据统计，截止到2021年10月，对行政规则制定进行规范的24个省级地方政府规章（北京、福建、湖北、重庆、辽宁、河南等尚未以规章形式出台行政规则制定规范）〔1〕全部规定了行政规则必须经会议审批通过的集体决策制度，其中政府常务会议、全体会议和部门办公会议是共性的选择。在国务院部门规章中，对行政规则制定程序加以规范的13个部门规章中，除民航局《中国民用航空总局职能部门规范性文件制定程序规定》〔2〕采用的是由经起草部

〔1〕 以上统计数据来自北大法宝（https：//www.pkulaw.com），最后访问日期为2021年10月1日。

〔2〕 该规定已于2019年10月16日被交通运输部废止，暂未发布新规定。

门根据各方意见进行修改定稿后，由主任、司长、局长签署下发的直接决定制度以外，其他部门规章都规定了会议审议通过的集体决策制度。2018 年《国务院办公厅关于加强行政规范性文件制定和监督管理工作的通知》出台后，地方各级人民政府制定的行政规范性文件要经本级政府常务会议或者全体会议审议决定，政府部门制定的行政规范性文件要经本部门办公会议审议决定。集体审议决定成为地方各级政府和政府部门制定发布行政规则的基本程序要求。

2. 决定程序：议事规则

综上所述，集体决策制度无论是在理论还是实践中，都成为行政规则决定环节中被广泛接受和采纳的环节。但是，如何参加会议，如何组织会议，如何开会才能导致集体决策的实现，避免会议成为一种形式化的过程，避免领导人将自己的意志强加于集体之上，却需要通过科学合理的议事规则来加以保障。正如托马斯·杰斐逊（Thomas Jefferson）所说："只有有了规则，组织的决定才能够协调一致、前后统一，不会随着领导人而反复无常，也不会被某些人的强词夺理所操纵左右。对于一个严肃的组织来说，必须时刻维护自己的秩序、尊严和规范。"[1]迄今为止，近现代社会对议事规则进行的最为简明但完备而实用的阐述且对各国民主政治影响最大的莫过于《罗伯特议事规则》(Robert's Rules of Order)，它已经成为世界程序民主发展史上的重要篇章。其基本原则

---

〔1〕［美］亨利·罗伯特：《罗伯特议事规则》，袁天鹏、孙涤译，格致出版社、上海人民出版社 2008 年版，第 1 页。

可概括为五点：①平衡。保护各种人和人群的权利，包括意见占多数的人，也包括意见占少数的人，甚至是那些没有出席会议的人，从而最终做到保护所有这些人组成的整体的权利。②对领袖权力的制约。集体的全体成员按照自己的意愿选出领袖，并将一部分权力交给领袖，但是同时，集体必须保留一部分权力，使自己仍旧能够直接控制自己的事务，避免领袖的权力过大，避免领袖将自己的意志强加在集体的头上。③多数原则。多数人的意志将成为总体的意志。④辩论原则。所有决定必须是在经过了充分而且自由的辩论协商之后才能作出。每个人都有权利通过辩论说服其他人接受自己的意志，甚至一直到这个意志变成总体的意志。⑤集体的意志自由。在最大程度上保护集体自身，在最大程度上保护和平衡集体成员的权利，然后，依照自己的意愿自由行事。孙中山先生在1917年就以此为蓝本，结合中国实际撰写了《民权初步》，首次将议事规则引入中国。全国人大及其常委会出台过专门议事规则，有五个部门规章和议事规则与之有关。对议事规则的重视，还没有达到应有的程度。这也直接导致会议过程和结果不能达到理想化目标。很多学者也注意到了这个问题，应松年教授曾在一次演讲中讲到，开会时最好不要一个人说了算，然后才问大家有什么意见、有什么办法。他认为最好的方法是领导最后发言，因为领导是最后决定者，所以最后说。此外他也提出要实现少数服从多数原则。[1]这

---

〔1〕 应松年:《法治中国与民主立法》，摘自应松年教授在2014年12月20日第二届“国浩法治论坛”的演讲。

实际上就涉及议事规则的问题。由于现阶段会议在事实上已经成为各个层次和各领域进行决策的必要手段和方式，所以必须通过一个运行良好的议事规则来实现最终决策的科学化和民主化，提高会议效率，节约决策成本。

（三）公布程序的法定化

综观各省市颁布的有关行政规则制定程序的文本，将审议签署通过的行政规则以各种方式加以公开发布是通行的规定，也是行政规则制定完成的最后步骤。根据前文所述，行政实践中的行政规范性文件对应于外向外效型行政规则，所有对外产生法律效力的规则都要对外公布，这点并无异议。内向外效型行政规则和内向内效型行政规则由于并非直接针对外部相对人而制定，所以是否必须要履行对外公开程序才能生效，在行政实践中做法不一。有的内向行政规则往往只采取内部通知或传达等方式在行政机关内部上传下达，并没有通过各种方式对外公开。在美国《信息自由法》(Freedom of Information Act）中，内部信息也可以成为豁免公开的对象，主要是行政人员工作手册和指导意见，如有关手册会告诉交通警察多少时速才构成超速。豁免这类信息的理由，是避免披露一些和公共利益关系不大且公众一般并不关心的行政机构内部调控或简单杂务。〔1〕在德国，内向行政规则也只需要通知所属行政机关即可生效。但是，由于内向外效型规则使得纯粹的内部规则也会对外发生法律效果，如果一概不

〔1〕 张千帆：《政府公开的原则与例外——论美国信息自由制度》，载《当代法学》2008 年第 5 期，第 25 页。

予以公开，对外部相对人来说十分不利，也违反行政公开的根本价值理念。德国学者毛雷尔教授认为："具有外部效果的，应当公布，这种主张越来越多。"〔1〕由于内向型规则究竟是属于内向外效型还是单纯的内向内效型，往往在制定时无法区分，必须经由行政实践才能发现是否具有外部法律效果，是否对相对人权利义务产生实际影响。所以基于行政信息公开的基本原则，应当将凡是不属于涉及国家秘密、商业秘密、个人隐私的所有类型行政规则，都纳入政府信息公开的范围。

1. 公布的价值

行政规则对外公布属于行政信息公开的一个组成部分。行政信息公开是现代民主社会的基本特征，同时也是现代政府的一项基本义务，它与现代社会公民的一项基本人权——"知情权"的实现息息相关。通过政府信息公开，一方面使行政相对人能够更好地了解行政的组织和过程，从而有效地参与到行政程序中来以维护自己的合法权益，提升行政行为的可接受度；另一方面政府信息公开也使政府行为处于相对透明的环境下，有利于社会公众监督行政主体依法行政，预防和控制行政权力的滥用。正如王名扬先生所说："公开原则是制止自由裁量权专横行使最有效的武器。"〔2〕因此现代国家大多颁布了相应的法律来实现行政信息的公开制度。例如，

〔1〕［德］哈特穆特·毛雷尔：《行政法学总论》，高家伟译，法律出版社2000年版，第592页。

〔2〕王名扬：《美国行政法》，中国法制出版社1995年版，第552页。

瑞典早在1766年就制定了《出版自由法》，美国1966年制定的《信息自由法》已经成为世界行政法治史上的典范，对其他国家构建信息公开制度影响很大。信息公开使得“权力在阳光下运行”，对于遏制腐败滋生、倡导廉政、节约行政资源、提高行政效率具有十分重要的价值，也是实现民主和人权的重要手段和方式。强调行政信息公开和共享，已成为20世纪中叶以来世界各国政府改革的新方向。我国也在2008年出台了《政府信息公开条例》，使行政信息公开有法可依。《政府信息公开条例》于2019年修正，根据该条例第2条的规定，政府信息是指行政机关在履行行政管理职能过程中制作或者获取的，以一定形式记录、保存的信息。行政规则属于行政主体自身创造出来的一种信息，和其他信息一样要受到《政府信息公开条例》的调整。《政府信息公开条例》第20条规定，“行政机关应当依照本条例第19条的规定，主动公开本行政机关的下列政府信息：①行政法规、规章和规范性文件；……”由此可见，行政规则属于法定的需要重点公开的政府信息。

2. 公布的方式

在行政实践中，行政规则的公开按照类型的不同可以采取不同的方式进行公开，具体措施大致包括：①及时、准确地公开政府行政信息，发现影响或可能影响社会稳定、扰乱社会管理秩序的虚假或不完整信息，政务部门要在其职责范围内发布准确的政府信息予以澄清；②建立健全行政信息发布协调机制，发布的行政信息涉及其他政府部门的，要与有关部门进行沟通、确认，保证发布的行政信息准确一致；

③通过政府公报、网站、新闻发布会以及报刊、广播、电视等便于公众知晓的方式和大众传播媒介公开行政信息；④在国家档案馆、公共图书馆设置行政信息查阅场所，配备相应的设施、设备，为公众查阅、获取行政信息提供方便；⑤根据需要设立公共查阅室、资料索取点、信息公告栏、电子信息屏等场所、设施，公开行政信息；⑥编制、公布行政信息公开目录和行政信息公开指南，并及时更新。[1]不同类型的行政规则，其公布的方式也不相同，其中内向外效型规则将在下一节详述，关于外向外效型规则和内向内效型规则的公布方式大致描述如下：

（1）外向外效型行政规则的公布方式。外向外效型行政规则（即行政规范性文件）的公布应当具有相对严格的程序和要求，有关行政规则制定程序的地方政府规章中大多专列一章对决定和公布环节加以明确规定。例如，《天津市行政规范性文件管理规定》（天津市政府令〔2019〕第15号）第21条规定：制定机关应当对行政规范性文件进行统一登记、统一编号、统一印发，并及时在政府公报、政府网站、政务新媒体、广播、电视、公示栏或者公开发行的报刊上向社会公布。未经公布的行政规范性文件不得作为行政管理的依据。此外，湖南省2008年颁布的《湖南省行政程序规定》第49条建立了规范性文件统一登记、统一编号、统一公布和有效期制度，简称“三统一”制度，对全国其他省市的行政规则

[1] 夏书章主编：《行政管理学》（第5版），高等教育出版社、中山大学出版社2013年版，第208页。

管理影响很大。第52条规定县级以上人民政府法制部门应当建立规范性文件数据库和网上检索系统，及时公布经登记的现行有效的规范性文件和已经失效的规范性文件目录，方便公民、法人或者其他组织查询、下载。通过上述两条规定建立了较为完整的行政规则公布制度。其他各省市有关行政规则公布的规定与此大同小异。2018年《国务院办公厅关于加强行政规范性文件制定和监督管理工作的通知》吸收各省规定，明确行政规范性文件经审议通过或批准后，应由制定机关统一登记、统一编号、统一印发，并及时通过政府公报、政府网站、政务新媒体、报刊、广播、电视、公示栏等公开向社会发布，不得以内部文件形式印发执行。

（2）内向内效型行政规则的公布方式。内向内效型行政规则的公布没有统一的规定，在实践中主要按照“公开为原则、不公开为例外”的要求公布，相对来说比较灵活简单。在公布程序上无需行政首长专门签发公布，直接公布于政府网站、政府公报或通过其他媒体予以报道，让公众知悉即可。在公布内容上也可以适当简化，无需全文公布，将重要内容公布使公众知悉即可。

3. 公布的效力

根据《立法法》的要求，行政法规和规章只有在行政首长签署命令并予以公布之后才能发生法律效力。由此，对于外向外效型行政规则，公布也应成为其生效的必要条件，这已成为学界和实务界的共识。2018年《国务院办公厅关于加强行政规范性文件制定和监督管理工作的通知》(国办发〔2018〕37号）中明确要求：行政规范性文件经审议通过或批准后，由制定机关统一登记、统一编号、统一印发，并及时通过政府公报、政府网站、政务新媒体、报刊、广播、电视、公示栏等公开向社会发布，不得以内部文件形式印发执行，未经公布的行政规范性文件不得作为行政管理依据。在现行的各省级政府规章里，也大多作了同样的要求。例如，《湖南省规范性文件管理办法》(湖南省人民政府令〔2018〕第289号）第16条第1款规定：规范性文件由本级人民政府统一登记、统一编号、统一公布。未经统一登记、统一编号、统一公布的规范性文件一律无效，不得作为行政管理的依据。《山西省行政规范性文件制定与监督管理办法》(山西省人民政府令〔2020〕第274号）第27条规定：规范性文件印发后，应当通过政府公报、政府网站、政务新媒体、报刊、广播、电视、公示栏等方式向社会公开发布，不得以内部文件形式印发执行。未向社会公布的规范性文件不得作为行政管理的依据。

至于内向型行政规则，公布是否应当成为其生效要件，目前并无直接法律规定。但是基于行政信息公开的基本理念，除了一些法定不公开的情形之外，也应当逐步建立起公布生效的常规化制度。例如，《河北省人民政府法制办公室关于进一步加强规范性文件审查备案工作的意见》(冀法〔2014〕2号）规定，要严格执行政府信息公开有关规定。规范性文件制定后，要及时通过新闻媒体、政府网站向社会公布。未经公布的，不得作为行政管理的依据。

三、第三方参与的正面价值

在承载了公共政策目标的外向型行政规则的形成过程中，政府以外的第三方参与逐渐从理论走向实践，成为规则制定过程中的重要环节。尤其是属于重大行政规则的制定程序中，公众参与和专家论证更是不可或缺。传统的政策形成模式主要是一种以政府为主导的管理主义模式，而随着经济社会的不断发展，参与式治理模式逐渐受到重视。厦门 PX 项目危机事件、上海磁悬浮事件、重庆出租车司机罢运事件以及《湖南省行政程序规定》之实施事件等都表明一种新的行政决策模式——参与式治理模式——的生成。行政决策的参与式治理模式不仅符合世界行政决策发展的大趋势，而且对中国而言，更是具有工具性、教育、心理和文化等多方面的意义。〔1〕从过程视角观察规则的形成与执行会发现，两者之间存在反比关系。在规则形成过程中，只有深思熟虑、多方参与，重视规则制定的科学性、合法性和民主性，才会制定出高质量的规则。而到了规则的执行阶段，通常重点考虑执行的效率，讲究高效快捷地完成行政规则中的具体内容和要求。而如果规则制定不能充分满足科学民主的要求，那么随之而来的，执行越是高效，对相对人造成损害的可能性越大。以 2007 年东莞市政府颁布的“禁猪令”为例，由于受到民众激烈反对，2008 年东莞市人民代表大会撤销了该项禁令。这场

〔1〕 王锡锌、章永乐：《我国行政决策模式之转型——从管理主义模式到参与式治理模式》，载《法商研究》2010 年第 5 期，第 3 页。

风波充分反映了缺乏民主参与环节而导致政策无法得到有效认可和推行的情状。政府认为禁止养猪有助于环保，却未通过相应程序征求民众意见，从而导致政策一出台即陷入舆论漩涡。因此可以得出一个结论，在规则形成过程中，第三方的参与对提升规则的理性和民主性必不可少。由于“参与民主的本质在于民主体验可通过民主方式改造个人的观点，人们认为拥有这些体验的个人因此变得对公共事务更加热诚、更加包容、更有知识，也更能自我反省”〔1〕。越是制定的科学合理的行政规则，日后的执行也无疑会更加高效。公众参与可以强化行政规则制定的民主性，但公众参与并不是放之四海而皆准的真理，公众的知识结构、利益纠葛也有可能导致规则制定难度的不当加大，厦门 PX 项目危机事件充分反映了这一点。因此为了提升行政规则制定的科学性，专家参与就成为必然的选择。此外，从知识论的角度出发，王锡梓教授认为行政规则制定是一个通过特定法律程序而使不同类型知识得到恰当运用，为行政规则提供正当性和理性的过程。在价值选择领域，大众参与具有知识运用上的合理性；而在技术领域，过多的大众参与虽然能够在一定程度上促进行政规则的正当性，但其耗费大量行政资源，无助于知识的合理运用。由于行政管制领域基本上是技术性事务，在一般情况下，专家理性模式应是优先适用的规则制定模式。当然，为了防止专家“一言堂”和偏离公共利益目标的计算，大众参

〔1〕 Frank Fischer, *Evaluating Public Policy*, China Renmin University Press, 2003, p. 220.

与又是一个制约专家权力的机制。[1]由此可见，行政规则制定过程中的第三方参与，虽是行政法治发展的必然趋势，但同时也需要进行合理的制度架构，既要避免参与过度，也要防止参与不足。

（一）以专家参与提升规则制定的理性化

所谓“专家”，主要是对行政机关和相对人而言具有中立地位和身份的另一种参与到行政规则制定过程中来的个体，其主要价值在于通过自己掌握的专业技术知识为行政规则的拟定提供咨询、论证或其他知识支持。规则制定是一个利用现有知识解决现存问题同时面向未来的复杂过程，尤其是处于剧烈变动的经济和社会发展背景下的规则制定，需要考虑更多的因素，在政府掌控信息和决策能力有限的情况下，单纯依靠行政官员的一元化决策模式已远远不能适应现实需要。因此，要科学处理范围广泛、涉及利益方众多的社会事务，避免行政决策失误，就必须充分借助专业理论知识和技术，吸收更具有独立性、客观性和专业性的专家加入规则制定过程。在国外这类专门为政府提供咨询和建议的社会组织通常被称为“智囊团”或“专家库”，我国近些年也开始逐步重视其作用，在政府规则制定、分析评估等方面都可以听到各类专家的声音。通过构建合理的专家咨询与论证制度，可以更好地弥补行政主体自身的不足，提高行政规则制定质量，促进行政规则制定更为科学和合理。

---

〔1〕王锡锌、章永乐：《专家、大众与知识的运用——行政规则制定过程的一个分析框架》，载《中国社会科学》2003年第3期，第113页。

但是也要看到，虽然我国逐步重视专家的作用，为了提高规则草案的质量，基本上各省市的行政规则制定程序中都明确规定了“公众参与、专家论证、政府决策”的模式，在作出重大决策时更是规定必须引入专家咨询和论证程序，但是实施效果却并不尽如人意。在具体的行政实践中，这种规定并没有得到很好的落实，行政机关及其官员仍然起到主导性的作用，一元化制定模式仍是规则制定的主要模式。首先，由于政府主导了规则制定全过程，因此专家的引入也由政府决定，是否引入，何时引入，引入何人，都由政府自行决定。这不可避免导致引入的专家对政府具有一定的依附性，影响其进行独立和客观的判断。此外，专家只是理想模式中的理性中立人，实际上会受到个人价值判断和个体利益的影响。在这种背景下，无论是具有专业技术知识的理性专家还是利益受影响的行政相对人，都不能切实展现自己的认知和偏好，最终导致行政规则的制定既无法充分吸收相对科学的经验和知识，又不能全面反映各方利益。当然，造成上述情况的原因多种多样，并不能一概归咎于行政主体不积极吸纳专家与公众进入行政过程加以平衡。如上文所述，行政实践中各种不同类型的行政规则，对于专家和公众参与的需求是有较大差异的。譬如外效外向型行政规则，对行政相对人权利义务影响明显，因此为确保规则制定后的实施具有更好的执行性和可接受度，就必须加大对公众参与程序的投入。而有些行政规则本身专业技术性强，利益冲突不大，在这种规则制定过程中，需要专家参与的迫切性就大于公众参与。还有一些行政规则兼具上两种特征，所以应当既吸收专家意见，又广泛征求公众意见以达到多元利益的均衡。由此，在起草具体行政规则时，当涉及专业技术性较强的规则时，引入专家进行咨询和论证，成为一种有效提高行政规则科学性的选择。例如，《上海市行政规范性文件管理规定》(沪府令第 17 号) 第 14 条第 1 款规定，规范性文件应当由制定机关组织起草。其中，专业性、技术性较强的规范性文件，制定机关可以吸收相关领域的专家参与起草工作，也可以委托相关领域专家、研究机构、其他社会组织起草。

所以，对于专家进入规则制定过程，必须要完善相应的程序和机制：一方面要真正发挥专家的功能，避免专家参与制度虚化；另一方面也要注意充分保障专家的中立性和客观性，避免专家对政府产生依附性。在专家参与的制度化建设中，应当着重考虑构建和完善以下几种机制：

首先，建立和培育中立专业的专家库和智囊团。目前，我国很多省市已经开始进行专家库建设，充分考虑专业领域、利益代表、地域差别甚至性别差异等因素，吸收各行各业精英加入。但是现有的关于专家库组建的方式和管理仍存在一些问题。以入选专家库的标准为例，很多地方将职称作为主要指标，较少考虑近期工作成果和经历，更少考虑到职业、兼职的限制和利益关系。这就导致专家库的专业性和公信力不足。因此，必须完善专家库的选拔标准，建立科学管理制度，对库内专家业绩进行科学合理考察，完善进库出库的条件和指标。此外，还应该引入专家回避制度，将专家库信息对外公开，接受社会监督，避免咨询议题与专家存在利益勾连。

其次，完善专家咨询和论证制度。为了提高决策质量，必须采取科学的咨询体制，规范咨询方法和程序，切实尊重科学，按客观规律办事。国外比较通行的咨询研究体制和咨询程序主要是矩阵研究体制和委托式咨询程序。[1]我国目前采取的常见咨询方式主要有专题咨询、参与规则制定论证和课题研究等方式。为了进一步发展和完善咨询论证制度，有必要进一步实现咨询和论证的制度化和法治化。通过制定相应的咨询和论证工作细则，明确专家的性质与任务、咨询论证的范围和方式等内容。

再次，权责统一机制。一方面要保障专家的独立性和话语权，规定专家有提出建议权和正当发言豁免权；另一方面专家也必须遵循职业操守，对其咨询论证承担责任。现行的行政决策程序中，无论专家提供的决策意见是否正确，是否会因错误决策意见导致实际损失都不会追究相关专家责任，缺乏责任追究机制也会减弱专家的责任感，因此有必要建立健全专家咨询论证的责任机制，以提高专家咨询论证的质量，促进科学决策，减少决策失误。

最后，拓展专家参与的新形式。除了传统的专家咨询和专家论证这两种形式的专家参与之外，还可以发展新的参与形式。例如，江苏省召开“专家点评会”，对已颁布的规范性文件进行公开点评，并组织社会公众旁听，即是创新行政规则审查方式的一个重要形式。

---

〔1〕 李群、王巧云:《国内外专家咨询论证制度的经验与做法》，载《中国科技论坛》2008 年第 11 期，第 121 页。

（二）以公众参与提升规则制定的民主化

行政规则制定过程的合法性和正当性一直是备受关注的焦点，现代社会虽然认可行政机构能够作为规则制定的主体，但仍需要通过公众参与实现公民权对行政权的制约。在公共决策前构建一个平等的公民与政府对话系统和平台并能够发挥公民的主导作用是行使公民权的关键所在。更为重要的是，公众参与决策所形成的意见，应该是公共政策形成的主导依据，而非参考意见。[1]这是公众参与制度的本质价值，一方面，可以补充传统的行政正当性理论基础，重构行政法律关系主体相互间的关系，使面临正当解释危机的行政过程获得新的合法性来源。另一方面，从知识论的视角观察，公众参与不仅可以增加规则制定的科学性和合理性，而且通过参与可以提高公众对行政行为的可接受度。因此行政过程中的公众参与，不仅在我国获得了政治层面的认可，而且已经通过正式的法律规范加以落实，成为研究行政过程中不可缺少的重要内容之一。在中央和地方关于行政规则制定程序的法律文本中，都涉及公众参与的问题，如2018年《浙江省行政规范性文件管理办法》（省政府令第372号）第12条规定：行政规范性文件草案应当公开征求意见，但依法应当保密或者为了保障公共安全、社会稳定和其他重大公共利益或者执行上级机关的紧急命令需要即时制定的除外。起草单位应当将行政规范性文件草案通过浙江政务服务网、政府网站等便于

---

〔1〕姜国兵、蓝光喜：《重构公共政策评估——基于公民权与行政权相对平衡的分析》，载《中国行政管理》2008年第8期，第51页。

公众知晓的方式公开征求意见，期限一般不少于 7 个工作日。起草单位对公开征集的意见应当研究处理。对相对集中的意见建议不予采纳的，应当以适当方式反馈并说明理由。部门规章中，如 2020 年《国资委规范性文件制定管理办法》(国资发法规〔2020〕7 号）第 9 条规定：起草过程中，起草单位应当认真研究总结实践经验，广泛征求委内各单位、中央企业、地方国资委、专家学者和社会有关方面的意见。规范性文件的内容涉及其他部门职责或者与其他部门关系密切的，起草单位应当充分征求其他部门的意见，其中无法达成一致意见的，要在起草说明中作出说明。除依法需要保密外，对其他市场主体权利义务有重大影响的规范性文件，应当通过国资委网站、报纸等向社会公开征求意见，并建立健全意见采纳情况反馈机制。向社会公开征求意见的期限一般不少于 30 日。可见制定外向型行政规则中引入公众参与程序，已经成为明确的法律要求。

但是也要看到，虽然公众参与制度已经在行政规则制定过程中成为不可或缺的环节，但是如何理解公众参与及如何有效提升公众参与的效果，却仍然是当前面临的主要问题。如果对公众参与主体、方式、程度等并无科学的设计，那么很可能参与效果不佳，甚至变参与为“掺和”。以“听证会”为例，作为公众参与制度的一种实践方式，听证会本来应该是集思广益，征求各方公众意见的平台，但是在现实生活中，却存在部分偏离设计初衷的情况。政府将组织听证会视作形式民主化的过程，而公众则对其产生了信任危机。通过听证会而作出公共决策的过程中存在一个尴尬而有趣的现象，那就是有的参与者对此乐此不疲，而另外一些参与者却对此感到不安甚至厌倦。[1]造成这一现象的原因有法律规定的模糊、公众参与制度程序规则设计的缺失、对公众参与之后的后续处理制度不足等。但根本原因在于经过公众参与制度后提出的公众意见对行政规则制定过程并无实质的影响力。大部分有关公众参与的法律文本仅仅规定“公民、法人和其他组织对行政规则草案内容提出意见和建议的，起草单位应当研究处理，并在起草说明中予以载明”，但对如何研究处理及反馈的具体方式并无任何规定，更谈不上将公众参与征集而来的意见作为规则制定依据的内容。这就意味着公众参与在行政规则制定过程中，仅仅属于一项程序性内容，有参与的机会，有参与的行为，但是不能保证参与的结果，从而导致公众参与制度流于形式，不能有效发挥制度功能。现实中存在的参与难题的解决，从根本上说，需要整个社会政治制度的发展、民主参与意识的提高，但具体而微，也需要对现行参与制度进行微观改进。从制度上明确行政规则制定中公众参与的主体、建立和发展公众动议机制、拓宽公众参与方式，达到有效参与效果。

在行政规则制定中引入公众参与，让利益相关人在程序中交流对话，进行辩论和协商，不仅有助于全面了解规则制定所涉事项的本质，避免以偏概全，而且也能够通过参与尽量消解公众疑虑，就各自利益作出相应妥协，最终增加行政

〔1〕 彭宗超、薛澜、阚珂：《听证制度：透明决策与公共治理》，清华大学出版社 2004 年版，第 67 页。

规则可被接受的程度。公众参与自身的民主化特征能够为行政过程提供正当性要素，对价值选择和目标确定有积极的作用和意义，但这并不意味着公众参与在行政过程中总是处于积极正面的地位，对公众参与的广泛认同与采纳并不表明其是一剂万能良药，可以一刀切地适用于所有行政过程。事实上，尽管公众参与对于规则的质量、可接受性程度贡献良多，但无论是在理论还是实践中都存在某些先天性的局限，这些局限直接导致公众参与并不适用于全部行政过程。规则制定中的公众参与无可避免会使规则制定过程复杂化，加大行政成本，降低行政效率。此外，行政规则自身也具有与行政立法不一致的特征，使得不同种类的行政规则对行政参与的需求也不相同，参与的方式和途径对参与效果影响也很大。具体来说，外向外效型规则应当引入公众参与制度，并通过程序规则的完善保障公众参与权的实现。技术性规则、没有太大争议的规则和对公众实际利益没有影响的规则无需引入公众参与。内向内效型行政规则只和行政内部管理有关，其制定亦无需公众参与。内向外效型行政规则要复杂一些，在美国，以“通告-评论”程序作为区分立法性规则和非立法性规则的标准，事实上就以是否存在公众参与作为判断依据。一项内向型规则是否能对相对人产生影响，往往需要颁布实施后才能发现。如果对所有内向型规则都加入公众参与制度的要求，可能会造成规则制定的缓慢和僵化，因此不宜进行规定。

第二节 内向外效型行政规则形成过程的正当化

和外向外效型行政规则不同，行政主体在最初制定内向外效型行政规则时，往往是基于统一处理行政内部事务或规范行使行政权力的需要，而以行政主体自身为调整对象所颁布的一种规则，本身不具有直接的外部效果，只是当其在具体行政实践中成为行政人员执法依据时，才有可能对行政相对人权利义务产生影响，形成间接性的外部效力。由此可见，这种外部效力的产生并不具备必然性和可预期性，如果简单套用和外向外效型行政规则相同的制定程序，一方面，大大降低行政规则出台的效率，造成行政成本的提升和有限行政资源的浪费；另一方面，内向外效型规则的内向性，决定了其本质并非单纯的对相对人权利义务的创设和增减，同时还包含了行政主体上下级关系以及行政主体及其工作人员相互关系的调整和适应。因此对于如何制定和形成一项内向外效型行政规则，需要考虑与外向外效型行政规则制定程序不同的研究进路。

盐野宏教授认为行政实践中有可能产生外部效力而成为内向外效型规则的行政规则主要存在于行政机关的行动基准规则领域，包括裁量基准、解释基准和一些给付规则与指导纲要。而我国行政法学理论研究近几年对“裁量基准”规则形成了一定的研究成果。虽然裁量基准并不是唯一的内向外效型行政规则，但在目前中国的行政实践中，基于对范围日益扩张的行政裁量权自我规制的需要，以“裁量基准”为名出现的行政规则无疑是最受关注、最具有代表性的一种内向外效型规则。因此，本书将以“裁量基准”规则的具体形成过程为例，在与外向外效型行政规则形成程序比较的基础上，重点探讨规则制定主体权限和范围的差异、第三方参与重要性与价值的不同，以及公开的范围与标准等问题。

一、制定主体与权限的合理分配

自2008年国务院发布《关于加强市县政府依法行政的决定》明确要求“建立自由裁量权行使的基准制度”以来，各地纷纷兴起制定“裁量基准”的热潮。周佑勇教授指出，裁量基准制度的兴起，已经成为我国行政改革与政府再造的一个重要符号，并被视为公共行政领域的科学化、民主化、公正化的重要制度创新。[1]控制行政权的核心在于规范行政自由裁量权的行使，基于此项认识，各级各地行政主体通过制定实施裁量基准制度，希望借助明晰具体的规则，对行政裁量权的行使进行细化和量化标准设定，在最大程度上达到限制和约束自由裁量权滥用的目的。

（一）行政法学理论中对行政裁量基准制定主体权限的不同设定

行政裁量基准的上述目的和功能使得理论界对其本质属性的认知也存在互有关联但又有区别的几种看法。因为对裁

〔1〕 周佑勇：《裁量基准的正当性问题研究》，载《中国法学》2007年第6期，第23页。

量基准本质属性理解不同，因而对其制定主体和权限的分配也形成不同观点。综合来看，主要存在以下三种认识：

第一，将行政裁量基准视为一种行政正式立法之外的普遍性行政规则，具有“准行政立法”的属性，因而规则制定主体必须符合特定的要求，至少在主体范围上，应该限定于能够制定外向外效型行政规则的行政主体。如果更进一步认为裁量基准“在制定本质上就是次级立法”〔1〕，那么就可能对制定主体提出更高的要求，认为只有具有行政立法权的行政主体才有裁量基准的制定权限。

第二，从行政自制的视角观察，认为行政主体制定行政裁量基准属于一种自我决定、自我约束、自我控权的行政自制行为，仅仅基于行政权能就可以自由决定行使制定权，因而所有的行政机构，上至中央国务院，下至乡镇级人民政府，甚至包括不具备外向外效型行政规则制定权的行政机关内部机构、派出机构都可以依据需要制定相应的裁量基准。

第三，结合上述两种观点，既不单纯将裁量基准视为一种立法性规则，也不采取完全的行政自制视角，而是将裁量基准理解为一种行政自制规范，不仅包含行政自制的本质内涵，也同时具备规则主义的形式外表，是规则主义与行政自制的统一体。因而，就不能对制定主体的权限要求过高，也不能全面放开赋予所有行使行政权的行政机关以裁量基准制定权。在这种认识论基础上，将制定行政裁量基准的制定主

〔1〕 王锡锌：《自由裁量权基准：技术的创新还是误用》，载《法学研究》2008 年第 5 期，第 40 页。

体限定为“在省级行政机关以下、县级行政机关以上的一种闭合区间内加以分配”。[1]本书即采纳这种观点。

（二）行政立法和实践中对行政裁量基准制定主体的不同规定

地方立法与行政实践中对于行政裁量基准的制定主体权限分配，不同省份所规定的内容也南辕北辙。有的省份采取行政自制立场，将裁量基准的制定权限分配到所有行政机关，如2009年《湖南省规范行政裁量权办法》（湖南省人民政府令第244号）和2011年《辽宁省规范行政裁量权办法》（辽宁省人民政府令第252号）均规定，县级以上政府或法制部门应当组织有行政裁量权的部门制定裁量基准，下级行政机关制定行政裁量权基准，应当参照上级行政机关制定的适用范围相同的行政裁量权基准。而有的省份则采取规则主义立场，对制定主体设定了较高的门槛，如《河南省人民政府关于规范行政处罚裁量权的若干意见》（豫政〔2008〕57号）第1条第1款规定，省政府所属具有行政处罚权的部门、法律法规授权管理公共事务的组织，应当根据法律、法规、规章和本意见，认真调查论证，广泛征求意见，制定本系统行政处罚裁量标准。郑州、洛阳市政府应当依照法律、法规和规章的规定制定本行政区域的行政处罚裁量标准。虽然如此，但河南省境内各市各级行政机关也并未完全按照此项意见执行，事实上，由于裁量基准具有贴近具体执法过程的本质特

〔1〕 周佑勇、熊樟林：《裁量基准制定权限的划分》，载《法学杂志》2012年第11期，第20页。

征，往往来自行政机关执法经验的长期总结和细化，因而实践中由较低位阶的行政主体制定基准的情形占据了主流地位。例如，我国的第一个裁量基准就是由浙江省金华市公安局制定的《行政处罚自由裁量基准制度》，制定主体级别贴近基层，能够较好地发挥地方性知识和经验，在试点过程中发挥了较好的功能和作用。正如章志远教授所言，对于行政裁量基准制定主体的限定："正确的做法并不是简单地'回收'裁量基准制定权。相反地，从裁量基准需要贴近执法现实上看，甚至还应当向基层倾斜。也就是说，国务院部门及省级行政执法机关虽然可以制定裁量基准，但应该仅就裁量基准的一些原则性问题作出一般规定；至于更为细致而灵活的量化标准，则应交由基层行政执法机关根据地域差异并结合以往执法经验进行制定。"

综上所述，裁量基准制定主体的分配，并不能简单地参照外向外效型行政规则的制定主体范围加以泛泛的界定，必须要综合这类内向外效型规则的本质属性，寻求最合理的制定主体权限分配方式。裁量基准并非只是一种直接对外生效的准立法性行政规则，从本质上看，作为融合行政自制的内部限权手段与普遍适用的间接外部效力规则的行政规则，裁量基准通常都会和具体行政行为相关，更接近于一项对行政立法规则进行有效执行和实施的具体执法规则。因而，在区间分配上，其制定主体不宜规定得级别过高，国务院和省级政府可以通过制定原则性的裁量基准意见进行规制，而不必享有直接制定行政裁量基准的权限。行政实践中也可以看到，大部分裁量基准都出自省级以下行政主体之手。此外，由于裁量基准毕竟属于一种可以反复适用的普遍性规则，因此制定级别也不能过于宽泛或层级过低，否则一旦制定实施过程中出现违法或不当的情形，很容易造成持续性和大范围的权益侵害。由于裁量基准和行政处罚等具体行政行为密切关联，主要以行政处罚为规范对象，因此对于裁量基准的制定主体至少也应当要求其为享有行政处罚权的行政主体。根据《中华人民共和国行政处罚法》的相关规定，只有县级以上主体才能成为裁量基准的制定主体。至于乡镇级政府和行政主体的内部机构与派出机构，则不能成为拥有裁量基准制定权限的特定主体。由此可以推知，裁量基准的制定权限，应当排除省级以上和县级以下行政主体，应在县、市级行政主体之间加以合理分配。

二、公众参与的豁免与专家参与的强化

行政主体与行政相对人之外的第三方（专家与公众）参与到规则制定过程中，可以增加规则制定的科学性和民主性因素，为行政主体的准立法行为提供新的正当性来源。因而近年来无论是正式行政立法或是制定外向外效型行政规则，都强调要通过建立固定的制度和探求广泛的渠道征求公众意见和引入专家咨询论证。在理论界和实务界，甚至经常以是否引入第三方参与为标准，来衡量一项行政法规范、公共政策和具体行政行为是否具备正当性。然而，行政参与是否应该成为衡量一切行政活动合法性和合理性的绝对标准？越来越多的学者发现，与行政参与相伴的，并非总是走向正当性的康庄大道。如小威廉·T. 格姆雷（William T. Gormley,

Jr.）教授就认为："管理决策的民主程序常常显得缺乏效率和条理。许多行政机构规划的决策在巨大的争议中，旷日持久地艰难进行，可最后还是会遇到喧嚣的反对声浪。"〔1〕参与的范围与方式、参与的效力与对象，对参与的效果至关重要。不同类型的行政规则，在其制定与形成过程中，对参与的需求和方式也并不完全等同。外向外效型行政规则因为直接针对行政相对人制定，对其权利义务产生直接影响，因而必须同时强调专家参与和公众参与的必要性，以充分反映民意，提高规则制定的理性和科学性。而内向内效型规则在一般情况下只针对行政内部事务而制定，不会产生对外效果，因此制定过程中无需引入参与程序。至于以"裁量基准"为代表的内向外效型行政规则的制定过程是否需要引入第三方参与，需要根据规则自身的特性而作出相应的决定。如上文所述，裁量基准规则的本质具有双重属性。作为内向型的自制性规则，其制定的直接目的是为行政主体的执法行为提供一个统一可行的标准，以此实现对行政裁量权的自我规范。从这个角度看，似乎并不需要引入第三方参与。而作为外效型规则，在具体的执行过程中，又有很大可能对行政相对人权利义务产生实质性影响，从而发生事实上的外部效果。因此，在其制定过程中似乎也有必要充分考虑外部相对人的利益表达，引入公众参与程序。但是结合了两种属性的裁量基准，对于是否需要第三方参与机制，并不能简单地一概而论。

---

〔1〕［美］小威廉·T. 格姆雷、［美］斯蒂芬·J. 巴拉：《官僚机构与民主——责任与绩效》，俞沂暄译，复旦大学出版社 2007 年版，第 7 页。

本书中所描述的第三方参与，主要指专家参与和公众参与。和外向外效型规则需要强化和落实第三方参与不同，由于裁量基准自身的特性，主要考虑公众参与的豁免和专家参与的强化这种相互区别的参与方式。

（一）公众参与的淡化与豁免

对于裁量基准的制定过程是否需要引入公众参与，目前我国行政法学界和行政实践中通常都持肯定性意见，甚至有学者认为公众参与本身就是生成裁量基准的模式之一，认为行政裁量基准中的公众参与模式是一种以公众作为生成行政裁量基准主导力量的生成模式。[1]在有关行政裁量基准的地方立法中，有些省市也明确将公众参与程序作为制定裁量基准过程中的必要步骤加以规定，譬如《宁夏回族自治区规范行政裁量权办法》(宁政发〔2012〕27 号）第 14 条就规定：行政执法部门应当采用召开座谈会、论证会、听证会和媒体征求意见等方式，广泛征求、听取基层行政执法部门、行政执法人员和行政管理相对人对行政裁量基准的意见和建议，确保行政裁量基准科学、合理、具有可操作性。基于裁量基准的间接外部效力，持公众参与程序立场并无不妥，也符合现代民主政治理论的基本要义。但是也要看到，裁量基准除了具有事实上的外效性，同时也是行政主体自我控权的方式和手段之一。是否制定裁量基准、在多大范围内制定、以何种程序制定、裁量基准的具体内容和标准，等等，其实本质

〔1〕 郑雅方:《行政裁量基准研究》，中国政法大学出版社 2013 年版，第 135 页。

上都是行政主体自身行使自由裁量权的结果。作为一种内向外效型规则，是否需要严格要求在制定程序中引入公众参与，就成为一个值得深入探讨的问题。

1. 裁量基准自身特性决定了公众参与的淡化与豁免

在世界范围内观察裁量基准的形成过程，绝大部分国家排除了公众参与条款。以美国为例，其行政规范体系按照是否需要经过法律授权或者正式的“通告-评论”程序，分为立法性规则和非立法性规则（包括解释性规则）。大多数情况下，一个行政机构只有适用了《美国联邦行政程序法》第553条规定的“通告-评论”程序，才能颁布立法性规则。〔1〕相反地，行政机构能在任何时候颁布解释性规则，而不需经过“通告-评论”程序。〔2〕由此可见，裁量基准作为一种解释性规则，并不需要履行公众参与程序。德国、日本、英国、法国基本上都采取了同样的立场。之所以如此规定，是因为裁量基准自身的特性与公众参与基本原理并不相容。

首先，作为一种内向型的行政自制规范，裁量基准的制定主要是以规范行政主体自身裁量权行使为目的，基于裁量权细化和量化行使的要求提供一套细致可操作的裁量标准，而并非如正式行政立法和外向外效型规则那样直接为行政相对人创设或增减权利义务。因此在制定程序上，无需履行行政立法所需要的民主过程。

其次，裁量基准虽然从表面上看起来，似乎专门针对行

〔1〕《美国法典》第5编第553条（1994）。
〔2〕《美国法典》第5编第553（b）（A）条（1994）。

政裁量而定，但实际上往往无可避免地也会涉及一些有关不确定法律概念的解释，既可以归为裁量性规则，某些情况下也是解释性规则。如余凌云教授所言："对法律规定中充斥的不确定法律概念（undefined legal concept，Unbestimmter Rechtsbegriff）进行解释，是裁量基准制度的一个重要任务。"[1] 而对不确定法律概念的解释，并不是公众参与就能够解决的问题。在这个解释过程中，更需要对法律进行精确而专业的理解和阐述，执法人员长期积累的执法经验的总结和各类专家的专业知识，能够更好地完成裁量基准的制定目的。

2. 公众参与的成本和异化

引入公众参与程序，必然导致制定程序的复杂化和行政成本的加大。对于一项裁量基准而言，是否需要承担这种成本消耗，也需要认真衡量。公众参与自身固有的特性，决定其并非在所有规则制定过程中都会起到积极作用。在中国行政实践中，公众参与的异化也导致必须要审慎设立此项制度。

首先，公众参与的理性不足。公众参与的基础在于其作为一种类似于议会民主立法的过程，可以匡正行政过程的正当性。并且如上文所述，通过参与也可以在一定程度上增强行政规则制定的科学性。但是，这种科学性本身并不是绝对的。尤其是很多行政规则的制定需要很强的专业性和技术性，公众参与并不能提供与之相适应的技术判断标准。另外，由于行政规则制定后可能会影响众多拥有不同私益的相对人，

〔1〕 余凌云：《游走在规范与僵化之间——对金华行政裁量基准实践的思考》，载《清华法学》2008年第3期，第68页。

所以片面强调公正参与的重要性，往往可能导致行政主体对公共利益最终识别的困难度。所以，在增加规则制定的理性层面，公正参与并非总是能够发挥正面功能。事实上很多学者也已经认识到，就目标尚不确定、存在价值冲突的行政管制任务而言，引进大众参与有助于提升理性；但当价值和目标确定之后，关于手段的选择和优化，大众实际上处于知识上的劣势，参与并不能够促进理性。〔1〕

其次，在权力结构缺乏合理配置的背景下，如果行政参与不能对最终的规则制定和决策形成产生实质影响力，那么很容易导致参与流于形式，无法发挥应有的功能。事实上，当外部力量不足以牵制行政主体时，公众参与的结果对行政主体的决定也不具有足够的约束力，最多只能具有说服力。这样就很难保证公众参与的性质，这也是目前我国各类听证会在一定程度上受到公众质疑的一个重要原因。

最后，公正参与所需行政成本较高，在一定程度上会降低行政效率。一旦行政主体严格遵循公众参与的规定而将其正式化运行，那么随之而来必然会伴随成本的增加。通常这种成本表现为必要的通知、告知程序，向公众提供相应的信息和必要的交流场所，还可能需要行政主体提供相关人员组织参与等。这种成本的消耗能否必然带来积极的效果，需要综合衡量。美国学者理查德·B. 斯图尔特（Richard B. Stewart）就指出："正式程序所需的资源和拖延成本，不仅需要

---

〔1〕 王锡锌、章永乐：《专家、大众与知识的运用——行政规则制定过程的一个分析框架》，载《中国社会科学》2003 年第 3 期，第 119 页。

行政机关予以承担，相对人同样也需要承担，而且还会严重破坏行政机关有效履行其义务。”〔1〕因此，裁量基准的制定过程如果参照正式立法程序引入公众参与，并不一定能增加规则制定的科学性和民主性，从成本效益角度分析，很可能是得不偿失的选择。

（二）专家参与的强化与完善

裁量基准的行政自我控权属性，决定了公众参与在其形成过程中并不能有效发挥相应功能。而裁量基准作为一种对裁量权实施控制的技术性规则，对一线执法人员的工作经验和专业理性的知识需求更为明显，因而在制定裁量基准时，有必要对专家参与制度予以强化和完善。具体的制度建设可以参见上文对外向外效型规则第三方参与的必要性论述，但需要注意的是，由于裁量基准更接近行政执法而非行政立法行为，因而这里的“专家”不仅包括行政系统外的法律专家和行业专家，同时也包括行政系统内的技术专家。所谓行政系统内的技术专家，主要是指行政主体内具备丰富执法经验的工作人员，由于这些工作人员在长期的一线执法实践中，需要不断将相关法律知识、专门技术和执法经验加以结合进行执法，因而在裁量基准的形成过程中，往往对裁量基准最终文本的专业性、技术性和可操作性起到关键作用。

三、对外公开的范围与效力

由于外向外效型行政规则以行政相对人为调整对象，直

〔1〕 Richard B. Stewart, “The Reformation of American Administrative Law”, *Harvard Law Review*, 8 (1975).

接产生对外效力，因而公开对外发布是其得以生效实施的前提要件。至于作为内向外效型规则的裁量基准是否需要公开，基于行政信息公开原则，学术界和实务界通常都采取“必须公开”的观点，一般认为除特殊情况外，所有的裁量基准规则不仅要在行政系统内公开，还必须以各种方式通过各种渠道对社会公众公开。例如，《河北省人民政府关于建立行政裁量权基准制度的指导意见》(冀政〔2010〕152号）第二点关于建立行政裁量权基准制度应当遵循的原则中明确规定，建立裁量基准制度应当严格遵循法定程序，建立和行使行政裁量权基准制度的依据、理由和结果应当公开，依法保障行政相对人、利害关系人的知情权、参与权和救济权。《湖南省规范行政裁量权办法》(湖南省人民政府令〔2009〕第244号）第12条更是将行政裁量基准制度的制定视同为规范性文件的制定，由此也必须贯彻行政规范性文件的公开制度。但是，对域外有关裁量基准的制定与公开制度的考察却可以看到与之完全相反的制度安排，如《美国联邦行政程序法》明确规定非立法性规则可以免除“通告-评论”环节而制定。作为世界上贯彻行政信息公开制度最为彻底的国家，美国之所以允许裁量基准可以不经公开而制定，背后存有深层次的立法考虑。其中一个重要原因仍是基于裁量基准的内向性特征，行政主体制定裁量基准本质上是为了对内部行使自由裁量权予以规范化控制，避免裁量权的滥用，以达到科学行政、合理行政的良好目的。在制定一项裁量基准规则时，往往并不会考虑到其对行政相对人的间接效力问题。因而，裁量基准规则作为一种内部监控手段，只需要在行政系统内公布即可，无需对社会公开。然而，裁量基准规则毕竟不是纯粹的内部规则，在其成为具体行政行为执法依据时，会对行政相对人权利义务产生实际影响，从这个角度而言，具有外部效果的规则如果不履行对外公开的程序，在法理上很难逻辑自洽。因此，在必须对外公开和无需对外公开之间，需要寻求一条新的公开路径：一方面，避免强制性赋予行政主体必须对外公开的义务，防止对其制定裁量基准的热情造成打击，使得从行政系统内部规范裁量权的努力化为泡影。另一方面，必须认识到一种能够产生外部效果的规则，对外公开是其发生效力的应有之义。虽然裁量基准并非直接针对行政相对人而设，但其具有的间接外部效果却使行政相对人有权要求获得相应的信息。因此，具体到中国现行行政实践中，为保护方兴未艾的行政裁量基准制度，对裁量基准的各种研究，应该放置于如何鼓励和引导行政主体对裁量基准的自我完善，而不是构建一整套严格法理论予以学术加压。〔1〕从这个角度出发，对于是否对外公开裁量基准，应当在奉行“努力公开”的前提下，由行政主体根据具体情况自己决定。无论是否对外公开，都不应影响行政裁量基准对行政主体自身及其工作人员的约束力，也不应影响行政相对人基于合理预期和信赖利益等行政法治原则获得平等保护。同时，只有对外公开的裁量基准，才能成为日后法院对其进行司法审查并决定是否据以裁判的依据；而未经公开的裁量基准，则不具备这种司法效力，也不应成为法院司法审查的对象。

---

〔1〕 周佑勇、熊樟林：《争议与理性：关于裁量基准的公开性》，载《兰州大学学报（社会科学版）》2012 年第 1 期，第 150 页。

第四章 行政规则规制论

数量庞大、内容丰富的行政规则虽然在社会生活中发挥巨大的功能和作用，但却一直处于无名规范的地位，和正式行政法规与规章相比，行政规则在制定主体和权限、制定程序和监督规制等方面存在漏洞。譬如在制定主体、权限和程序等方面，有《立法法》对行政法规和规章进行概括和列举的规定，在单独的制定程序方面，也有全国统一的《行政法规制定程序条例》(2017) 和《规章制定程序条例》(2017) 对行政法规和规章进行严格和规范的程序规制。加上 2001 年的《法规规章备案条例》和 2006 年的《中华人民共和国各级人民代表大会常务委员会监督法》（以下简称《各级人民代表大会常务委员会监督法》），基本上形成了较为全面的法律、法规和规章制定程序与监督机制的规范体系。而具体到行政规则的制定层面，虽然在全国大部分省市和部门都有关于行政规则制定和监控等方面的规章或规则，但却缺乏统一的全国性的法律规范规制。实践中行政规则失范的现状已经引起了来自立法、司法和行政主体自身的重视，从 2004 年国务院发布《全面推进依法行政实施纲要》以来，对行政规则的规制已经成为各级各地行政主体依法行政、加强法治政府建设、提高制度管理水平的重要环节。2018 年出台的《国务院办公厅关于加强行政规范性文件制定和监督管理工作的通知》正是因应此种状况，在全国层面颁布的对于行政规则进行规制的第一部全国性行政规则。

目前对于行政规则的规制研究，基于不同的标准有不同的研究方向：其一，按照规制权力来源的不同，可以分为立法规制、司法规制和行政主体自身规制三个层面。这种规制是目前最常见的研究方式。首先，在立法规制层面，为了保证法制统一，早在 1954 年《宪法》中就建立了以对规范性文件的改变或者撤销权为主要内容的立法权监督制度。1979 年发布的《地方各级人民代表大会和地方各级人民政府组织法》确立了省级国家权力机关的立法权，同时也确立了地方立法监督的基本内容，规定县级以上地方人大及其常委会有权“撤销本级人民政府的不适当的决定和命令”。1982 年《宪法》明确规定全国人大常委会有权撤销国务院制定的同宪法和法律相抵触的法规、决定和命令，县级以上地方人大及其常委会有权撤销本级人民政府的不适当的决定和命令，这为行政规则的备案审查制度提供了宪法依据和制度前提。2006 年《各级人民代表大会常务委员会监督法》规定，县级以上地方各级人民代表大会常务委员会审查、撤销下一级人民代表大会及其常务委员会作出的不适当的决议、决定和本级人民政府发布的不适当的决定、命令的程序，由省、自治区、直辖市的人民代表大会常务委员会参照《立法法》的有关规定，作出具体规定。自此，各地各级人大积极实践并落实这项制度，对行政规则的备案审查成为全国人大和地方人大监督制度中的重要组成部分。其次，在司法规制层面，从1999年《最高人民法院关于执行〈中华人民共和国行政诉讼法〉若干问题的解释》开始，最高人民法院通过一系列司法解释对行政规则的司法审查进行了逐步有限度的确认，一直到2014年《全国人民代表大会常务委员会关于修改〈中华人民共和国行政诉讼法〉的决定》正式发布，才在法律层面明确规定了法院对行政规则的附带司法审查权，正式建立了有限度的司法审查制度。最后，在行政主体自我规制层面，对行政规则的审查和监控属于行政内部监督的一个重要组成部分，基本建立起从制定程序监控、备案审查制、行政复议附带审查和事后评估清理等较为全面的制度。1987年，安徽省和山东省分别规定了关于行政规则的备案审查内容，初步建立起地方性的备案审查制度。随后，2002年国务院《法规规章备案条例》的实施以及一些地方政府有关行政规则制定和备案审查监督程序制度的建立，逐步深化和落实了行政系统内备案审查监督制度。1999年颁布实施的《行政复议法》确立了行政复议机关对有关“行政规定”（即本书的“行政规则”）应复议申请人的请求而进行附带性审查的制度，从而在行政主体内部建立起相应的行政附带审查制度。2004年国务院颁布的《全面推进依法行政实施纲要》规定了行政规则的评估制度，对行政规则的清理也在实践中开展已久。这些来自于行政主体自身的监控构成了较为完整的规制体系，只是需要在具体实施层面加以进一步完善。其二，按照规制的具体内容不同，可以分为实体规制和程序规制。实体规制主要探讨规则制定的主体、权限、规制制定内容的合法合理性，程序规制则主要对规则从制定前的立项、起草、合法性审查到决定颁布以及制定后的备案、评估和清理等方面设置必要的程序性步骤和内容。其三，按照规制的具体阶段不同，可以分为事前规制、事中规制和事后规制三个阶段。其中规则制定前的程序要求和合法性审查可视为事前规制，行政复议附带审查可视为事中规制，备案审查和评估清理、有效期等制度可被视为事后规制手段。本书探讨的规制，遵循一种综合以上分类方式的研究路径，即在立法、司法、行政规制综合考察的基础上，以行政内部规制作为主要规制手段，综合运用阶段分析和过程分析的视角，对行政规则规制进行实体和程序相结合的全方位探讨。

长期以来，行政法一贯被视为控权的法律，即使是在绿灯理论得到发展的今天，对行政权的警惕仍然是行政法学研究中基本的主题。孟德斯鸠的经典论断——“权力导致腐败，绝对权力导致绝对腐败”——深入人心，几乎成为真理性的宣示。基于这种理念，对行政权的控制，以来自外部的监控作为最重要的方式也几乎成为必然的研究路径。不可否认，“吾日三省吾身”的做法是孔圣人才能完成的任务，“任何人不得为自己的法官”也是举世公认的名言，在三权分立且有悠久限权传统的西方国家，通过外部司法机构和国会的监督审查来完成对行政权的规制，存在被历史证明的正当性和可行性。但是现代行政国家的发展已经对这种传统限权方式提出了巨大的挑战，行政事务的无所不包使得行政权限的无所不在几乎成为一种实然的状态，在这种情况下，很多行政法学者开始重点关注行政主体自我限权、自我规制的重要价值及其路径和方式，以此说明行政法学研究的新方向。基于一种现实的考虑，本书仍然将规制的理想重点寄予行政主体自身，除了传统政治结构中行政权居中的权力背景之外，也因为行政体制本身属于一个下级服从上级的科层体制，这样的自我规制可能反而是最有效率的一种规制方式。崔卓兰教授经过多年研究后认为："根据我国当下'政府主导型'的行政体制改革模式，参考世界各国行政法治发展的新趋势，行政法研究应当更加关注政府的'自我改革'与'自我规制'现象，从中国法治建设的'本土资源'与实践经验之中，探索行政自制的一般规律及制度化可能。"〔1〕由此而言，对行政规则的规制从本质意义上来说，就是对行政权的一种规制，基于行政权规范化和统一化行使的目标，行政规则在现代行政管理手段中的重要地位，对行政规则的规制在很大程度上，可以更加规范行政权的肆意行使，避免对行政相对人权益的普遍性伤害。"总统与国会对行政机关规则的审查优于司法审查，因为它们可确保规则反映人民的喜好。"〔2〕当然，由于行政自我规制始终存在程序正义不足的本质缺陷，因而也必须结合其他规制方式共同完成对行政规则的有效规制。

---

〔1〕 崔卓兰：《行政自制理论的再探讨》，载《当代法学》2014年第1期，第3页。

〔2〕 Richard J. Pierce, Jr., "The Role of the Judiciary in Implementing an Agency Theory of Government", 64 *N. Y. U. L. Rev.*, 1239 (1989).

第一节　行政规则的自制体系

一、行政规则政府备案审查制度

（一）行政规则政府备案审查制度概述

对行政规则的备案审查，根据备案审查主体的不同，可以分为政府备案审查和人大备案审查。前者由上一级政府法制机构作为备案审查主体，属于行政机关内部层级监督的一种自我监控方式。后者由同级人大常委会作为备案审查主体，属于立法权对行政权的外部监督。两种备案审查制度不仅主体不同，在审查标准、审查范围、审查程序上也多有差别，形成了并立的双重备案审查体制。作为行政规则自制体系中的重要组成部分，政府备案审查制度在我国经历了一个从无到有再到蓬勃发展的过程，也取得了相应的成效，与清理、有效期和事后评估制度相比，备案被视为行政规则事后监督的源头环节。

所谓政府备案审查，备案登记只是其中一个前提，关键步骤在于审查。根据行政层级监督的特性和相关法规规章的规定，备案审查是指上级行政机关基于行政领导和监督的关系，对下级行政机关制定的行政规则进行登记备案，开展合法性、适当性、协调性审查的过程，并且在审查后，对审查发现不符合法律规定或不适当的行政规则作出予以撤销或者责令下级行政机关自行予以撤销、修改的决定，或者建议下级行政机关自行改正。[1]通过备案审查，一方面，能够在行政规则生效前对其违法或不当的内容予以纠正，维护法制统一，避免对行政相对人权益造成实际伤害；另一方面，备案审查制度的存在和运行也能够增强行政规则制定主体的责任感，避免日后因不能通过备案审查而被追责的情形发生，从而达到以事后监控制约形成过程的目的，全面实现依法行政的目标。

此外，由于政府备案审查制度是一种行政系统内部的职权监督，这种监控基于行政上下级领导与被领导、监督与被监督、命令与服从的层级架构关系而建立，所以相比其他事后监控方式，有其独有的优势：首先，由于上级行政机关与立法机关、司法机关等其他国家机关相比，对行政系统内部事务更为熟悉，也具有比下级行政机关更强的专业知识和技能，因此由其开展备案审查具有更好的专业性。其次，与多数由同级法制机构担任前置审查主体相比，备案审查都是由上一级行政法制机构作为审查主体，除了更好的专业性之外，也可以避免前置审查中的部门利益牵连，具有更强的中立性和客观性。因此，政府备案审查虽然也属于行政系统内的自我规制方式，难免具有自我革命自我纠错的种种局限，但在外部规制不能有效运行的背景下，仍然具有很强的可行性和可操作性。

（二）行政规则政府备案审查制度的形成和发展

政府备案审查制由于具有上述优势，自 1987 年建立规范

---

〔1〕 本书编写组编著：《规范性文件备案审查制度理论与实务》，中国民主法制出版社 2011 年版，第 23~24 页。

性文件备案审查制度以来，尤其是2002年1月实施的国务院《法规规章备案条例》第21条明确规定:“省、自治区、直辖市人民政府应当依法加强对下级行政机关发布的规章和其他具有普遍约束力的行政决定、命令的监督，依照本条例的有关规定，建立相关的备案审查制度，维护社会主义法制的统一，保证法律、法规的正确实施。”由此，行政规则备案审查制度进入了一轮发展高峰期。2015年中共中央办公厅下发《关于建立法规、规章和规范性文件备案审查衔接联动机制的意见》提出“有件必备、有备必审、有错必纠”；中央关于加强党领导立法工作的意见中也明确提出，一切违反宪法法律的法规规章和规范性文件都必须予以纠正，推动建立健全法规规章和规范性文件备案审查衔接联动机制。《立法法》的修正也进一步健全了相关制度、强化了审查刚性并加大审查力度。而在2018年发布的《国务院办公厅关于加强行政规范性文件制定和监督管理工作的通知》(国办发〔2018〕37号）中，对行政规范性文件备案审查提出了要严格责任追究的要求，并且将此项监督工作纳入法治政府建设考核中，从宏观指导慢慢过渡到具体规定，行政规则政府备案审查制度逐步发展，初步实现了地方各级政府对其所属工作部门和下级政府违法或不适当的行政规则的有效规制和监督。截至目前，全国除港澳台以外的地区，已有31个省级人民政府制定了关于该制度的地方政府规章，实现备案审查制度在地方层面上的全覆盖。[1]经过多年探索，全国各地政府系统逐步建立了对行政规范性文件的备案审查制度，并取得了一定的成效。

由此可见，虽然我国行政规则政府备案审查制度的发展要晚于法规规章备案审查制度，但是自正式建立以来，各级政府对行政规则的备案工作取得了很大的成效，对提高行政规则制定的质量、控制行政规则的数量、规范行政规则出台的程序等方面效果明显。当然，现行的行政规则政府备案仍然处于地方立法和部门立法的分别立法状态，尚无一部全国性的有关行政规则政府备案的行政法规加以统一，可以想见，随着备案审查制度的不断发展，由国务院出台一部全国性的备案法规，将成为未来备案审查发展的方向之一。

（三）行政规则政府备案审查制度具体内容

关于备案审查制度的具体内容，本书将以现有的有关政府行政规则备案审查的省级政府规章为蓝本，展开统计、比较与分析。

1. 备案审查启动的期限

通过设定报送备案审查的期限来启动备案审查，是多数省级备案规章的共同做法。具体的期限设定，全国 31 个省份有 13 个参考了《立法法》和《法规规章备案条例》中有关规章报送备案期限的规定，要求自“规范性文件发布之日起 30 日内”报备；有 11 个规定“自公布之日起 15 日内（或刊

---

〔1〕 薛小蕙：《地方行政规范性文件备案审查制度的文本分析》，载《河南财经政法大学学报》2019 年第 5 期，第 23 页。

登之日起 15 日内）”报备；此外，也有 20 日、10 日、7 日等报备期限的规定。除了《海南省行政规范性文件制定与备案规定》中要求“未向社会公布的行政规范性文件，不得作为实施行政管理的依据”之外，其余省份均采取备案与否不影响规则公布实施的制度，不以是否备案作为规则发布实施的前提条件，这与备案审查作为一种事后规制方式的性质相吻合。

2. 备案审查的主体

作为行政系统内层级监督的一种形式，备案审查的主体原则上由上一级行政机关承担，即各级政府制定规则的备案审查主体是上一级政府。但由于规则制定主体的差异，最终的上级政府也略有不同。譬如各级政府部门制定的行政规则的备案审查主体，在行政实践中规定不一。大部分规定应由该政府部门所隶属的政府备案。例如，2020 年《广西壮族自治区行政规范性文件备案审查规定》(广西壮族自治区人民政府令第 127 号）第 6 条第 2 款规定，下列行政规范性文件应当自发布之日起 15 日内，由制定机关按照以下规定报送备案：①各设区的市、县（市、区)、乡（镇）人民政府以及各设区的市、县（市、区）人民政府办公厅（室）制定的行政规范性文件，报送上一级人民政府备案；②县级以上人民政府工作部门制定的行政规范性文件，报送本级人民政府备案；③县级以上人民政府派出机关制定的行政规范性文件，报送设立该派出机关的人民政府备案；④自治区以下实行垂直管理的部门制定的行政规范性文件，报送其上一级主管部门备案，同时抄送部门所在地同级人民政府；⑤县级以上人民政府直属的法律、法规和规章授权的具有管理公共事务职能的组织制定的行政规范性文件，报送本级人民政府备案；法律、法规和规章授权的具有管理公共事务职能的组织有主管部门的，由主管部门报送本级人民政府备案。

至于省以下垂直管理部门制定的行政规则，在各省规章中报备主体也不统一。山西、江苏省采取双重备案，既报其上一级主管部门备案审查，又要报送同级政府备案。湖北、黑龙江等省则规定在报其上一级主管部门备案审查的同时，抄送同级政府备案。两个以上行政机关共同发布的行政规则，一般都规定由共同上一级行政机关备案审查。

综上所述，对于行政规则的备案审查主体，虽然各省规定有所不同，但基本仍然遵循行政层级监督原则，按照行政科层体制中确立的上下级关系作为主要依据加以判定。

3. 审查的范围和标准

根据统计，大多数省份对应备案审查的内容进行列举式的规定，既包括合法性审查，也包括适当性审查和技术性审查。

（1）合法性审查具体包括：①制定主体的适格性审查：是否有权制定和发布行政规则；②法律优先审查：行政规则是否与法律、法规、规章、上级行政规则相抵触；③法律保留审查：行政规则是否违法设定行政处罚、行政许可、行政收费和行政强制措施等；④程序性审查：是否按照行政规则制定程序的规定来制定和公布规则，譬如是否按照规定引入公众参与。

（2）合理性审查具体包括：①内容适当性审查：行政规

则的具体内容是否适当；②协调性审查：两个或两个以上部门对同一事项都有规定或者规定不一致，是否应当改变或者撤销一方或双方的规定；③政策性审查：行政规则是否与公共政策违背；④必要性审查。

（3）技术性审查：关于制定技术的规范化审查。目前只有湖北、陕西、黑龙江和福建要审查行政规则制定是否符合公文技术性规范要求。

4. 备案审查的方式

对于行政规则的备案审查方式，各地省级备案规章中采取了主动审查和被动审查两种方式，除海南省确立了公民、法人和其他组织提出书面异议审查申请启动备案审查的被动审查方式外，其他省份均采取了主动审查的方式，即备案审查主体按照“有备必审”的原则积极主动开展备案审查的方式。根据统计，全国有 27 个省份采取的是主动全面审查的方式，不仅开展合法性审查，也开展合理性审查。只有广东、北京和重庆采取有限的合法性审查原则，并不主动审查行政规则的合理性。

5. 备案审查责任追究

任何制度的有效实施和落实都离不开相应的责任追究制度。全国各省份（河南省除外）都在备案审查的地方政府规章中确立了强制备案的义务和违反该义务应当承担的法律责任：如果制定主体不履行该义务，则不仅需要在一定期限内继续履行报送义务，而且需要承担逾期不履行报送义务的不利法律后果。这些不利法律后果应当包括：通报批评、撤销或中止行政规定甚至追究制定机关主要负责人和其他直接责任人的行政责任。[1]例如，2014 年《广东省人民政府办公厅关于进一步加强行政机关规范性文件监督管理工作的意见》第 9 条规定，特别提出要严格规范性文件过错责任追究："各级政府要加大对本级行政机关、下级政府制定规范性文件的监督检查工作和违法责任追究力度。对不履行规范性文件合法性审查、统一发布、报送备案等法定程序，以及因规范性文件违法引发社会公众投诉的情况，本级政府法制机构要予以通报批评并及时向监察机关反映，提出处理意见和建议。"

(四) 行政规则政府备案审查制度的局限性

由于行政系统内的备案审查制度符合依法行政要求，适应行政科层制架构原理，可以有效地降低行政监督成本、提高行政管理效率，保持法制统一和政令畅通，因此在国务院大力推行下，政府备案审查制度在全国各地得到了普遍确立和执行，备案工作卓有成效。但是由于备案审查制度本质上属于一种行政自制手段和事后监控方式，在行政实践中也存在其他一些问题和局限亟待解决。

1. 正当性基础不足

作为行政自制制度体系内的政府备案审查制度，和其他自制方式一样，具有自制机制天然的法理不足。上下级行政机关既有分工的不同，也存在共同的利益。如何避免自我审查中可能出现的不公正情形，是所有自制制度都必须认真考

---

〔1〕 郭清梅：《行政规定规制研究》，华东政法大学 2010 年博士学位论文，第 102 页。

虑的问题。

2. 事后监督的滞后性

如前所述，绝大部分省级政府备案规章中都要求在行政规则制定发布后一段期日内向上级行政机关报备，这就意味着在备案审查之前，该规则往往已对外发布生效。如果其中含有违法或不当的规定而给行政相对人造成权益侵犯的话，即使是通过备案审查制度的规定予以撤销，也只是一种事后救济，无法避免损害的发生。

3. 具体制度内容设置的缺陷

除了制度理论上的不足，现行的政府备案审查制度也有一些具体规则没有理顺，导致实践中出现各种问题：一是缺乏全国性的备案审查法规，使得各省的备案审查规章在审查原则、标准、内容、期限、程序等方面都不统一。而且行政规则的备案审查不仅涉及行政内部监督，也和行政相对人权利义务直接关联，与国家权力结构分配和制约也有关系，因此，由国务院发布备案法规明确统一规定更为合适。二是追究拒不报送与拒不纠正的责任和程序尚不完备，导致实践中政府机关报备的积极性不高，使得还有相当一部分行政规则游离在监管之外，因此必须按照“谁制定、谁负责”的原则严格和完善相应的责任追究机制。三是政府法制机构自身建制的缺陷。各级政府的法制机构除了是法定的备案审查主体之外，还承担大量的行政法治任务。人员的不足使得行政规则备案审查有流于表面之嫌，无法进行实质性审查。另外，和行政机关其他机构相比，政府法制机构存在权威性不足的情况，即使审查出行政规则的问题，也很难通过有效的行政命令进行纠正。

综上所述，行政规则政府备案审查制度虽然能够在程序上对行政规则的制定和发布起到一定的规范作用，但是仍然需要从多层次、多角度构建规制机制，通过实施严格的权力监督和程序规制体系，减少行政过程中存在的问题，确保依法行政。

（五）备案审查制度与前置审查制度的比较和衔接

1. 前置审查与备案审查制度的比较

从规制角度来看，行政规则前置审查和备案审查都属于行政自我规制的组成部分，两者在审查对象、审查标准、审查目的等方面多有相似之处，但是作为不同阶段的规制制度，两者在审查主体、审查效力和结果等方面也有很大差异。

（1）审查主体：无论是前置审查还是备案审查，各省份的有关政府规章都将政府法制机构作为审查主体。只不过前置审查主体一般设置为制定规则主体的同级政府法制机构，而备案审查则是上级政府法制机构对下级政府制定的行政规则进行审查，即规则制定主体对应的审查主体不同。

（2）审查目的：都是为了提高行政规则制定的质量，发现和纠正违法或不当的内容，保证行政规则制发的合法性和科学性。

（3）审查标准和内容：前置审查和备案审查的具体内容和标准在大部分省份规章中，都以全面审查为标准，既包括合法性审查，也包括合理性审查。以浙江、上海、江苏三省的前置审查和备案审查规定为例（表 4-1），可以看出，政府机构希望通过审查制度最大限度发现问题进而纠错的意图，但是在较短的时间内进行重复内容的审查，容易被视作是对审查资源的浪费。

表 4-1 浙江、上海、江苏行政规则前置审查和备案审查内容比较

省 份	前置审查的标准和内容	备案审查的标准和内容
2018 年《浙江省行政规范性文件管理办法》	合法性审核包括下列内容： (1) 是否符合制定机关的法定权限； (2) 是否按照法定程序制定； (3) 是否符合法律、法规、规章的规定。	备案审查部门就下列事项进行审查： (1) 是否超越法定权限； (2) 是否违反法律、法规、规章的规定； (3) 是否违背法定程序； (4) 行政规范性文件的规定是否适当。
2019 年《上海市行政规范性文件管理规定》	法律审核主要包括下列内容： (1) 是否属于规范性文件； (2) 是否超越制定机关法定职权或者法律、法规、规章的授权范围； (3) 是否与法律、法规、规章以及国家和本市政策相抵触；	法制办应当对报送备案的规范性文件的下列事项进行审查： (1) 本规定第 18 条规定的法律审核的内容； (2) 是否符合本规定第 18、20、22 条规定的程序； (3) 是否符合本规定第 22 条规定的发布形式；

续表

省　份	前置审查的标准和内容	备案审查的标准和内容
2019年《上海市行政规范性文件管理规定》	(4) 是否违反本规定第8条的禁止性规定; (5) 是否按照本规定第12条的规定经过听取意见的程序; (6) 是否与相关的规范性文件存在冲突; (7) 其他需要审核的内容。	(4) 是否按照本规定第23条规定予以公布; (5) 适用简化制定程序,或者自发布之日起未满30日即施行的,是否符合本规定的相关规定。
2009年《江苏省规范性文件制定和备案规定》	规范性文件草案送审稿,由制定机关的法制机构负责审核。审核的主要内容包括: (1) 内容是否合法,与其他相关规范性文件是否协调一致; (2) 程序是否符合规定; (3) 主要制度和措施是否合理、可行; (4) 体例结构和文字表述是否规范。	备案监督机关的法制机构对报送备案的规范性文件,就下列事项进行审查: (1) 是否超越权限; (2) 是否违反法律、法规、规章和政策规定,是否同其他规范性文件相矛盾; (3) 具体规定是否适当; (4) 是否违反制定程序; (5) 其他应当予以审查的事项。

（4）审查对象：都是以行政规则为审查对象。

（5）审查效力和结果：前置审查是在行政规则形成过程中进行的审查，如果经过前置审查没有发现问题，就可以报送有关部门集体审议签发。如果前置审查发现有违法或不当内容，则不能公布，即前置审查是行政规则得以公布生效的前提。而备案审查一般是在行政规则公布后一段期日内，向上级政府法制机构报备的制度，备案审查程序并不是行政规则公布生效的必要条件。如果备案审查发现问题，可以由备案审查机构向制定主体提出自行撤销或纠正的审查意见，通常并不能直接予以撤销。

2. 前置审查与备案审查制度的衔接

由于前置审查和备案审查通常由政府上下级法制机构作为审查主体，再加上两者在审查标准和审查内容上多有重合，从而引发了部分学者对两种审查机制并立的质疑，认为前置审查和备案审查都采取全面审查原则，对同一审查对象在较短时间内按照类似审查标准进行审查，有增大行政成本、降低行政规则出台效率、浪费行政审查资源之嫌。这种观点有一定道理，尤其是在上下级法制机构都存在人员配备不足、机构自身掌握行政资源少、行政法治任务繁重的背景下，考虑如何精简审查程序来提高行政效率有合理性空间。但是在目前外部规制体系能力不足的情况下，如果将行政系统内部的规制力量予以减弱，并非一个更好的选择。尤其是在前置审查和备案审查制度已经成为各地方政府规制行政规则的重要环节的时候，需要考虑的是怎样更好地实现两种制度的衔接，而不是审查环节或步骤内容的删减。

事实上，前置审查虽然和备案审查在审查内容上有很大一部分重合，但这种重合并非多余。前置审查由同级政府法制机构作为审查主体，是狭义角度的自我审查，公正性和合法性必须依靠上级政府法制机构的备案审查予以强化。上级政府法制机构的备案审查，相比前置审查机构来说，具有更高的级别和更强的专业性，在利益关系上也更具中立性和客观性，虽然和前置审查同属行政自制规制体系，但是却是广义角度的自我审查，和前置审查制度加以结合，能够实现对行政规则从事前到事后的全程监控。

当然，为了更好地提高行政效率，节约行政审查资源，也可以对前置审查和备案审查的侧重点加以区分。如前文所述，囿于同级法制机构审查人员的专业性和法制机构自身的弱势，在前置审查制度中，可以侧重审查行政规则制定的合法性；而在备案审查制度中，在审查合法性的同时，可以侧重审查行政规则制定和实施的合理性，从而实现从形式到内容的实质监控。

二、行政规则的后评估制度

和其他行政自制机制一样，行政规则后评估制度也是在国务院大力推行下得以建立和实施的。2004 年国务院下发《全面推进依法行政实施纲要》，首次要求行政规则施行后，要由制定机关和实施机关定期对其实施情况进行评估。2008 年和 2010 年国务院又分别发布了《关于加强市县政府依法行政的决定》和《关于加强法治政府建设的意见》，进一步明确开展对行政规则的后评估工作。[1]依循行政学的基本原理，评估制度是指根据一定的标准去判断某一特定系统的整体，或系统内部诸要素和环节的结构与功能的状态，以及判断系统产出的数量和质量水平及与预定目标的差距等基本情况从而得到特定信息的过程的一种制度。[2]评估制度适用于行政管理中很多领域已有很长的历史，但在我国，对行政立法评估以及行政规则评估的重要性一直没有得到广泛认可，只在近十年来，才逐渐有部分地方省市政府和国务院个别部门通过颁布地方行政规章、行政规则和部门规章的形式对行政规则评估制度加以规范。行政规则后评估发生在行政规则制定实施后一段时间，属于政府绩效评估的一个组成部分。对于行政评估的类型，按照不同标准有不同分类。根据具体实施评估主体不同，可以分为内部评估与外部评估。根据评估方法不同，可以分为定性评估和定量评估，等等。本书所探讨的行政规则后评估制度，是在行政自制体系下开展的一种新的行政机构自我规制方式，即在行政机关组织下，遵循科学的评估程序和要求，结合规则制定目标和经济社会发展情况，主动对已经实施的行政规则进行合法性、合理性、技

〔1〕 2004年《全面推进依法行政实施纲要》规定，规章、规范性文件施行后，制定机关、实施机关应当定期对其实施情况进行评估。2008年《关于加强市县政府依法行政的决定》规定，市县政府及其部门做出的重大行政决策实施后，要通过抽样检查、跟踪调查、评估等方式，及时发现并纠正决策存在的问题，减少决策失误造成的损失。2010年《关于加强法治政府建设的意见》规定，积极探索开展政府立法成本效益分析、社会风险评估、实施情况后评估工作。

〔2〕 贠杰、杨诚虎：《公共政策评估：理论与方法》，中国社会科学出版社2006年版，第21页。

术性、效益性评估形成科学评估结论的制度。在评估结论的基础上，对被评估的行政规则进行科学的保留、修改或清理、废止，同时对相关的行政机关及其工作人员进行相应的法律责任追究。

（一）评估的价值

由于很多重大行政决策都是以行政规则的形式形成和实施，因此对行政规则的后评估是政府行政决策评估中的核心内容。行政规则评估制度的建立与完善已经成为法治政府建设指标体系中的重要一环。例如，2013 年《广东省法治政府建设指标体系（试行）》明确规定了推行重大行政决策实施情况跟踪反馈和后评估制度：重大行政决策实施后，通过跟踪调查、抽样检查等方式，及时了解决策实施情况并反馈决策机关研究。适时开展重大行政决策后评估，并广泛收集利益相关方和社会公众对决策实施的意见和建议；根据评估结果，决定相关决策是否需要作出调整或者停止执行。由此承载了重大行政决策的行政规则的后评估制度也成为法治政府建设的重要指标。

此外，行政规则后评估制度强调是在行政规则实施以后，再回头进行质量评估和实施效果检测的一种评估制度，通过评估，可以较好地掌握行政规则实施后的具体运行情况，为下一步对行政规则进行修改或清理或强化实施提供全面的信息反馈。如果缺乏评估制度，错误的行政规则将不能得到及时的纠正，对行政相对人的损害将会继续扩大。此外，如果不能及时有效评估，随着情势的变化，不适应社会经济发展的行政规则不仅不能得到及时修改或补充，也不能为以后制定新的行政规则提供指引和方向。

（二）评估的具体内容

随着各地有关行政规则后评估办法的颁布和实施，对行政规则的评估制度也随之建立和发展。行政规则评估主要是对行政规则的制定、实施、程序、规则的内容和产生的实际效果进行全面综合的评估，在科学评估结论的基础上，促进行政机关改进现有规则，同时促进新的良性行政规则的出台。在这个过程中，评估主体、评估标准、评估方法和评估目标是关键的步骤和环节。

1. 评估主体的模式转换

行政规则评估主体，是指行政规则评估过程中的决定者、主持者，其负责制定和落实评估方案，组织和开展各项评估工作，对行政规则实施效果进行评估的个人、团体或组织。评估主体的不同对评估标准和评估对象选定以及评估结果有效性均会产生相应的影响。[1]2004 年国务院颁发的《全面推进依法行政实施纲要》参照立法后评估，规定行政规范性文件的评估由其制定机关或实施机关组织施行。这是一种单一的内部评估模式，即谁制定、执行规则，就由谁负责进行评估，目前很多省市的评估办法中都按照国务院的这一规定确定评估主体，使得现行的行政规则评估制度成为行政机关自我测评、自我完善、自我规制的一个制度。例如，2010 年《东莞市政府行政规范性文件评估清理办法》第 4 条第 1 款

〔1〕 章志远、朱渝：《行政规范性文件后评估立法面向问题研究》，载《江淮论坛》2012 年第 6 期，第 111 页。

规定:“规范性文件评估清理工作由规范性文件实施机关（解释机关）负责；同一规范性文件有两个以上实施机关（解释机关）的，由主要实施机关（第一解释机关）负责会同有关部门评估。”和委托第三方评估的外部评估模式相比，内部评估由于是制定或执行规则的机构负责主持，对行政规则的形成和运行情况比较了解，评估起来效率较高，但是却难免有失客观公正，公信力不足。因此，将单一的内部和外部评估模式转变为融合制定机构、执行机构、第三方机构和公众参与在内的多元评估主体模式，能够克服两种评估主体的缺点，是确定评估主体的未来发展方向。

2. 评估对象的选择和确定

对行政规则开展评估是一种被实践证明行之有效的事后规制方式，但这并不意味着行政实践中所有的行政规则都要接受全面评估。由于行政规则数量庞大，强行全面评估很可能使评估流于表面，不能达到预期效果。虽然大部分有关行政规则评估的办法中并没有特别注明应当进行评估的规则范围，但也有部分评估办法规定了对评估对象的选择标准，值得借鉴。例如，2021 年《杭州市行政规范性文件后评估办法》(杭法联办〔2021〕2 号）确定了“优先评估”的对象范围，要求评估应当按照相应标准列入评估计划，优先进行评估。[1]一般来说，有重大影响的行政规则、实施后被提出意见较多的“问题”行政规则和到期应当进行评估的行政规则属于优先进行评估的对象，其他行政规则则根据实际需要而定。

3. 评估标准和评估方法的确定和运用

行政规则的评估是一项综合性系统工作，确立科学的评估标准是展开评估活动的基本前提。所谓评估标准是指在评估中应当遵循的基本准则和尺度，确定评估标准既便于评估对象的正确选择，也利于评估方法与评估指标体系的构设。[2] 一般而言，常见的行政规则评估标准主要包括合法性标准、合理性标准、协调性标准、可操作性标准、实效性标准等一级评估标准，每个一级标准下面又可细分为很多内容。其中合法性标准是行政规则评估中最重要的核心标准，主要是评估行政规则是否与法律、法规、规章以及国家、省市有关政策的规定相一致。合理性标准则是合法性标准的重要补充，主要评估行政规则是否体现公平公开原则和以人为本原则；各项管理措施是否必要、合理、具有前瞻性，是否最大限度保障行政相对人合法权益；行政权力与责任是否相当。协调性标准则评估行政规则之间是否存在冲突，规定的制度

---

〔1〕 2021 年《杭州市行政规范性文件后评估办法》第 5 条明确规定，行政规范性文件施行满 1 年后，符合下列情形之一的，应当优先进行后评估：①涉及重大财政资金使用的；②对民生有重大影响，社会关注度高的；③属于改革探索或先行先试的；④实施后明显未达到预期效果，各方面意见较多的；⑤有效期届满后需继续实施的。

〔2〕 胡峻：《行政规范性文件绩效评估研究》，中国政法大学出版社 2013 年版，第 141 页。

是否协调、衔接。可操作性标准评估的是行政规则各项制度是否具体可行，能否解决行政管理中的具体问题，规定的措施是否高效、便民，程序是否正当简便易于操作。实效性标准侧重规则实施的实际效果、评估文件遵守和执行的情况及预期目的实现的程度；文件实施取得的社会效益和经济效益及文件贯彻执行的成本效益分析；实施过程中存在的问题；社会公众的评价和反映。

现有的各种行政规则评估方法也基本按照上述标准进行评估。例如 2021 年《杭州市行政规范性文件后评估办法》（杭法联办〔2021〕2 号）第 9 条规定，行政规范性文件评估报告应当包括以下内容：①文件的执行情况和实施效果。主要评估行政规范性文件是否得到普遍遵守和执行，是否达到预期效果；行政规范性文件的社会效益、经济效益和管理成本；实施中存在的问题；执法人员、行政相对人和社会公众的评价和反应；行政规范性文件有效期届满是否需要继续实施。②文件的合法性。主要评估行政规范性文件是否与上位法相一致（包括所依据的上位法废止或修订后，是否需要及时修订）；与同位阶行政规范性文件是否存在矛盾，各项制度是否协调、衔接。③文件的合理性。主要评估行政机关的权力与责任是否相当，行政相对人权利与义务是否相匹配；行政管理措施是否必要、可行，是否公开、公平、公正。④文件的操作性。主要评估行政规范性文件是否能有效解决具体问题；管理措施是否高效、便民，配套制度是否健全、完备；程序是否简便、易于操作；表述是否规范准确，有无歧义。科学合理的评估标准对于评估目标的实现具有指导性的功能。评估主体在进行具体评估的过程中，使用的各种方法和手段的综合被称为评估方法。在现行的有关行政规则评估的各种办法中，大体规定了文献研究、征求公众意见、实地调研、问卷调查、案例分析、专家咨询和论证、听证会等评估方法。根据行政实践，目前在评估过程中主要采取专家测评法、社会调查法、公众评议法、文本分析法和定性定量分析法、成本效益分析法等评估方法，取得了一定的成效，但也暴露出一些问题：由于现行评估是以行政机关为主导进行，在涉及专业性或技术性较强的行政规则评估时，评估主体难免由于缺乏专业知识而显得力不从心，因此也有地方规定，遇有较强专业性的行政规则评估时，可以委托专业测评机构进行评估，以实现最佳的评估效果。

4. 评估的制度目标和价值

对行政规则进行评估的直接目的就是围绕行政规则的实施状况评估，得出科学评估结论，从而及时发现违法、不当或者过时的行政规则内容，及时进行补充、修改或清理、废止，从而促进行政规则的良性运行，构建行政规则从制定到实施的科学、民主和规范化体系，推动法治政府建设进程。此外，通过对行政规则的科学评估，还可以为行政规则的常态化清理提供科学依据，使行政规则的评估、清理和有效期制度能够互相对应、互相补充和衔接，节约行政成本，提高行政效率。

三、行政规则清理制度和有效期制度

（一）清理制度和有效期制度概述

行政规则的清理制度，是指有权行政机关在其职权范围内，根据法律、法规和国家政策的要求或者本行政区域经济社会发展的需要，按照法定权限和程序，对行政规则进行合法性、合理性审查，并作出予以废止、修改或补充等清理决定的专门活动。作为一种制度安排，清理的主体、权限、标准、效力等内容是需要重点考察的对象。从现有10个省级地方清理规章〔1〕中可以看到，对于清理主体一致规定为制定机关，实践中通常由制定机关法制机构承担清理任务。由此可以判定行政规则清理制度在性质上也属于行政自制体系内的一种自我规制方式。

行政规则的有效期制度，起源于“日落条款”。所谓日落条款，是指“规定在特定日期终止（terminate）法律，或在特定日期对诸如法律、授权或者福利保险予以撤销（repeal）的条款。落日法律同时要求有关项目进行定期复审以使之获得正当的存续”〔2〕。通过在制定行政规则时即为其设置一个终止日期，可以实现事前规制与事后规制的结合，有利于控制规则数量，防止行政规则过滥过乱，提高规则执行的效率，同时可以在源头控制部门利益和地方利益借规则自

---

〔1〕这10个省份分别是吉林、辽宁、广东、广西、山西、陕西、河南、贵州、四川、云南。

〔2〕Merriam-Webster, *Merriam-Webster's Dictionary of Law*, Merriam-Webster Incorporated, 1996, p. 482.

利。从表面上看，有效期制度是在制定行政规则的同时即加以规定的一种事前规制方式，但是从有效期制度应有的内涵来看，在有效期到来之前进行的评估又属于事后的规制，因此可以认为，有效期制度是横跨事前和事后规制的一种行政自制方式。

（二）评估、清理与有效期制度的取舍、对应与衔接

1. 清理制度与评估制度的关系

在汉语意义上理解“清理”，包括了“清查”和“梳理”的内容，它是对现行的行政规则先进行清查摸底，然后按照一定标准进行审查评估，在审查评估的基础上对违法、不当或过时的行政规则进行废改立的过程。因此如果在广义上理解清理制度，评估制度应当包含在内，属于清理制度中的重要环节。

2. 有效期制度与清理制度的关系

行政规则的有效期制度对清理制度的影响颇大。可以认为，有效期制度的广泛实施将会使现有的规则清理制度发生重大变革。对行政规则的清理是在我国行政实践中经常开展的一项活动，并且通常都以“运动式”的方式进行。2010年，国务院出台的《关于加强法治政府建设的意见》明确规定，对不符合经济社会发展要求，与上位法相抵触、不一致，或者相互之间不协调的行政法规、规章和规范性文件，要及时修改或者废止。2015 年，国务院印发的《关于宣布失效一批国务院文件的决定》明确规定，国务院将用 3 年时间，对新中国成立以来的国务院文件进行全面清理，489 件文件宣

布失效。[1]这一规定要求地方政府跟进，各级政府以及该级政府所属的各部门也要进行文件的清理工作。这使得全国各地又再次掀起新一轮清理“红头文件”的热潮。由此可见，行政规则清理在目前的制度安排中是一种典型的事后规制手段，而且日趋制度化和常态化。但长期的“运动式”清理，容易造成对行政资源的浪费，并不一定能够取得令人满意的成果。而有效期制度作为一种在事前就主动规定的规则规制方式，无疑可以避免被动清理的缺陷，可以使原来被动松散的“运动式”清理机制更新为系统化和规范化的定期清理机制。

3. 有效期制度与评估制度的关系

一项在制定发布时即被规定了有效期的行政规则，在终止期限到来时是否必须作废或失效，取决于该规则自身的合法合理性以及能否和当时社会经济形势发展相适应。否则，假设一项制定完美的行政规则仅仅因为有效期到来就必须终结，很可能带来不必要的行政成本浪费，也不利于对相关权利人合法权益的维护。所以，如果行政机关认为某项行政规则并不需要废止，就可以在终止期到来之前一段时间内，主动开展行政规则评估，然后再根据评估结论对该行政规则进行相应的处理。

综上，行政规则的评估制度、清理制度和有效期制度在制度内容上有一定的重合和牵连，评估制度可以附在定期清

---

〔1〕 何勇：《清理“过时”文件 地方要跟进》，载《中国商报》2015年12月8日，第2版。

理制度中，作为清理的一个必经步骤而出现。定期清理制度和有效期制度虽然一个属于主动清理规制，一个属于到期自动失效，但是在制度价值和实际效果上并无实质差异，所以也可以择其一进行规定。

四、行政规则复议附带审查制度

1999 年颁布实施的《行政复议法》(2017 年最新修正)第 7 条第 1 款规定:“公民、法人或者其他组织认为行政机关的具体行政行为所依据的下列规定不合法，在对具体行政行为申请行政复议时，可以一并向行政复议机关提出对该规定的审查申请：①国务院部门的规定；②县级以上地方各级人民政府及其工作部门的规定；③乡、镇人民政府的规定。”(《行政复议法》中的“行政规定”在外延上等同于外效型行政规则）这一规定首次在我国行政法中确立了对行政规则的审查复议制度，明确将行政规则纳入复议的范围，由行政复议机关或有权机关对行政规则的合法性进行附带审查，被视为行政法治的重要进步。与 2015 年才正式确立的法院对行政规则的司法审查相比，行政复议附带审查行政规则带有明显的前瞻性，是在行政系统内部对行政规则进行自我规制的重要体现，虽然也属于一种准司法审查，但在审查主体、审查内容、审查结果等方面都和来自法院系统的司法审查有所不同。此外，行政规则复议附带审查和前置审查、备案审查、评估、清理、有效期等由行政主体自行制定实施的行政自制机制相比，又有明显的双向性，通过行政相对人申请而引发的复议附带审查，和行政主体自行单向开展的审查和清理不同，是一个由利害关系人和行政复议机关共同参与推动的行政规则监控领域。通过行政复议附带审查，能够进一步强化行政复议制度的监督功能，对违法、不当的行政规则及时进行修正，维护相对人合法权益。

（一）行政规则复议附带审查制度的优势

行政规则复议审查是在行政系统内部设立的一种对规则的监控机制，复议机关和规则制定机关同属行政系统，由此进行的附带审查相对来说既具有专业优势，也具有效率优势。相对于司法审查，行政复议审查因具有行政系统内层级监督审查的专业优势和增加了行政相对人获得救济的机会，而具有独特个案审查的存在必要性。〔1〕而且在2014年第一次修改《行政诉讼法》之前，对于法院能否对行政规则进行司法审查一直没有明确法律规定，使得行政复议附带审查具有特别的价值。此外，虽然大多数国家对行政相对人的救济模式都是以行政诉讼为主、行政复议为辅，但在中国，行政复议较之行政诉讼除了具有高效、便捷、专业等制度优势外，还具有行政特有的资源配置优势，更有利于行政争议的解决，实现案结事了，在有的案件中因而更有利于申请人利益的实现与保护。〔2〕通过对行政规则的复议附带审查，一方面可以实现在个案中对行政相对人的权益保护，另一方面也能够实现对行政规则的层级监督功能。

---

〔1〕［德］汉斯·J. 沃尔夫、［德］奥托·巴霍夫、［德］罗尔夫·施托贝尔：《行政法》(第2卷)，高家伟译，商务印书馆2007年版，第271页。

〔2〕王万华：《〈行政复议法〉修改的几个重大问题》，载《行政法学研究》2011年第4期，第81页。

（二）行政规则复议附带审查制度的局限

1. 审查的附带性使行政复议受案范围非常狭窄

从性质上分析，这种复议附带审查属于对行政规则的间接附带审查，这意味着复议机关不能在没有当事人申请或具体行政行为之前直接对行政规则开展合法性审查。而实践中很多禁止性行政规则并不需要作出具体行政行为就很可能已经侵犯了行政相对人的权益。

2. 能够申请附带审查的行政规则范围有限

根据《行政复议法》的相关规定，附带审查的行政规则并不包括国务院及其办公厅以及法律、法规授权行政组织制定的行政规则，这与通常对行政规则的外延范围认定不同，从而导致行政复议附带审查的行政规则范围无理由缩小。

3. 行政规则复议附带审查的具体内容有限

根据《行政复议法》的规定，目前复议附带审查的内容仅限于对行政规则的合法性展开审查，排除了对合理性和审查。

此外，《行政复议法》中有关附带审查制度的规定还存在着复议主体模糊、复议期限不明等缺陷，需要进一步加以补充和明确。

（三）行政规则复议附带审查制度的改进

1. 复议审查主体模式的重构

作为一种行政系统内部的层级监督制度，行政复议机关的中立性是最常受到质疑的部分。为解决这一问题，根据国务院关于“有条件的地方和部门可以开展行政复议委员会试点”的要求，2008 年 8 月开始，国务院法制办下发《关于在部分省、直辖市开展行政复议委员会试点工作的通知》(国发〔2008〕71号),决定在北京、黑龙江、江苏、山东、河南、广东、海南和贵州等8个省、直辖市开展以相对集中复议权和设置行政复议委员会为内容的试点工作,此后行政复议委员会试点在全国范围内不断扩大。2020年2月5日,中央全面依法治国委员会第三次会议通过的《行政复议体制改革方案》(中法委发〔2020〕5号)也指出:“探索建立政府主导,相关政府部门、专家学者参与的行政复议咨询委员会,为重大、疑难、复杂的案件提供咨询意见。”可见,开展行政复议委员会试点的基本思路是,引入体制外的人士组成行政复议委员会,改变原有体制下行政复议案件仅由行政机关内部操作的状况,从而增强行政复议决定的中立性、公信力和权威性。〔1〕通过各地实践可以看到,吸收专家加入行政复议委员会,既可以制约行政长官意志,保持行政复议机构的独立性,同时也能够促进行政复议专业性和民主性的提升,进而保障对行政规则的附带审查质量。

2. 扩大复议审查的规则范围

根据现行《行政复议法》相关规定,目前可以提出附带审查的只限于行政规则(排除国务院制定的行政规则和授权组织制定的规则),不包括行政立法。对行政立法的监督主要通过备案审查来完成,但是由于备案审查机制和复议审查事实上是两种性质不同的监督机制,而且行政立法的备案审

---

〔1〕 黄学贤:《行政复议委员会机制新论》,载《苏州大学学报(法学版)》2021年第2期,第2页。

查机制也存在各种问题，导致对行政立法的监督作用非常有限。近年来随着社会经济的发展，要求将行政立法也纳入复议范围的呼声越来越高，国务院法制办也开始重点研究法规规章等全部抽象行政行为纳入复议范围的可行性。此外，虽然国务院制定的行政规则在效力上被认为具有和行政法规类似的效力，但毕竟不属于正式行政立法，不应被排除出复议附带审查的范围。法律法规规章授权组织制定的行政规则在法理上无疑也属于行政规则的范围，应该接受复议附带审查。

3. 附带审查具体内容的拓展

对行政规则的审查不仅应当进行合法性审查，也应当进行合理性审查，只有这样才能全面保护当事人合法权益。行政实践中也有一些关于行政规则附带审查的配套制度注意到了《行政复议法》规定的缺失，加入了合理性审查的内容。由此，在新一轮修改《行政复议法》时，也应当拓展审查内容，在合法性基础上进行合理性审查。

综上，和行政自制系统内对行政规则规制的其他制度不同的是，行政复议附带审查在性质上具有一种“准司法”功能，它通过对个案的审查实现对行政规则的纠正和监督，具有更确切的利益救济功能和强大的纠错功能。但是行政复议整体制度架构和运行中存在的一些问题，导致其在长期的实践中并没有充分发挥复议附带审查制度应有的作用。虽然2017年《行政复议法》修订并未对复议附带审查作出进一步规定，但行政法学理论和实务界基本对复议的制度功能有所共识，即将行政复议作为一种行政系统内的救济程序，通过复议更好地解决行政争议。在这种背景下，对行政规则复议附带审查的制度定位和安排也应该更加细化，建立行政复议的司法化机制，实现对当事人救济和对规则监督的双重作用。

第二节 行政规则的立法机关规制

行政规则在制定颁布以后，还要向相应级别的人大常委会进行备案并接受审查。人大的备案审查与行政系统内部的备案审查在审查内容和标准等方面虽有重合，但是审查主体的差别，使得两种备案审查具有截然不同的法律性质。人大备案审查和政府备案审查相比，是一种来自行政系统外的立法审查，和司法审查一起构成从外部监督行政权力运行的重要机制。在对行政规则规制的整个制度架构中，外部监督具有基础性的功能。虽然从实现目的的效率性角度分析，行政自制规制可能会更加专业而高效，并且在中国特有的国家权力架构下，几乎成为最重要最具实效性的规制手段。但外部监督机制并非只是一种传统的经常被诟病的制度，更是行政自制机制的根本保障，缺乏外部监督机制的行政自制，不可能具有法理的正当性。因此，重视人大备案审查制度的构建与完善，是对行政规则实现内外合作规制的重要内容。

完整意义上的人大备案审查制度，是指根据《宪法》《立法法》《地方各级人民代表大会和地方各级人民政府组织法》《各级人民代表大会常务委员会监督法》的规定，地方各级人大常委会有权对同级人民政府和下一级人大及常委会制定的具有普遍约束力的文件进行备案并予以审查的制度。

从性质上分析，“备案审查是将公布的规范性文件上报法定机关，使其知晓以便做到有章可循，并在必要时对其进行审查，在启动机制以及程序设计上不同于立法活动，而属于立法监督。”〔1〕从审查范围上看，不仅包括政府行政规则，同时也包括立法机关的规范性文件和司法机关颁布的司法解释，但是本书探讨的人大备案审查，在审查范围上仅限于政府制定的行政规则需要向同级人大常委会备案的情况，不涉及行政规则以外的其他任何法律规则。

一、行政规则人大备案审查制度概述

对行政规则的备案审查，是地方各级人大常委会根据《宪法》和法律的授权，对行政权力运行进行法律监督的重要内容之一。实践中，听取和审议“一府两院”的工作报告、计划预算监督、提出罢免质询案、执法调查和代表视察等监督形式运用得比较普遍，而行政规则的备案审查制度这种法律监督方式，则处于刚开始摸索积累经验的阶段，工作力度和实际效果有待于在实践中进一步完善。

（一）人大备案审查制度的建立和发展

人大常委会对行政规则的备案审查制度正式建立于2006年通过的《各级人民代表大会常务委员会监督法》，该法第五章用专章规定了“规范性文件的备案审查”，其第29条规定“县级以上地方各级人民代表大会常务委员会审查、撤销……本级人民政府发布的不适当的决定、命令的程序，由

〔1〕 苗连营：《立法程序论》，中国检察出版社2001年版，第245页。

省、自治区、直辖市的人民代表大会常务委员会参照立法法的有关规定，作出具体规定”，从而首次在法律层面正式规定了《立法法》规定以外的国家机关制定的决议、决定、命令等规范性文件的备案审查，其中就包括由政府发布的行政规则，该法成为行政规则接受人大备案审查的直接法律依据。在《各级人民代表大会常务委员会监督法》生效之后，各地为贯彻实施该项规定，不同程度地开展了人大备案审查制度的建设：首先，颁布法规。在2007年后，多数省级地方人大常委会先后制定或完善有关规范性文件备案审查的地方性法规。根据统计，目前全国31个省级人大常委会均出台了备案审查的地方性法规〔1〕，对备案审查相关内容进行法律规范。其次，建立机构。2006年《各级人民代表大会常务委员会监督法》通过后，县级以上地方各级人大常委会相继设立备案审查机构，开展规范性文件备案审查工作。省、自治区、直辖市人大常委会绝大多数都设立了备案审查工作专门机构。没有设立专门机构的地方也都确定由相关机构负责备案审查工作。较大的市的人大常委会近一半设立了备案审查工作专门机构。〔2〕最后，各地根据本地具体情况层次不一地开展备案审查的具体工作，积累摸索制度建设经验。在《各级人民代表大会常务委员会监督法》生效后至今，规范性文件人大备案审查制度得到了长足的发展，取得明显成效。2018年广

---

〔1〕 参见http：//www.pkulaw.cn/，最后访问日期：2020年1月15日。

〔2〕 本书编写组编著：《规范性文件备案审查制度理论与实务》，中国民主法制出版社2011年版，第20页。

东省出台《广东省各级人民代表大会常务委员会规范性文件备案审查条例》，该条例规定省、市政府制定的规章，县级以上政府发布的决定、命令，应当向本级人大常委会备案，市、县人大及其常委会作出的决议、决定，市政府制定的规章，乡镇人大作出的决议、决定等，需要向上一级人大常委会备案。据统计，自2018年以来，共接收省政府、各市人大常委会和市政府报送备案的规范性文件216件，范围不断扩大。

此外，自2018年开始，全国人大采用专项审查的形式在全国范围内展开规范性文件专项清理工作。2018年、2019年，全国人大常委会法工委用两年时间完成生态环境保护法规、规章、司法解释和规范性文件清理工作。2018年共督促地方修改地方性法规514件、废止83件；2019年督促地方修改地方性法规300件、废止44件。打好污染防治攻坚战，是党中央确定的“三大攻坚战”之一。此次专项清理活动确保了中央精神落地落实、执行到位，成为备案审查工作确保中央令行禁止功能的具体体现。[1]

通过以上统计数据可以看出，人大备案审查制度已经在各省都建立并不断发展，并且规范性文件向人大报备已经成为一种常态化工作，而且在报备的规范性文件当中，行政规则占据最主要的数量，是报备的主体。由此可见，对行政规则的人大备案审查开展研究，对规范性文件的人大备案审查

---

〔1〕 朱宁宁:《全国人大及其常委会加强备案审查制度和能力建设：履行监督职责 维护法治统一》，载《法治日报》2021年10月12日，第6版。

制定有导向性影响。

（二）建立人大备案审查制度的宗旨和意义

在宪法和行政法角度考察行政规则备案审查制度，一般认为其设立的基本宗旨和意义主要在于三个层面：一是规范规则制定，维护法制统一。如前所述，行政机关制定外效型行政规则的过程类似于一种准立法过程，但是和正式行政立法相比，存在制定级别、权限和程序上的不足，因此为了避免具有普遍效力的行政规则破坏整体法制统一，就必须对其加强规制和监控。通过向人大报备，由人大对其进行合法性和合理性审查，发现和纠正行政规则中不符合宪法、法律、法规、规章和上位行政规则的情况，能够维护法律权威和法制统一。此外，公民、法人和其他组织可以通过提出审查建议的方式引发审查程序，也能为不同利益群体有序反映合理诉求，预防化解各种社会矛盾提供一个重要平台，从而更好地实现社会公平与正义。二是通过备案审查，充分发挥人大的法律监督职能，确保人大在我国权力结构体系中的核心地位。人大作为立法机关，对行政规则的备案审查，可以视为对行政权力的间接制约。这种制约在世界各国都是通行的做法。在我国尚不存在违宪审查制度的背景下，人大的备案审查就显得尤为重要。尤其是行政规则的制定和颁布，由于缺乏严格的实体和程序规制，必须通过多种手段进行规制，既需要内部的自制机制，也需要来自立法和司法的规制。对行政规则开展备案审查，赋予人大对违法或不当行政规则的撤销权，能够使人大常委会的监督从纸面落到实处，在源头上对行政行为进行监督。三是通过备案审查，发现和纠正违法或不当的规范性文件，从而保护公民、法人和其他组织的合法权益。所有的审查和监督，最终的也是最重要的目的应当是以保护公民权利、维护相对人合法权益为宗旨，否则就失去了根本上的正当性基础。行政规则在行政实践中的广泛运用，对行政相对人权益影响巨大。因此对行政规则的备案审查，不仅仅只是高层次地发挥人大监督职权，维护国家法制统一，更应该是审查违法或不当行政规则并对其采取相应纠正措施，从而维护行政相对人的合法权益。在审查实践中，尤其是要重点审查那些影响面广、对公众利益影响大的重大行政规则。

二、行政规则人大备案审查制度基本内容

（一）行政规则人大备案审查主体的确定

1. 人大备案审查主体

根据《各级人民代表大会常务委员会监督法》的规定，对行政规则实施备案审查的主体是县级以上地方各级人大常委会。具体的备案和审查机构也由各级各地方人大常委会根据实际情况分别确定。从各省人大常委会颁布的规范性文件备案审查地方性法规中可以看到，在县级以上地方人大常委会负责规范性文件具体备案审查任务的机构主要有两种：一种是由人大常委会设立的专门委员会负责审查。例如，《上海市人民代表大会常务委员会规范性文件备案审查条例》（上海市人民代表大会常务委员会公告第69号）第5条规定，市人大常委会办公厅负责报送备案的规范性文件的接收、登记、转送和存档等工作。市人大常委会法制工作委员会是规范性

文件备案审查的日常工作机构，负责有关备案审查的分办、协调、综合、研究、报告等工作。市人民代表大会专门委员会、常委会工作委员会按照各自职责，负责相关领域规范性文件的审查研究工作。采用这种审查方式的地方人大常委会在级别上一般是省、市级，因为在这两级人大常委会中通常都设置了专门委员会，由专门委员会开展审查能够实现较好的审查效果。另一种是由常委会工作机构负责。例如，《新疆维吾尔自治区各级人民代表大会常务委员会规范性文件备案审查条例》(新疆维吾尔自治区第十三届人民代表大会常务委员会公告第36号）第6条第2、3款规定，备案审查机构根据工作需要，可以将规范性文件分送常务委员会有关工作机构审查；也可以会同常务委员会有关工作机构联合审查。常务委员会有关工作机构按照各自职责，负责备案审查机构分送的规范性文件的业务性审查工作。此外，还有将自治区人民代表大会常务委员会盟工作委员会作为审查机构〔1〕和设定联合审查机构〔2〕的情形。

2. 与政府备案审查主体的比较

两种备案审查制度中，最明显的差别即在于报备主体分属立法机关和行政机关。如前所述，政府行政规则备案审查

---

〔1〕 例如，《内蒙古自治区各级人民代表大会常务委员会规范性文件备案审查条例》第9条第4款规定，自治区人民代表大会常务委员会盟工作委员会在本行政区域内承担本条例规定的审查工作机构的职责。

〔2〕《河北省实施〈中华人民共和国各级人民代表大会常务委员会监督法〉办法》第44条第1款规定，常务委员会指定的备案审查工作机构，承担相应的具体工作，并与常务委员会相关的工作机构共同对规范性文件进行审查。

采取的是向上一级政府报备的制度，政府法制机构是法定的备案审查机构。审查主体的不同直接导致两种备案审查的性质存在根本差异。人大备案审查属于传统的来自于行政系统外部的立法机关对行政权的规制，而政府备案审查则属于行政系统内部的自我规制。

（二）行政规则人大备案审查范围的设置

1. 人大备案审查范围

根据《各级人民代表大会常务委员会监督法》第29、30条的规定可推知，地方各级人大常委会备案审查范围是下级人大及其常委会以及同级政府制定的规范性文件，具体包括：①来自省、市、县三级人民政府制定的行政规则；②属于地方权力机关自行制定的规范性文件，即市、县两级人大常委会制定的规范性文件和省、市、县三级人大制定的规范性文件。由此可见，对于行政规则的人大备案审查，《各级人民代表大会常务委员会监督法》规定的范围十分有限：首先，在中央层面，没有规定全国人大常委会对国务院制定的行政规则进行备案审查。其次，在地方层面，只规定了县级以上政府的行政规则需要备案审查，而排除了乡镇级政府规则向乡镇级人大进行备案的内容。最后，对于政府部门制定的行政规则是否需要向同级人大报备没有规定。《各级人民代表大会常务委员会监督法》的规定使得各省在制定地方性法规时，也大多参照该范围来设定需要向人大报送的行政规则范围。这种有限的监督范围与人民主权理论中权力机关可以对同级人民政府行使全面监督权的理念不相符。

2. 与政府备案审查范围的比较

作为行政系统内的备案审查制度，政府备案审查只涉及行政规则的报备，而不包括地方人大及其常委会制定的规范性文件。但是单纯就行政规则的备案审查来说，政府备案审查的行政规则范围要大于需要向人大常委会备案审查的行政规则范围：首先，政府备案审查的行政规则不仅包括政府制定的行政规则，也包括县级以上政府部门制定的行政规则和法律法规规章授权组织制定的行政规则。其次，绝大部分省级政府规章都规定了本省各级政府机关制定的行政规则属于向政府审查备案的对象，其中也包括乡镇级政府制定的行政规则。例如，《江苏省规范性文件制定和备案规定》(江苏省人民政府令第 54 号）第 3 条规定：本规定所称规范性文件，是指除规章以外，由本省行政机关依照法定权限和规定程序制定，涉及公民、法人和其他组织权利义务，并具有普遍约束力的各类文件的总称，包括政府规范性文件和部门规范性文件。前款所称本省行政机关，包括地方各级人民政府。

（三）启动审查的方式

1. 人大备案审查的启动

行政规则报送人大备案登记后，是否必须启动审查及以何种方式启动审查，是人大备案审查制度的核心内容。从理论上说，备案是前提，审查才是重心。没有审查的备案无法起到人大立法监督的作用。但是否需要“有备必审”或“备而不审”，是需要进一步在实践中和理论上加以研究的问题。综观目前各省有关备案审查的地方性法规，基本上大致存在以下几种启动审查的方式：

（1）主动审查。所谓主动审查，是指审查的启动不以接到相关部门或公民的审查要求或审查建议为前提，而是直接主动地对报备的行政规则进行审查的方式。按照审查的范围不同，又可以分为全面主动审查和部分主动审查。譬如全国人大常委会对报备的所有行政法规和“两高”报备的司法解释进行的逐件审查，就是一种全面主动审查。对于地方性法规，则采取了重点法规主动审查。在地方，河南、重庆、河北、海南、内蒙古采取了全面主动审查的方式，如《河南省实施〈中华人民共和国各级人民代表大会常务委员会监督法〉办法》第 54 条第 1 款规定：“常务委员会负责备案审查的专门机构在收到报送备案的规范性文件后应当进行登记。”《内蒙古自治区规范性文件制定和备案监督办法》（内蒙古自治区人民政府令 191 号）第 33 条规定：“政府法制机构对报送备案的规范性文件就下列事项进行审查：……”部分主动审查，则是选取一些重点行政规则主动进行审查，其他行政规则则通过其他方式引发审查程序的方式。

（2）被动审查。被动审查，顾名思义，是指在接到审查建议或审查要求后才进行审查的方式，即应申请而引发的审查。被动审查按照申请的来源不同，又可以分为法定主体提出审查要求引发的审查和有关机关、公民、组织提出审查建议引发的审查。例如，《广东省各级人民代表大会常务委员会规范性文件备案审查条例》（2021 年）第 16 条第 1、2 款规定，县级以上人民政府、监察委员会、人民法院、人民检察院认为本级人民代表大会常务委员会接受备案的规范性文件有本条例第 13 条、第 14 条、第 15 条所列情形之一的，可以向本级人民代表大会常务委员会书面提出审查要求；各级人民代表大会常务委员会认为上一级人民代表大会常务委员会接受备案的规范性文件有本条例第 13 条、第 14 条、第 15 条所列情形之一的，可以向该级人民代表大会常务委员会书面提出审查要求。前款之外的其他国家机关和社会团体、企业事业组织以及公民认为规范性文件有本条例第 13 条、第 14 条、第 15 条所列情形之一的，可以向接受该规范性文件备案的人民代表大会常务委员会书面提出审查建议。虽然法律和地方性法规对法定主体提出审查要求均作了相应规定，但在实践中目前尚无法定主体提出审查要求的情况。至于有关机关、公民、组织提出的审查建议，在实践中部分地方已经收到并进行了反馈。例如，2008 年，江苏省人大常委会共收到 7 件审查建议，浙江省人大常委会共收到 4 件审查建议。2007 年 7 月至 2009 年 1 月，重庆市人大常委会共收到审查建议 1 件。同时也出现了因公民提出审查建议而启动的规范性文件审查。例如，河北省人大常委会有关机构对该省河道采砂管理办法的审查，就是因审查建议而启动了审查程序。〔1〕值得注意的是，为提高公民和法人提出审查建议的积极性，有些省市创新了提出审查建议的途径和方法。据报道，2014

〔1〕 以上统计数据分别来源于全国人大常委会法工委于 2009 年 3 月 26—27 日在北京举办的规范性文件备案审查工作研讨会会议材料（五）。全国人大常委会法工委于 2009 年 3 月 26—27 日在北京举办的规范性文件备案审查工作研讨会会议材料（十一）。全国人大常委会法工委于 2009 年 3 月 26—27 日在北京举办的规范性文件备案审查工作研讨会会议材料（十二）。转引自李龙：《地方人大常委会规范性文件备案审查制度研究》，武汉大学 2012 年博士学位论文，第 86 页。

年江苏省人大常委会规范性文件审查建议受理平台正式上线运行。任何单位和个人都可以登录江苏人大网，通过“规范性文件审查建议受理平台”向省人大常委会提出规范性文件审查建议，这为公民、法人和其他组织提出审查建议提供了更加便捷的渠道，有利于发挥社会公众在人大监督中的作用。[1] 2020年，福建省人大规范性文件审查建议受理平台也正式上线，既便利公众，也大大提升了规范性文件备案审查的工作效率。

（3）主动审查和被动审查相结合。无论是主动审查还是被动审查，都存在各自的优势和不足。主动审查、有备必审是设置人大备案审查制度最理想的状态。而且各地人大也都在不断加强备案审查制度建设，从机构设置、人员编配等方面努力创造条件，尽可能实现全面主动审查。但各地情况不同，备案审查工作开展的进度不一，不按照实际情况片面要求全面主动审查，很可能适得其反。被动审查是一种动态审查方式，“利益的拥有者才能够真正体会利益受侵害的切肤之痛”[2]。相比主动审查来说，基于审查建议而进行的审查，审查目标更明确更有针对性，审查效果也会更有力度。

就目前来看，虽然各地以被动审查作为主要的启动审查方式，但不同的审查方式适应不同地方的特点，孰优孰劣不能一概而论，各地应该根据相应法律精神和实际工作经验，

---

〔1〕 施琛耀：《省人大开通规范性文件审查建议网上受理》，载《江苏法制报》2014年1月20日，第2版。

〔2〕 胡锦光：《论公民启动违宪审查程序的原则》，载《法商研究》2003年第5期，第59页。

选择最适合地方情况的审查方式。譬如，有些市、县人大常委会每年接受备案的规则数量和审查建议不多，那么在做到被动审查“件件审查”的情况下，就应当积极进行全面主动审查。有些省市县如果报备文件数量繁多、人员配备不足、机构设置不完善的话，也可以以被动审查作为主要的审查方式。

2. 与政府备案审查的比较

相对于人大备案审查的启动方式而言，政府备案审查的启动方式基本比较明确。国务院近些年大力推行的政府备案审查制度，目标无疑是希望将其作为行政规则制发程序中的最后一个强制规制手段。因此，行政规则的政府备案审查，基本上已经成为各地政府在制定发布行政规则后必须履行的一个程序，通过上级政府法制机构备案审查，实现对行政规则合法合理性的全面监控，这是一种典型的全面主动审查。

（四）审查标准和内容

1. 人大备案审查的具体标准

《各级人民代表大会常务委员会监督法》第 30 条为县级以上各级人民代表大会常务委员会的备案审查设立了三个标准：一是超越法定权限，限制或者剥夺公民、法人和其他组织的合法权益，或者增加公民、法人和其他组织的义务的；二是同法律、法规规定相抵触的；三是有其他不适当的情形。遇有如上三种情形，就可以对本级人民政府发布的决定、命令行使撤销权。各省地方性法规也大致按照《各级人民代表大会常务委员会监督法》的要求设立了相似的审查标准，其中大多数省份对上述标准进行了细化，要求人大常委会对行政规则是否“同上级和本级人民代表大会及其常委会的有关决议、决定相抵触”以及是否“违背法定程序”作出审查。前一种审查事项是与人大常委会自身职权和性质相适应的，而将是否违背“法定程序”这一审查标准交由人大常委会进行审查，则显得有些力不从心。有学者认为，目前我国国家立法层面没有制定统一的行政规定制定程序制度，而地方层面也仅有不多的一些地方省级人民政府制定了行政规定制定程序规制规章，因此行政系统外人大常委会很难实际对行政规定制定程序合法性作出审查。〔1〕此外，还有些省份规定了协调性标准，要求审查规范性文件对同一事项的规定是否一致。例如，《安徽省各级人民代表大会常务委员会实行规范性文件备案审查的规定》(安徽省第十二届人民代表大会常务委员会公告第 39 号）第 8 条规定：“对规范性文件主要审查是否存在下列情形：……③规范性文件相互之间对同一事项的规定不一致的；……”

2. 与政府审查备案标准的比较

两种备案审查标准大致相同，基本都采取合法性和合理性标准。所不同的是，对于合法性审查的具体范围，政府备案审查重点审查的是该行政规则是否违反法律、法规和规章、上级行政规则，是否与法律、法规、规章和上级行政规则相抵触，上下级和同级行政规则之间是否协调；而人大备案审查则通常会考虑行政规则是否同上级和本级人民代表大会及

〔1〕 郭清梅:《行政规定研究》，华东政法大学 2010 年博士学位论文，第 180 页。

其常委会的有关决议、决定相抵触。此外，对于行政规则的合理性审查，也是政府备案审查过程中重点审查的内容，但是人大备案审查制度中虽然也有关于合理性审查的标准，由于人大对行政事务的了解和掌握不如行政系统内部那么专业，而往往使得合理性审查不能发挥应有的效果。

（五）审查处理机制

1. 人大备案审查处理机制

启动备案审查程序后，需要建立一整套处理机制来保障审查顺利完成：一是建立被动审查的反馈机制。在收到法定主体的审查要求或公民法人的审查建议后，要将相应的审查结果及时反馈给申请审查人。二是建立异议处理机制，一方面处理审查机构内部的不同争议，另一方面更是要对申请审查人对审查结果的异议提供一个救济的途径。三是要完善纠错机制。在审查发现行政规则确有违法或不当的情况时，要进行及时适当的纠错。纠错机制是整个备案审查制度中的最后环节，也是最有价值的环节，虽然不是所有接受备案审查的行政规则都能被审查出问题，但一旦有问题被发现，就必须予以处理，否则整个备案审查就失去存在的必要。根据《各级人民代表大会常务委员会监督法》第 30 条的规定，县级以上地方各级人民代表大会常务委员会对本级人民政府发布的决定、命令，经审查，认为不符合相应审查标准的，有权予以撤销。四是要建立责任追究机制。对不履行相应义务的制定机关采取给予通报批评、责令改正等措施；对主管人员或直接负责人给予行政处分。但目前只有少数省份规定了严格的追责机制，需要进一步加以完善。

2. 与政府备案审查处理机制的比较

政府法制机构经过审查后，发现行政规则存在违法或不当的情况，基于行政系统上下级层级监督，可以提请同级人民政府对该行政规则直接予以撤销、变更或责令制定机关改正。而人大对行政规则备案审查结束后发现违法或不当情况的，基于行政权与立法权相互制约相互配合的国家权力结构，应当依照职权通过与制定机关沟通协商、向制定机关提出书面审查意见，建议制定机关自行修改或者废止该规范性文件。只有当制定机关收到书面审查意见后，对不适当的行政规则不予修改或者废止的，才由备案审查机构采取进一步措施，由有关专门委员提出撤销该规范性文件的议案，通过相应程序作出决定，直接撤销存在违法或不当的行政规则。可见，人大备案审查处理机制由于涉及两套不同的权力运行体系，虽然立法机关的外部监督具有更高的权威性和正当性，但直接行使撤销权，有可能会对制定机关的权威性和公信力带来较大的负面影响，因此实践中应当更理性柔和的处理。

综上所述，行政规则的政府备案审查制度和地方人大备案审查制度在审查主体、审查方式、审查标准和内容、审查处理机制等方面既有共性，也有不同。总的来说，作为地方权力机关对行政机关行使的一种外部监督方式，人大备案审查具有比政府备案审查更充分的正当性和公信力。但是从审查的实效性角度来看，人大备案审查制度并未充分发挥应有的监督力度，虽然近些年各地都在不断完善人大备案审查制度建设，但和政府备案审查制度相比，在监督的专业性、效率性和监督的深度、广度方面，都还存在一定的差距。这种差距一方面是制度建设比较晚，人员配备和编制不足导致的客观缺陷；另一方面是和国家权力结构有关。理想中的人大和现实中的人大在权力运行上的差异，直接导致人大备案审查制度的乏力。此外，还有学者认为，行政规则的政府备案审查与人大备案审查制度由于在审查内容和标准上的相似，使得这两种备案制度显得重复和浪费资源。因此提出政府备案审查作为常态必备的全面审查机制，人大备案审查只在特殊情况下基于审查要求或审查建议而被动启动，将人大备案审查作为政府备案审查的补充。这种观点有一定的合理性，但前提是建立在政府备案审查制度理想化的审查效果基础上，不具有现实的必要性和可能性：首先，虽然两种审查制度在审查标准和内容上有重合之处，但是作为由不同审查主体进行的备案审查，两种审查制度在性质上截然不同，即人大备案审查是来自于权力机关的立法监督，政府备案审查是行政机关自设的行政自制规制。内外之别使得两种审查制度不可能是互相补充的角色。其次，人大备案审查虽然建立得比较晚，但其实是近现代权力监督制度中最传统的“立法机关至上”理念的反映，由代表民意的立法机关对行使行政权的行政机关进行外部监督，是在现代国家中被检验过的理论和运用多年的实践，具有最高的权威性，由其对行政规则进行备案审查，不仅是简单地审查行政规则的合法合理性，更是在审查的基础上，发挥权力机关的监督职能，从维护国家法制统一、保障公民权利的角度进行更高层次的审查。为了能让人大备案审查更好地发挥实效，可以考虑制定一部全国性的关于人大备案审查的行政法规，更好地完善审查启动机制，健全公民参与机制和备案审查公开机制。

第三节 行政规则的司法规制

在西方国家，司法审查系指法院审查国会制定的法律是否符合宪法，以及行政机关的行为是否符合宪法及法律。[1]而在我国，由于不存在违宪审查制度，因此司法审查仅指司法机关对行政机关所做行政行为进行的合法性审查。依据现代理论，行政规则制定作为行政权行使的一种方式，理应受到监督和制约。对行政规则的司法审查，即是法院在审理行政相对人因对具体行政行为不服而提起的行政诉讼过程中，附带审查该具体行政行为所依据的行政规则合法性并作出相应处理的制度。司法审查是一种传统的权力监督机制，和立法监督一样，都是在行政系统外部对行政权力进行规制的重要途径。实践证明，法院通过对行政规则的司法审查，发现违法行政规则并拒绝适用，同时向制定机关提出修改及撤销的司法建议，是一种行之有效的行政权力监督方式。

一、行政规则司法审查的确立

2014年《行政诉讼法修改决定》增加一条作为第53条："公民、法人或者其他组织认为行政行为所依据的国务院部门和地方人民政府及其部门制定的规范性文件不合法，在对

---

〔1〕 王名扬:《美国行政法》，中国法制出版社2005年版，第561页。

行政行为提起诉讼时，可以一并请求对该规范性文件进行审查。前款规定的规范性文件不含规章。”该决定第一次在法律上明确了司法机关可以对行政规则进行合法性审查，成为行政规则接受司法审查的法律依据。2014 年《行政诉讼法修改决定》在立法宗旨中删除“维护行政机关依法行使职权”，与确立行政规则司法审查制度、确立行政机关负责人出庭应诉制度、明确复议机关的被告资格、加强对行政机关不履行判决、裁定和调解书的惩处、判决撤销明显不当的行政行为等内容一起，充分反映了此次修改决定“加大司法审查力度、强化对行政权力的监督和制约”的立法精神。

通常在形式法治视角下，对于已经成为正式法源的行政立法，基于我国现行政治体制，在法院尚不享有违宪审查权的背景下，对法律的司法审查暂时没有可行性。对于正式法律规范，法院只能进行最大限度内的解释而无权进行审查。法官所能做的是力求证明自己的裁判基于法律规范，而不是基于正当程序和公平理念审查法律或创制法律。[1]而外效型行政规则虽然具有一定的法律属性，但毕竟不是正式法律渊源，不属于法定的法的表现形式。法院和行政机关在国家政治制度安排中，在对权力机关负责的同时，还存在相互制约的关系。因此，对外效型行政规则（除法定解释性行政规则之外）的司法审查可以被视为司法机关对行政机关的一种制约和监督形式，从而在现实中和法理上获得审查的正当性和

---

〔1〕［法］勒内·达维:《英国法与法国法：一种实质性比较》，潘华仿等译，清华大学出版社 2002 年版，第 32 页。

可行性。事实上，在《行政诉讼法》正式确认司法机关对行政规则的司法审查权限之前，我国法院也已在实践中开展了对行政规则的审查，虽然这种审查通常不能形成成文的判定，但一般会在法官心中形成自由心证，有助于辨别具体行政行为实施的合法性。因为从逻辑上分析，作为具体行政行为执法依据的行政规则，在法院对具体行政行为进行合法性判定时，不可避免地要对隐藏在背后的行政规则进行审查，行政规则的合法性将直接影响该具体行政行为的合法性：行政规则合法，行政机关的具体行政行为只要符合其规定，则也是合法的；行政规则违法，依据其作出的具体行政行为一般也会导致违法。因此，人民法院在行政审判中，必须对作出具体行政行为依据的行政规则进行审查。否则，在抽象行政行为仍然处于不可诉的情况下，缺乏对行政规则的合法合理性审查，将会极大地破坏依法行政的目标。

通过《行政诉讼法》的修订可以看到，最终法律确认的行政规则审查属于一种附带司法审查而非直接司法审查的模式。这实际上是对已经长期在司法实践中进行和开展的行政规则司法审查制度的法律确认。由于对行政规则的附带审查并不需要法院确认该行政规则有效或无效，只是在审查过后决定是否予以适用，所以在《行政诉讼法》修改之前，已有大量的行政案例涉及法院对行政规则的审查，最高人民法院也通过发布会议纪要和司法解释的形式确认了这种附带审查的合法性。

最后，我们要注意到一个问题，从一项对法官的调查问卷中可以看到，在《行政诉讼法》确认司法审查权之前的行政诉讼实践中，由于缺乏法律依据和其他一些原因，导致法官对其他规范性文件基本不予审查，即使有审查的过程，也往往缺乏审查的力度。这在一定程度上使得行政规则取代法律法规规章，成为实际的审理依据。这就在实际上导致了行政规则的异化，不仅在行政过程中具有确定力和执行力，在司法过程中也未经审查就加以适用，成为一种隐形的法律。〔1〕要改变这种状况，必须首先在法律上明确授予法官对行政规则的司法审查权。

（一）行政控权理论作为司法审查的法理基础

“规范公权力，提高政府决策的科学化、民主化、法治化水平，严格规范文明执法”〔2〕的要求使得控制政府权力成为法治政府建设的应有之义。如果没有全面有效的监督体系，任何权力都有被滥用的可能。孟德斯鸠在其传世之著《论法的精神》(*The Spirit of Laws*) 中明确阐明了此项真理。他认为：“立法权和行政权如果集中在一个人或一个机构的手中，自由便不复存在。因为人们担心君主或议会可能会制定一些暴虐的法律并暴虐的执行。”〔3〕行政规则的制定事实上类似于由行政机关自行制定类似“法律”的规则，然后再由行政机关自行执行，如果没有强有力的制约机制，必将严重

---

〔1〕王庆廷：《隐形的“法律”——行政诉讼中其他规范性文件的异化及其矫正》，载《现代法学》2011 年第 2 期，第 85 页。

〔2〕马怀德：《法治政府建设：挑战与任务》，载《国家行政学院学报》2014 年第 5 期。

〔3〕［法］孟德斯鸠：《论法的精神》，许明龙译，商务印书馆 2012 年版，第 186 页。

损害相对人权益。他还认为:“司法权如果不与立法权分置,自由也不复存在。司法权如果与立法权合并,公民的生命和自由就将由专断的权力处置,因为法官就是立法者。司法权如果与行政权合并,法官就将拥有压迫者的力量。”〔1〕因此他指出:“为了防止滥用权力,必须通过事物的统筹协调,以权力制止权力。”〔2〕由此,通过司法审查实现司法权对行政权的监督,就成为现代国家实现控制行政权的重要路径。

法院对行政规则的司法审查,是对行政规则进行事后监督和外部监督的一个重要机制。行政权是在所有国家权力中使用最广泛且与行政相对人关系最为密切的权力形态,通过制定影响不特定多数人的行政规则管理行政事务已经成为行政权行使的最主要方式之一,并且大多数行政规则都已经成为具体行政行为的依据,行政规则如果存在违法或不当的情形,对社会的影响要比单个具体行政行为造成的违法后果影响更大。因此对行政规则的司法审查就成为司法权对行政权监督的关键。据统计,“在行政管理中对社会发生效力的文件,85%都是各级政府的非法律规范性文件。”〔3〕而这些数量繁多、对相对人权利义务存在重大影响的外效型行政规则,由于长期以来在学术界和实务界都不被视为正式法律规范,

〔1〕[法]孟德斯鸠:《论法的精神》,许明龙译,商务印书馆2012年版,第187页。

〔2〕[法]孟德斯鸠:《论法的精神》,许明龙译,商务印书馆2012年版,第185页。

〔3〕郝永伟:《地方人大急需加强对非法律规范性文件的审查》,载《人大研究》2009年第8期,第78~81页。

因此在制定权限范围、制定程序、具体内容、民意强度等方面存在部分失范现象，必须要通过相应的制度安排予以规制。作为行政权运转的方式之一，行政规则的制定和实施在行政主体内部有相应的监督机制，譬如前置性的合法性审查和备案审查制，后置性的评估、清理和失效制度等。但是内部监督之外仍需要强势的外部监督作为基础，否则依据著名的法谚“任何人都不得为自己的法官”，自我监督极易流于形式，无法形成有效的制约和救济。而通过行政诉讼，授予法院对行政规则的司法审查权，使法官在审理具体行政案件的过程中对行政规则一并加以合法合理性评判，无疑是监督和控制行政权、保护相对人的一种必要的制度安排，也可以更好地维护法制统一。从这个角度上看，人们反对把行政规范作为依据的主张正反映了对它给予司法审查、对行政权进行司法监控的现实要求，而不是至少不仅仅是基于制定主体地位高低的考虑。[1]

（二）司法审查是规制行政规则的有效途径

行政权和司法权都是国家权力的组成部分，但行政权和司法权具有截然不同的性质，正是这种不同的属性及其外在表现使得司法权能够实现对行政权的有效制约。

1. 司法权的被动性

行政机关一般被认为是权力机关的执行机关，在行使权力的时候会更积极主动，注重效率和目标，强调服从和命令，

---

〔1〕 叶必丰：《行政规范法律地位的制度论证》，载《中国法学》2003 年第 5 期，第 68 页。

往往忽视个人的权利保护。随着现代社会的发展，行政事务急剧增长，行政权也随之膨胀。这种不断扩大进取的权力如果失去制约，后果不可想象。而司法权与行政权相比，具有明显的被动性特征。这种被动性一方面体现为“不告不理”的诉讼原则，一般情况下不主动追究违法行为；另一方面司法的被动性强调司法必须保持独立。这种独立性使司法权能够独立于行政权之外，从而对其进行外部监督。

2. 司法权的严格程序性

一套严格规范、公正效益的诉讼程序是司法权所具备的重要特性。在英美国家，对程序的重视是和大陆法系国家相区别的一个特色。如英国强调“无程序则无救济”。程序公正是实现实体公正的重要前提和保障。由此，通过完整的司法审查程序，也能够保障实现司法权对行政权的有效制约和监督。

3. 司法权的公正性

司法的被动性和中立性与司法的公正性和程序性既互为前提，又互为结果。司法权的公正性是司法权最重要的价值，基于司法公正性的需求，必须实现司法的程序性和中立性，但这种公正性必须建立在司法中立和严格程序的基础上。此外，每一个国家为确保司法公正的实现，都设立了一套司法从业资格限制，以确保法官能够成为专业法律从业人员，能够正确运用法律进行司法审查，从而保障司法监督的专业性和准确度。

综上所述，司法权的特性使得它能够成为制约行政权的有效方式，但是在我国现行法律制度中，仍然只规定了司法对行政规则的审查，而不包括对行政法规和规章的审查。这表明我国的司法审查只是一种有限范围有限程度内的审查。当然，这种审查规模也具有一定的合理性：首先，行政立法相比行政规则来说，制定主体和制定程序具有更高的法律属性，合法性和科学性更强。其次，和我国法院、行政机关在国家权力结构中的地位相适应。由法院对行政机关制定的行政规则进行司法审查，是一种被司法实践检验过的有效外部监督方式。因此，先在《行政诉讼法》中明确对行政规则的审查，也是为下一步全面司法审查探索新的路径。

二、对行政规则实施司法监控的独特优势

从功能主义视角观察司法审查，至少存在两个主要功能：首先，同一般意义的法院意义，它是昭雪冤屈的制度（machinery for redress of grievance）。其次，至少在红灯理论者看来，它是控制政府和行政机关的制度。[1]由此可以推出，对行政规则的司法审查，一方面可以经过审查拒绝违法的行政规则适用，实现对行政相对人的权利救济；另一方面，经过审查可以向违法行政规则制定机关或者有权机关提出修改或撤销建议，实现司法审查的纠错功能，也是行使司法权监督行政权的重要表现。行政规则司法审查的功能，并不仅仅表现为上述两个层面，和人大备案审查与行政自制中对行政规则的规制相比，还具有补充和扩大规制范围和力度的特殊优势。

（一）司法审查之公信力和权威性

行政规则的司法审查是由独立的司法机关对行政机关所

---

〔1〕［英］卡罗尔·哈洛、［英］理查德·罗林斯：《法律与行政》（下卷），杨伟东等译，商务印书馆2004年版，第530页。

制定行政规则的合法性进行审查判断的过程。和行政规则前置审查、政府备案审查等行政系统内的自我规制制度相比，属于一种从行政系统外部对行政权进行监督的类型。行政自制规制虽然具有专业性强、效率较高，能够在较短的时间内发现错误并及时纠正等特点，但是权力的自我监控却始终无法获得法理和逻辑的自洽，在监督的力度和实际效果上也存在很大不足。行政法学中，自我监督、内部规制的公信力和权威性无论是在强调司法审查的红灯理论中还是在重视行政机关自主性的绿灯理论中，都不能与来自外部的权力监督相媲美。关于内部监督和外部监督的关系，虽然在不同时期可能基于行政背景的需要而有所侧重，但外部监督的基础性地位却毋庸置疑，如果没有来自于权力系统外部的监督途径，再多的内部监督方式也不可能发挥真正的监督功能。

（二）司法个案监督之针对性和实效性

如前所述，在司法审查和行政自制规制体系之外，还存在对行政规则的人大备案审查制度。人大备案审查和司法审查同属外部规制体系，都是在行政系统之外对行政权进行监督的方式。但是对行政规则的司法审查都是零散的和边缘的，在我国现行行政司法体制中，甚至还不允许公民、法人和其他组织直接对行政规则提出司法审查的要求，只能是在法院审查具体行政行为的过程中，附带提出对作为具体行政行为依据的行政规则进行司法审查的要求。所以就使得我国的司法审查在启动审查的方式和审查范围上更加零散而边缘化，不可能像人大备案审查制度或是政府备案审查制度那样实现批量的审查与纠错。但是也正是因为如此，行政规则的司法审查就是一种典型的个案审查方式，提出司法审查请求的当事人和行政规则的实施有直接或间接的利害关系，和审查的后果更是有直接的利害关系，因此司法审查相对于人大备案审查和政府备案审查等制度来说，具有更强的针对性和实效性。而备案审查制度虽然具有纠错成本低、效率高等优点，但是在实践中由于行政规则数量繁多，而负责审查的人员少，且审查人员要么是人大机关工作人员，要么是政府法制机构工作人员，通常与行政规则并无切身利益牵连，缺乏行政诉讼原告人“发现问题、纠正问题”的积极性和主动性，所以通过备案审查、前置审查等方式来进行监督，存在启动机制不足、发现错误的可能性相对较小等问题，而且即使发现错误，由于受行政系统内部上下级或同级之间关系或者人大与行政机关之间关系的影响，纠正错误的力度也会相对较小。而在司法审查程序中，由于程序的规范和审判公开原则，对其进行监督更为直接和有效。从立法、司法、行政三种审查实践来看，行政规则的违法或不当大部分都是在行政诉讼过程中通过控辩双方发现的。在制定行政规则时，只能发现明显违法或不当的条文，而那些不明显的、隐蔽的抵触或冲突条文一般只有到了抗辩阶段才能发现。这也是行政诉讼司法审查特有的优势，这种效果来源于司法权的本质属性，是其他任何监督方式都不可能具备的。

（三）对内向外效型规则的监督

以实际效力为标准，行政规则可以分为外效型行政规则和内效型行政规则。在内效型行政规则中，又按照规制对象的不同分为内向外效型行政规则和内向内效型行政规则。其中行政自制系统中的规制制度和人大备案审查制度的规制对象根据各省地方性法规和规章的规定，都限定为对“外向外效型行政规则”的规制，即指由行政主体按照法定权限和程序制定的涉及行政相对人权利义务并具有普遍约束力的决定、命令等规则，而不包括那些针对行政主体自身规制而制定，却发生对外效力的内向外效型行政规则，如行政实践中大量存在的行政裁量基准和行政解释性规则。由此，当内向外效型规则对行政相对人的权利义务产生实际影响时，就只能通过在行政诉讼中由相对人提出司法审查加以纠正的方式进行救济。从而使司法审查规制的行政规则范围大大拓展，不再区分各种类型，而是基于实际侵害后果而给予行政相对人救济并同时对全部行政规则加以审查和监督。

综上所述，由于行政自我规制和权力机关规制制度都存在各自的缺陷，尽管理论上都相对圆满，但实际效果却不尽如人意。所以通过来自行政权力外部、有严格程序保障的、中立公正的司法审查来规制行政规则，是在理论和实践中都备受推崇的审查方式，也是实现依法治国、依法行政目标最有效的法律制度之一。当然，我们也要看到，司法审查虽然具有上述优势，但也存在审查成本高、耗时长等问题，因此，对行政规则的规制必须是一个综合立法审查、司法审查和行政自我审查在内的体系。

三、司法审查的具体内容

（一）审查性质和方式

根据 2014 年《行政诉讼法修改决定》的规定，在行政诉讼中，行政相对人不能直接向法院提出对行政规则的审查请求，只能是在对行政行为提起诉讼时，附带请求法院对该行政行为所依据的行政规则进行审查。由此可见，《行政诉讼法》所确立的司法审查制度在性质上属于附带的个案审查而非直接审查。这个规定首次在法律上明确了司法审查的范围和方式，在事实上扩大了行政诉讼的受案范围，和行政复议中的附带审查实现了相互衔接，进步意义明显。虽然在《行政诉讼法》作出正式修改之前，法院在审理涉及当事人不服具体行政行为的行政案件时，按照正常逻辑都会不可避免地对作为具体行政行为依据的行政规则进行审查并作出相应判断，形成自由心证，才能最终作出相应裁判。但是，在没有正式法律规定背景下，司法实践中法院对待行政规则并不总是符合上述逻辑。大致来说，遇有需要对行政规则进行审查的案件，有以下几种处理方式：第一种是经审查，确认具体行政行为所依据的行政规则合法有效，从而认定具体行政行为合法有效。例如，成都中院在徐某某诉邛崃市民政局案（〔2000〕成行终字第 85 号）行政判决中指出："被告民政局在本市未制定出城市居民最低生活保障标准的情况下，参照成都市民政局、财政局联合发布的《关于完善城市居民最低生活保障制度的通知》(成民发〔1999〕160 号）与现行有效的法规不相冲突，经审查，内容合法。被告据此作出原告不符合邛崃市享受城市居民最低生活保障待遇对象的条件的决定，适用的法律法规正确。"在该案的判决中，成都中院对被诉具体行政行为所依据的行政规范性文件作出审查，确认其合法。[1]第二种是对行政诉讼受案范围作最狭义理解，认为行政规则由于不属于具体行政行为因而不能进行司法审查。例如，张某某与广东省社会保障基金管理局具体行政行为二审判决书（〔2014〕穗中法行终字第881号）中指出："粤府〔2006〕96号《广东省人民政府关于贯彻国务院完善企业职工基本养老保险制度决定的通知》不属于具体行政行为范畴，原告关于撤销该文件的诉讼请求不属于行政诉讼受案范围。"[2]从而直接排除了对该行政规则的司法审查，并且在作出判决时，将该行政规则作为具体行政行为合法的执行依据。第三种是对行政规则审查后认为属于内部行政规则，没有外部效力，不是具体行政行为依据。例如，广州市中级人民法院在梁某某诉广州市规划局案终审判决书（〔2014〕穗中法行终字第826号）中指出：广州市规划局所作出的穗规1928号《广州市规划局关于尽快明确历史建筑所属地块规划红线范围的函》，是告知来函单位相关地块的规划情况及历史建筑的保护建议，属于行政机关之间的内部往来公文，且该复函也未针对上诉人设定具体的权利义务，因此并非具有法律约束力的具体行政行为，不属于行政诉讼受案范围。[3]第四种是审查后认为违法而不予适用。例如吉林

〔1〕 王宝明、赵大光等：《抽象行政行为的司法审查》，人民法院出版社2004年版，第169页。

〔2〕 参见 http：//www. court. gov. cn/zgcpwsw/gd/gdsgzszjrmfy/xz/201412/t20141218_5100804. htm，最后访问日期：2020年1月15日。

〔3〕 参见 http：//www. court. gov. cn/zgcpwsw/gd/gdsgzszjrmfy/xz/201501/t20150105_6146762. htm，最后访问日期：2020年1月15日。

省长春市中级人民法院在何某某因与被上诉人吉林省人力资源和社会保障厅、吉林省电力有限公司物业分公司人力资源行政审批一案二审判决书（〔2014〕年长行终字第00070号）中认定，吉林省劳动厅和吉林省社会保险公司联合下发的吉劳险字〔1999〕第35号《关于对企业职工退休审批中有关问题处理意见的通知》（以下简称“35号文件”）以及吉林省人力资源和社会保障厅吉人社办字〔2011〕48号《关于坚决制止违规办理提前退休有关问题的通知》（以下简称“48号文件”）两个规范性文件都是为了落实国家禁止违规提前办理退休的要求制定的，该两份文件在退休时身份如何界定相互矛盾。吉林省劳动和社会保障厅吉劳社养字〔2007〕199号《关于基本养老保险若干政策问题的答复》（以下简称“199号文件”）关于退休时身份界定与35号文件一致，但均与原劳动和社会保障部贯彻执行《中华人民共和国劳动法》的规定相悖。48号文件以“现岗位”确定身份，符合原劳动和社会保障部的规定，属于对35号文件和199号文件的修正。[1]在该案中可以看到，长春中院分别对35号文件、48号文件、199号文件的合法性进行了审查，最终确认35号文件和199号文件与上位法规定相悖，只有48号文件符合上位法规定，从而在判决中认定依据该文件作出的具体行政行为合法有效。

上述司法实践中，各地法院对行政规则的审查方式多样，

---

〔1〕 参见http：//www.court.gov.cn/zgcpwsw/jl/jlszcszjrmfy/xz/201501/t20150104_6097047.htm，最后访问日期：2020年1月16日。

审查结果也不一致，这表明在《行政诉讼法》正式确认对行政规则的审查之前，并没有统一规范的司法审查路径。对当事人提出的关于行政规则的审查请求，有的法院予以拒绝，有的加以审查，无疑会损害司法的权威。因此，通过法律明确对行政规则的附带审查，有助于改变司法审查乱象，对维护法制统一和司法公信力具有重要价值。法院再也不能以不属于行政诉讼受案范围为由，绕开对争议行政规则的司法审查，在当事人提出附带审查的请求时，必须启动司法审查程序，对行政规则的合法性进行审查，并在判决中将司法审查的结果明确充分告知当事人。为进一步加强司法审查力度，实现司法审查目标，有必要建立审查后的合法行政规则说明理由制度。通常情况下，行政相对人提出对行政规则的审查请求，是以不认同该行政规则为前提的。因此，当法院经过司法审查认定行政规则合法有效的，不能简单地在判决书中一带而过，而必须充分行使释明权，将审查的步骤和标准逐一说明：一方面通过对行政规则的确认和适用，弥补成文法的不足；另一方面也可以增强判决的说服力，使相对人更好地理解和认同裁判结果。需要注意的是，这种说明理由制度仅适用于确认行政规则合法有效的情况，当法院经过审查，认为行政规则违法或不当，法院无权撤销或直接确认行政规则违法，原则上也不在判决书中对审查标准和不适用理由进行详细阐述，避免和行政权形成直接冲突。《行政诉讼法》第 64 条规定，人民法院在审理行政案件中，经审查认为本法第 53 条规定的规范性文件不合法的，不作为认定行政行为合法的依据，并向制定机关提出处理建议。

（二）审查标准：合法性审查抑或全面审查

根据2014年《行政诉讼法修改决定》相关规定，法院对行政规则的审查标准限于合法性审查，即行政相对人只能针对行政规则的合法性向法院提出附带审查请求，法院对行政规则也只能以是否符合法律法规为标准进行合法性审查，从而排除合理性审查和合宪性审查。司法实践中也一直采取合法性审查标准，相对行政自我规制制度中的全面审查标准，司法审查的标准明确而单一。

1. 合法性审查标准确立的依据

对合法性审查的理解，主要是基于形式而非实质合法性的审查。所谓形式合法，主要指的是该行政规则合乎现行法律规范的要求，即不违反法律和法规的规定。在司法审查中，不进行合理性审查和合宪性审查有以下两方面理由：其一，行政规则在很大程度上是行政主体基于行政管理的实际需要依据行政职权而制定的带有很强政策性内容的规范，如果由法院进行合理性审查，在很大程度上就相当于由法官对行政规则制定的必要性作出自己的回应，规则制定本身就是一项价值判断。司法审查固然可以遏制行政权力滥用，提高行政决策质量，但也存在法官将自己的价值和政策偏好来代替行政官员判断的可能。[1]由法官对行政规则的合理性作出判断，存在先天性的不足和缺陷。因为很多规则制定涉及的专业和科学问题，是外部的司法裁决者无法加以评判的。其二，

---

〔1〕宋华琳：《制度能力与司法节制——论对技术标准的司法审查》，载《当代法学》2008年第1期，第47页。

合宪性审查涉及违宪审查制度，在国家层面设立正式的违宪审查制度之前，法院不可能承担起对行政规则的合宪性审查任务。总的来说，在司法审查的标准设计里，切合中国实际，避免由法院承担不可能完成的审查任务，才能更好地发挥司法审查的功能。

2. 合法性审查标准的具体内容

如上文所述，法院对行政规则的审查是一种形式合法性审查，在具体司法实践中，法院应当重点审查以下几方面内容：一是制定主体的合法性审查。虽然我国行政规则的制定主体非常多元，但也有一定的限制。譬如行政机关的内设机构、派出机构一般就被认为不能够制定行政规则。二是制定权限的合法性审查。主要根据法律保留和法律优先原则进行审查，审查制定主体是否有制定规则的相应权限。三是规则内容的合法性审查。主要审查内容有没有超越法律或法规、规章中规定的范围和幅度，有没有和上位法相抵触。四是审查行政规则的制定程序。目前对于行政规则的制定程序，很多省市都专门出台了相应的地方规章加以规定。法院在进行司法审查的时候，就要审查规则制定有没有按照规章要求的程序制定，一般包括立项、起草、公众参与、前置审查、决定和公布以及备案审查等环节。

和具体行政行为相比，法院对行政规则的司法审查应当把握适当尺度，限于形式合法性审查是实际可行的选择。因为行政规则往往涉及地方和部门政策，而政策属于行政自由裁量的范围，司法审查不应过度干预行政机关自由裁量权的行使。

（三）对行政规则审查违法结果的处理

法院经过对行政规则的司法审查，如果认为合法有效，就可以将其作为具体行政行为的实施依据，继续对具体行政行为进行深度审查；而如果经过审查，认为行政规则违法，法院应当如何处理呢？在2014年《行政诉讼法修改决定》颁布之前，并无统一观点。有学者认为应当赋予法院直接撤销行政规则的权力，但由于撤销权属于最终决定权，在我国现行国家权力结构下，法院只有个案救济的功能，而撤销则意味着普遍救济，等于通过个案进行新的立法。此外，法院直接撤销行政规则有司法权过度干涉行政权之嫌，因此大部分学者和司法实践都认可对审查违法的行政规则不予适用这一观点。2014年《行政诉讼法修改决定》也采纳后一种观点，规定法院经审查行政规则不合法时，不予适用，同时向规则制定机关提出司法建议。由此可见，对于行政规则审查违法的处理，要经过以下步骤：

1. 确认违法

法院经过形式合法性审查，如果发现行政规则制定有不合法情形的，应当确认该行政规则违法。这一点已为2014年《行政诉讼法修改决定》所明确，很多学者也早持此种观点，如江必新教授认为："对于规章以下的规范性文件，法院具有违法确认权。"〔1〕至于这种确认是否需要在判决书中予以评述，仍存在不同看法。2004年最高人民法院《关于审理行政

---

〔1〕 江必新：《〈行政诉讼法〉与抽象行政行为》，载《行政法学研究》2009年第3期，第14页。

案件适用法律规范问题的座谈会纪要》明确规定“人民法院可以在裁判理由中对具体应用解释和其他规范性文件是否合法、有效、合理或适当进行评述”。该纪要确认了法院可以通过判决书确认行政规则的效力，既包括合法确认和评述，也包括违法确认和评述。但是也有学者认为，在判决书中确认行政规则违法，不需要进行具体阐述，以免造成司法权对行政权的干涉。

2. 不予适用

我国确立的行政规则司法审查制度，在性质上属于附带审查和个案审查。对其进行审查的直接目的并不是基于司法监督行政的权力制约理念，而是通过审查确认具体行政行为的合法性依据。被确认为不合法的行政规则，不能作为行政行为合法的依据，即排除了违法行政规则在该个案中的司法适用。

3. 提出司法建议

法院在审查行政规则发现不合法的情况时，不能直接撤销该行政规则，但是根据 2014 年《行政诉讼法修改决定》的规定，为了充分发挥司法审查的救济和监督功能，法院应当在不予适用的同时，向行政规则制定机关或有权机关提出处理建议，要求制定机关对该违法规则进行修改或废止。关于向行政机关提出和发送司法建议的方式和步骤，有必要设置具体的制度安排加以规范和落实，避免流于形式，真正实现司法权对行政权的监督，促进依法行政水平的提高。

最高人民法院在 2015 年 2 月 4 日正式发布了《最高人民法院关于全面深化人民法院改革的意见》，这标志着新一轮司法改革进入实施阶段。其中设立最高人民法院巡回法庭、探索设立跨行政区划法院、改革行政案件管辖制度等改革措施，对于规避地方保护和其他有权机关干涉，实现司法公正、保证法律统一适用具有较大的意义。但总的来看，这一次司法改革仍是在法院系统内部的技术性改革，没有涉及司法独立的根本问题，仍属于一种过渡性的改革方案。

第五章 行政规则前景论

第一节　行政法学视野下行政规则的发展趋势

在外向外效型、内向外效型和内向内效型三种类型的行政规则中，外向外效型规则是最重要的组成部分，其数量最多、法律效力也最为显著，其“准行政立法”的性质对行政相对人权利义务影响直接而明显，在行政实践中也受到最多关注，各省市基本上都通过相应的地方政府规章对其从制定到备案全过程实施监控，形成了相对完整的制定程序规制体系。按照实质权利义务标准界定，外向外效型行政规则类似于德日行政法学中的“法规命令”和美国法中的“立法性规则”，因而2015年最新修正的《立法法》通过扩大地方立法权的形式，将使很大一部分外向外效型行政规则上升为法律，这既和各国通行做法类似，也是未来中国很长一段时间内外向外效型行政规则的发展趋势。而行政主体基于行政职权制定内向外效型行政规则和内向内效型行政规则，作为执行法律法规和有效进行行政管理的重要方式，法治化与制度化的趋势也越来越明显。

一、外向外效型行政规则的法源化

2015年3月全国人大修改通过的《立法法》，将原来只有49个“较大的市”才享有的地方立法权扩大至全国所有282个设区的市，规定其可就城市建设与管理、环境保护、历史文化保护等方面的事项制定地方性法规和政府规章。《立法法》此次修改的目的非常明确，即通过扩大地方立法权限，把在实践中早已存在的地方制定规则的权力通过法律的方式进行规范，从而可能使大量的政府行政规则上升为正式法律渊源，对于加强地方法制建设、细化立法层次、完善立法体制、推进国家治理现代化和实现依法治国总目标具有深远的意义。

（一）地方立法权扩大对行政规则之影响

2015年3月15日，十二届全国人大三次会议全体会议表决通过《全国人民代表大会关于修改〈中华人民共和国立法法〉的决定》，这就意味着全国所有地级市将随之迎来未曾有过的“正式的地方立法权”。应当说，我国地方立法权覆盖面之扩充，在国内有迫切的现实需要。中国由于历史的原因，自1949年以来，实行高度中央集权的单一制国家结构形式。随着经济社会的迅速变迁，各省市发展差异很大，单靠中央和省级法律规范不足以解决所有问题；并且省级及以上层面的立法，通常都是宏观的共性设计，很难满足不同地方的个性差异。由此，扩大地方立法权，赋予设区的市制定相应地方性法规和地方政府规章的权限，可以使各地根据自身经济社会发展的具体情况，有针对性地制定和颁布适合地方特色的法规和规章，让各地社会管理更具有自主性和创造性，提高地方治理水平，同时也符合中央政府“简政放权”的基本执政理念。

事实上，在《立法法》没有修改之前，各地方政府基于地方治理需要，也都制定了大量的行政规则，这些行政规则虽然不是正式法律规范，但在本辖区内也具有普遍约束力。由于这些行政规则更贴近地方实际情况，在行政实践中往往比正式法律规范具有更强的实际效力。因此，这次《立法法》修改将全部设区的市都赋予地方立法权，是对长期地方法治实践的立法反映：一方面，地方立法权通过正式法律的确认，能够提升行政规则的级别，规范地方政府制定规则的权力，真正实现通过立法机关限制地方政府权力的目的。原来没有正式授予设区的市地方立法权之前，大多数设区的市的地方人大没有立法权，人大的立法职能基本处于虚置状态，地方的社会事务管理大都只能通过地方政府发布行政规则来完成，从而导致行政权的膨胀。而《立法法》赋予地方人大制定地方性法规的权限后，就可以将原本由地方政府自行制定的行政规则转为由地方人大通过正式立法程序制定法规，从而达到限制行政机关权力、对行政机关制定的行政规则予以规范、在源头上实现立法权对行政权的监督和制约的目的。另一方面，将地方立法权下放到地市级，有利于解决立法层次不一问题，完善现行立法体制。在此次《立法法》修正草案提出之前，除省级人大和政府之外，只有经过国务院审批成为“较大的市”的人大和政府才有地方立法权。其他地级市以及县乡两级人大和政府制定的规范性文件只属于行政规则，不具有法律规范的地位。在1993年之后，国务院就没有再批准过较大的市，而这二十来年里，很多城市经济发展迅猛，地方管理事务与日俱增，缺乏地方立法权使这些城市面临执法依据层次低、权威性不足等尴尬局面。一份同样内容、同等效力的行政规范性文件，在有地方立法权的城市就可以依照立法程序成为地方性法规或规章，在没有地方立法权的城市就只能属于行政规则。以广州市和东莞市为例，2019年《广州市人口与计划生育服务和管理规定》(广州市人民政府令第168号）和2003年《东莞市人口与计划生育管理规定》（东莞市人民政府令第71号）同样都是针对计划生育政策制定的执行性行政规则，在调整对象、具体内容、实际效力等方面并无本质差别，但由于制定主体的立法权限不同，导致前者属于政府规章，后者只能属于行政立法之外的行政规则，不被纳入正式的法律规范领域，不具有法源地位，在行政实践和司法适用中造成较多矛盾和困惑，在法学理论上也较难自圆其说。这样的类比不胜枚举，而通过此次《立法法》的修改，授予所有地级市地方立法权，至少能够在法律层面部分解决这个问题，实现地方立法体制的统一。

（二）地方人大与地方政府权限的重新审视与分配

随着地方立法权的扩大成为在法律层面正式确认的现实，随之而来的就是行政规则的法源化。地方立法权有两个层面的含义：一是地方人大享有地方性法规制定权；二是地方政府随之享有地方政府规章的制定权。由此可以预测，在地方立法权扩大到设区的地级市以后，大量的行政规则将以政府规章和地方性法规的面貌重新出现。从行政规则到政府规章的过程相对较为简单，在遵循《立法法》关于制定规章的内容和程序等有关法律规定之后，只要制定主体被赋予规章制定权限，那么原本只能以行政规范性文件形式存在的行政规则就顺理成章地成为地方政府规章。而行政规则转换为地方性法规，在法学理论上来看，必须通过复杂的制度和程序设计才能完成，虽然在现实中很可能由于立法机关和行政机关事实上的权限配置，使其仅仅是个简单的形式问题。因此，行政规则的法源化，在很大程度上引起争议的原因，即在于对立法权下放后立法质量的担心。在立法腐败、执法腐败和司法腐败这三种法治腐败的环节中，立法出现问题是致命的，源头上出现污染，会直接导致随后的执法和司法偏离法治轨道而不自知。这也是亚里士多德一再强调的：一定要是本身制定得良好的法律得到普遍的服从才是真正的法治。而行政法学研究中的立法腐败，一般表现为行政机关利用立法权限，实现“行政权力部门化、部门权力利益化、部门利益法制化”。因此，为尽可能避免源头腐败，就必须要认真对待立法环节。这次《立法法》的修改，从立法初衷来说，不乏遏制实践中大量泛滥的行政规则，使之回到《立法法》规定的法制秩序中来的考虑。赋予地方人大及其常委会立法权，使原本只能通过制定政府行政规则来实现的权利义务关系调整纳入到人大立法的程序中来，在法理上是一种立法层次的提高和进步，实现权力机关对行政机关的监督。但这仅仅是法学理论上的正常逻辑。当切换到各地方人大及其常委会与行政机关的权力结构现状时，往往会出现理论与实践的脱节，而要避免这种脱节，真正落实地方人大和人大常委会的立法权，避免行政机关将人大架空，就必须要在国家制度层面对人大及其常委会的立法权限配置重新定位，真正发挥人大及其常委会作为立法机关的功能。这些制度化设计包括对人大代表的要求、对人大常委会的要求，等等。譬如人大代表能否实现专职化和去行政化？人大常委会作为人大常设机构，在被正式赋予制定地方性法规的权限之后，是否有必要建立专门的立法机构，组建专业的立法技术人才队伍？此外，在现有的人大备案审查制度的基础上，如何进一步加强备案审查制度的功能？这些都是要严肃考虑的问题。扩大地方立法权不仅包括地方性法规的制定，同时也包括地方政府对行政规章的制定：一方面，地方政府通过规章可以把很多行政决策以立法的形式展现，对促进地方事务管理的公信力和权威性有一定帮助。但另一方面，也有学者指出，必须明确地方人大立法权与政府立法权的合理定位和分工，避免地方政府立法权挤占地方人大及其常委会的立法权。如果地方人大与地方政府在地方立法上没有形成合理分工，导致行政规章过于强势，那么赋予设区的市以地方立法权的改革措施将得不偿失。〔1〕所以，若要强化地方人大的立法职能，就必须加强地方人大的制度建设，而这种建设，需要在根本法层面改进以及最高权力机关推动，涉及全面的政治体制变革，本书不拟深入探讨如何使地方人大权力实在化的途径，只是需要意

〔1〕 肖金明：《创新和完善地方立法权制度——兼谈地方人民代表大会制度的完善和发展》，载《理论学刊》2014 年第 11 期，第 21 页。

识到，如果地方人大及其常委会不能充分发挥地方民意代表机关的职能，没有形成科学有效的立法机制，那么在《立法法》正式扩大地方立法权之后，虽然地方政府管理的效率和层次会更高，主动性和积极性会更强，但缺乏真正民主程序的立法，是否会在更大的范围内导致对民众利益的漠视和伤害，是一个值得深入研究的问题。有些学者认为，为了提高立法的民主性，应当加入公众参与程序。但是公众参与提高立法的民主性和代议机关本身的民主性要求，是性质截然不同的两种民主运行机制，并不能互相取代。因此，如何使公众参与真正发挥功效，本身也是一个很大的命题。

综上所述，如果能够启动对地方人大及其常委会的制度改革，提高立法的民主性和科学性，加强地方人大对行政规则的备案审查和监督无疑是对行政权的一种有效制约方式。但是在没有启动改革之前，或许可以先考虑通过司法审查制度的强化以及违宪审查制度的建立，以期能够更好地对扩大的地方立法权进行监督。

（三）行政规则的法源化与司法审查范围的拓展

司法审查是一国法治体系的重要组成部分，司法审查的范围和力度，也是考察一国法治建设水平高低的重要指标。体现司法权对行政权制约的司法审查制度开展的规模和程度，直接决定法治国家能否真正实现。从国家治理体系的角度观察，有学者指出，法治政府建设是法治社会和法治国家建设的关键，而司法审查是法治政府建设的关键。在法治国家、法治政府和法治社会一体建设的过程中，司法审查举足轻重，系国家治理体系成败的关键。[1]由此可见司法审查的重要价值。

2014 年《行政诉讼法修改决定》正式确认了对行政规则的附带司法审查制度，被视为司法权监督行政权的重要进步。但是，对于行政规则之上的法规和规章，法院不仅无权审查，而且在具体司法适用中，需要依据法规，参照规章。根据《行政诉讼法》第 63 条第 1 款规定，人民法院审理行政案件，以法律和行政法规、地方性法规为依据。地方性法规适用于本行政区域内发生的行政案件。由此可见，地方性法规和法律一样对法院有司法约束力，是法院裁判的依据。《行政诉讼法》第 63 条第 3 款规定，人民法院审理行政案件，参照规章。

一般认为，法院司法审查之所以限定在规章以下的行政规则，基于两个方面的考虑：一方面是《立法法》对法规和规章的制定权限、主体和程序作了完整的设计，基本能够保障法规和规章出台的科学性和合法性，无需再通过司法审查进行监督。而行政规则由于不具有正式的法律渊源地位，制定主体多层级化，制定程序也缺乏法律的规定，显得简单和随意，易对行政相对人造成权益的侵害，因此除了在行政机关内部通过相应制度规制和人大备案审查规制之外，还有必要通过司法审查的方式进行制约。另一方面，司法审查的范围界定并不是一个单纯的法律问题，它和一国的政治体制和民主状况、历史法律传统以及诉讼价值理念都有密切的联系。

---

〔1〕 湛中乐、赵玄：《国家治理体系现代化视野中的司法审查制度——以完善现行〈行政诉讼法〉为中心》，载《行政法学研究》2014 年第 4 期，第 23 页。

在我国现行的国家政治体制中，和其他国家权力机关相比，法院处于相对弱势的地位。在这种情况下，即使在法律上赋予法院全面的司法审查权，也并不能真正实现司法审查的目标，反而很可能造成更加被动的局面。所以先赋予法院对规章以下行政规则的有限司法审查，再循序渐进扩大司法审查的范围和力度，是更切合实际的选择。

上述考虑有合理之处，但是在地方立法权扩大之后，大量行政规则将转换为地方性法规或政府规章，原来属于法院附带审查范围的行政规则由于成为正式行政立法而逃逸出司法审查，这在事实上导致法院司法审查范围的大幅缩小。而缺乏来自司法的审查和修正建议，将会使地方立法因为缺乏来自外部的监督而懈怠。对行政相对人合法权益的保护，也等同于减少了最后一道救济程序，无法发挥司法作为社会正义的最后守护者的功能。所以，在扩大地方立法权之后，必须要对司法审查的范围进行拓展，将法律以下的所有规范，包括行政法规、地方性法规和规章一起纳入审查领域，审查的方式也应多元化，改变现行的附带审查和个案审查方式，赋予法院全面的审查权限，充分发挥法院的作用，强化司法权对行政权的制约和监督。全面充分的司法审查权，对加强法院在国家权力结构中的实际地位，实现权力相互制约和监督，具有深远的意义。历史的事实反复证明：一旦导入司法审查制度，只要在运用权力方面做得有声有色，司法机关的地位就会随之迅速提高。[1]如果能够借此次地方立法权下放之契机，扩大法院司法审查的范围，将是近些年来行政权与司法权重新定位的最佳突破点。

（四）行政规则的法源化与违宪审查制度的设计

当行政规则地位提升，出现法源化的趋势时，可以通过建立真正意义上的违宪审查制度来实现对法规、规章合宪性的监督。虽然《立法法》已经通过设置“省级人大常委会批准”程序作为对地方性法规制定的一个事前审查，但地方立法权的扩大意味着地方立法数量的大幅增长，这在无形中会降低省级人大常委会事前合法性审查的能力，况且就现状而言，现有的备案审查也没有充分发挥其应有的功能，在审查效果方面不尽如人意。此外，很多问题往往是在规则实施后经过个案审查才能发现，因此事后的监督和纠正机制必不可少。在现行《行政诉讼法》尚未赋予法院对所有抽象行政行为的审查权限之前，建立违宪审查制度也是一个可行的选择。2014 年中国共产党第十八届四中全会提出，坚持依法治国首先要坚持依宪治国，坚持依法执政首先要坚持依宪执政；健全宪法实施和监督制度，完善全国人大及其常委会宪法监督制度，健全宪法解释程序机制。据此，很多学者认为违宪审查机制将有望被激活，成为对宪法实施监督的最有效方式。目前，《行政诉讼法》中的司法审查并不包括对行政行为合宪性的审查，法院也不能直接依据《宪法》条文作出判决。

〔1〕 季卫东：《合宪性审查与司法权的强化》，载《中国社会科学》2002 年第 2 期，第 9 页。

迄今为止，我国尚不存在专门负责受理和审查违宪案件的违宪审查机构，也没有专门的违宪审查运行程序，虽然全国人大有一个机构负责违宪审查，但只限于简单的技术性审查，从未实施过真正意义上的违宪审查。因此，违宪审查制度的落实，在依宪治国的大背景下，有了进一步推行的曙光。

世界各国违宪审查制度具体的机构设置和运行方式大致可以分成以下几种模式：一是以英国为代表的立法机构违宪审查制；二是以美国为代表的司法机构违宪审查制；三是以法国为代表的专门机构违宪审查制；四是成立宪法法院进行违宪审查制。每一种模式都是根据各国自身的法律传统和现实情况而定，对于中国来说，借鉴的同时也要充分考虑国情，建立适合权力结构现状的违宪审查制度，才能使违宪审查真正发挥作用，而不是继续流于形式。目前大致有以下几种建议：一是建立中国的违宪审查制度，先由全国人大设立专门审查机构来负责比较可行。这个专门机构要拥有一定的独立性，不仅负责对法律、行政法规、地方性法规进行事前合宪性审查，还应该负责对法律法规违宪的事后审查。二是建议在最高人民法院之下成立专门的宪法法院，负责对现行法律、法规进行违宪审查。三是建议借鉴美国违宪审查模式，由普通法院承担违宪审查的职能。笔者认为，抽象的事前合宪性审查看起来虽然最容易实现，但很可能作用不会很大。因为一般情况下，明显违反宪法条款的法律法规不会出现。只有在个案审理中，才更可能发现相关的内容不符合宪法基本原理和精神，所以赋予违宪审查制度的司法性非常重要。因此，大多数学者赞同的全国人大专门机构审查模式，必须同时具备事前审查和事后审查功能，在法院审理行政案件时涉及立法合法合宪问题的，应该向这个专门的违宪审查机构提出审查请求，并建立一套完善的违宪审查程序。这种带有司法性质的违宪审查制度，才是最有效果的宪法监督形式。

（五）县乡级政府行政规则和部门行政规则的重新定位

2015 年《立法法》明确赋予地市级政府立法权，从而使很大一部分地市级政府行政规则可以上升为正式立法，成为名正言顺的法律规范。事实上，按照实质标准来确定行政立法与行政规则，凡是对相对人权利义务产生实际影响的外向型行政规则都应当属于德日行政法学中的“法规命令”范畴。因此这种外向型行政规则的法源化并不违反行政法原理。但《立法法》基于各种考虑，对这种立法权的扩容也进行了一定的限制：首先是立法内容的限制，只能就城市管理与建设、环境保护、历史文化保护等方面进行地方立法。其次是程序的限制，必须先报省级人大常委会批准才能制定。最后是对于下放的级别限制，只能是设区的市才有地方立法权。这样就明确排除了地市级以下的政府行政规则和部门行政规则成为法律规范的可能性。但是，在地市级人大和政府被授予地方立法权之前，是和县乡级政府行政规则以及部门规则一样接受来自省级政府规章的类法规制的。因此，2015 年《立法法》使一部分地市级政府规则有机会上升为正式法律规范之后，其余的外向型行政规则虽然仍无法被法律承认具有正式法源地位，但就规制现状而言，无论是从制定程序到事后监控，仍然具有很强的法律属性，除了制定主体不同外，在调整对象和效力上与很多法规、规章是相同的，都是对不特定相对人制定的具有普遍约束力的规则。因此，地市级以下的政府行政规则和部门行政规则，属于接近法的本质属性的一类规则。

综上所述，从权力分配与制约的角度观察，在《立法法》规定地方立法权扩容的基础上，如果不能建立起权力间有效的互相监督，那么这种扩容带来的行政规则法源化现象，会使行政权更加膨胀，法律规范之间产生冲突的风险更大，对行政相对人的权利保护和国家整体法制的统一，不可避免地带来负面影响。但是，如果能够利用这次地方立法权的扩容，对立法和司法监督机制重新加以设计和完善，建立起相应的纠错和修正机制，则会对国家权力结构的整体运行产生潜移默化的积极影响。

二、内向外效型行政规则的法治化

内向型行政规则目前在我国尚无明确的法律规制路径，通常只由行政主体依职权自行作出，并不需要相应法律授权和依据，也无需遵守和履行制定外向外效型行政规则的步骤和程序。如果在具体行政实践中这种内向型规则产生了外部效果，对行政相对人的权利义务产生实际影响，即构成所谓的内向外效型行政规则。例如在美国，区分立法性规则和非立法性规则的标准，主要是1946年《美国联邦行政程序法》的规定，以是否经过“通告-评论”程序制定为划分标准。其中，大部分立法性规则需要通告评论程序，是典型的外向外效型规则。而解释性规则和政策说明则不需“通告-评论”程序，在任何时候都能由行政机关自主决定制定，属于典型的内向型规则，虽然这类规则对相对人没有约束力，但由于公众往往倾向于遵守而使之在行政实践中发生了对外的效力，从而成为内向外效型行政规则。根据盐野宏教授的总结，实践中以下几类行政规则很有可能具备外部效果：关于组织的规则、关于“部分执行性”的规则、行政机关的行动基准（包括解释基准和裁量基准）、给付规则和指导纲要。〔1〕对于这类规则侵犯了行政相对人合法权益的，可以通过向法院提出附带司法审查的请求获得司法途径的救济，对审查结果判定为违法的内向外效型行政规则，法院可以提出司法建议促使制定机关修正或废止。但是否需要按照制定外向外效型规则的程序加以规制，以便在源头上减少违法或不当的内向外效型行政规则对行政相对人的权益侵害，是值得深入探讨的问题。传统观点认为，内向型规则针对行政内部事务管理而制定，并不与国民权利义务发生关联，所以不属于行政法学研究对象，因此也无需对其加以法治化的考量。而现代观点则认为，不管内向型还是外向型规则，只要具有外部效果，都应该确保制定程序的民主性和公益性。正如朱芒教授所言：“当行政立法程序具有了裁量过程的性质之后，包括行政立法在内的原本意义上的行政，其执行或适用法律的性质也就相应地发生了变化。换言之，作为执行或适用法律过程的行政立法程序，其结果无论采用怎样的形式表现，即无论是否是法的形式表现还是其他形式表现，只要实质上的效果一样，具有外部

〔1〕［日］盐野宏：《行政法总论》，杨建顺译，北京大学出版社 2008 年版，第 65~70 页。

效果规范的性质，那么行政立法程序的运行过程也如同法律的制定过程一样，都需要民主性和公益性的保障。”他以日本新设行政程序法为例，指出新设行政立法程序的调整对象的重点在于具有外部效果的规范。其中，政令、省令等原本就具有法的外形法规范，当然具有外部效果。而审查基准或裁量基准原本属于效力只是停留在行政机关体系内部的行政规则，行政指导指针甚至原本就不被承认具有法律效力。但是，审查基准和裁量基准由于在现代行政中也具有了如同法一样的外部效果，因此，其也被纳入调整的对象范围之中。〔1〕除日本外，美国对 1946 年《美国联邦行政程序法》相关规定也进行了一些改革，在联邦和各州的改革建议中都对产生了外部实际影响的非立法性规则的制定加入了一些程序性的要求，即颁布前告知和评论过程。在我国行政实践中，对这类产生了外部效果的内向型行政规则，也开始进行法律规制。例如，2018 年公布的《湖南省行政程序规定》第 91 条规定：“法律、法规和规章规定行政机关有裁量权的，应当制定裁量权基准，对裁量权予以细化、量化。裁量权基准由享有裁量权的行政机关制定，或者由县级以上人民政府制定。裁量权基准的制定程序，按照规范性文件的制定程序办理。”这条规定对“裁量基准”这类典型的内向型行政规则从制定主体、制定程序等方面进行了明确的规制，基本等同于行政机关制定外向外效型行政规则。

---

〔1〕 朱芒：《行政立法程序调整对象重考——关于外部效果规范与程序性装置关系的考察》，载《中国法学》2008 年第 6 期，第 57 页。

由此可见，随着内向外效型规则在行政实践中发挥着越来越重要的作用，对其研究和认识也不断深入，由于此种规则会对行政相对人产生实际影响，所以为更好地保护相对人合法权益，规制趋势基本上也是趋于规范化和法律化，包括很多学者提出在裁量基准制定过程中加入公众参与程序，都反映了希望将这类内向外效型规则民主法治化的理想。但是，按照准立法程序制定出的内向外效型行政规则，仍面临以下两个问题：

第一，正式程序制定之内向外效型行政规则对公众和司法机关有无拘束力？

作为一种内向型规则，从理论上分析，无论是否经由正式程序制定，原则上都对公众没有直接约束力。但事实上，公众普遍倾向于认为该种规则是和正式法律法规规章一样的规则而予以遵守。所以，这就导致下一个问题，当这种外部效力对公众产生了实际影响时，内向外效型规则是否能够成为法院的裁判依据？毫无疑问，和未经严格程序制定的行政规则相比，这类规则虽然不可能像正式法律规范那样成为当然的裁判依据，但是也应当受到法院较高层次的尊重。在很多情况下，为了保护行政相对人的合法权益，基于平等保护和信赖利益、合理预期等行政法学基本原则的要求，法院也会承认这类内向外效型行政规则的准法功能，予以同等适用。

第二，内向外效型规则制定程序法治化的趋势与行政成本与效益的考量。内向型规则本来是为了行政机关能够更好地实施内部管理而进行的自我控权、自我约束，如果对其加入过多的事前规制和后果管控，尤其是司法审查的影响，一方面将导致行政成本的高企和行政效率的降低，另一方面则会使行政机关自我约束控权积极性大大削弱。美国学者迈克尔·阿斯姆（Michael Asimow）就认为，联邦与州规制改革的建议均要求大量的非立法性规则在颁布前要采用告知与评论程序，但这些要求将阻碍行政机关对非立法性规则的使用，这样可能严重地危害公共利益。〔1〕理查德·J. 小皮尔斯（Richard J. Pierce Jr.）教授也认为，行政机构在立法性规则和解释性规则之间的选择，在实践中具有不同寻常的意义。当处理一个核心问题时，行政机构适用程序上更正式却漫长高昂的规则制定过程，结果就是制定具有更强效力的立法性规则。当涉及法律实施细节时，行政机构选择更快速更灵活的方式，制定解释性规则。行政机构知道和立法性规则相比，解释性规则在诉讼中更容易被法院拒绝，而且它没经过“通告-评论”程序，更容易出差错。但行政机构还知道，如果实践中发现解释性规则出了错误，它能迅速地纠正自己的差错。〔2〕但是如果不顾这两类规则之间的差别，统一采取正式的程序制定要求，那么就会丧失作为内向外效型规则自身的优势，使规则制定沦为僵化的过程。

由此可见，虽然内向外效型规则在具体行政实践中由于

---

〔1〕［美］迈克尔·阿斯姆：《非立法性规则制定与规制改革》，高秦伟译，载胡建淼主编：《公法研究》（第5辑），浙江大学出版社2007年版，第363页。

〔2〕［美］理查德·J. 小皮尔斯：《立法性规则和解释性规则的区别》，宋华琳译，载浙江大学公法与比较法研究所编：《公法研究》（第2辑），商务印书馆2004年版，第428页。

其对相对人的实际权益影响，使得大部分国家也对之采取了越来越接近于法律的规制方式，但是这种法源化倾向仍然要不断接受来自行政实践和司法实践的考验和追问。

三、内向内效型行政规则的制度化

内向内效型行政规则原则上不产生任何外部效力，只对行政机关及其工作人员有约束力。对于这类规则，行政主体无论是否遵守或履行，都不会对外部相对人的权利义务产生实际影响。这是和内向外效型行政规则的本质区别。如行政实践中常见的裁量基准，虽然面向下级行政机关而制定，但会发生相应的外部效果，所以属于典型的内向外效型行政规则。一般可以认为，行政主体自己制定的各项组织规则、业务规则、内部管理规则和自律规则属于这一类规则。内向内效型规则由行政主体依职权制定，主要针对内部行政事务管理需要而实施。在传统行政法学领域，这类行政规则不作为研究对象，但当代行政法治的一大进步，即是将这类自主性、自律性的行政规则纳入制度化轨道。这类规则是对外部法律规范的必要补充，能够解决外部法律规范不能解决的问题。因为再详尽的法律规范也不可能解决个体公务员的职责问题，不可能界定和厘清每一个政府机构、部门和公务员之间的具体权力边界，政府的内部组成机构如何设定，工作人员和职责如何具体分工、遵循何种办事流程等问题，只能通过颁布内部行政规则加以细化和设置。譬如对政府工作人员的纪律和道德要求，就必须通过相应的规则加以明确。既要对一些价值性的概念进行细化阐述，也要对违反这些价值要求的行为规定相应的责任追究程序。

在颁布这些内向内效型行政规则的过程中，也需要对其进行制度化的规制。一项内向内效型规则能否得到有效实施，主要在于制定程序是否能够实现制度化和规范化的要求。通常来说，内向内效型规则是保证行政程序法治必不可少的重要环节，只有实现了内部行政法治，才能实现外部行政法治。所以，在制定这类规则时，也要遵循一定的程序和步骤，在制定全国统一的行政程序法时，对于内部行政程序也应同步作出要求。目前在我国行政实践中，也开始同时关注内部规则的制定和运行。例如，在 2013 年 3 月，国务院公开发布新版《国务院工作规则》，对国务院组成人员职责和国务院职能、行政权力等作出一系列规范，涉及国务院依法行政的具体要求、行政决策程序、政务公开、监督制度、会议制度、公文审批、工作纪律、廉政和作风建设等。随着依法行政的不断深化，这类内部规则的建设将和外部行政规则齐头并进，共同构建依法行政和良好行政的行政法治体系。

第二节 法社会学视野下行政规则的扩张和限缩

从古至今，为了实现人类社会对正义和秩序的渴望，人们创造了规则和法律。正义、秩序、自由、平等、效率成为公认的法律价值。但这些价值目标并非总能浑然一体毫无冲突。所谓法治，有时候不免需要在不同价值目标之间寻求协调和平衡。和立法机关制定的正式法律规范相比，由行政机关制定的行政立法通常更重视秩序和效率目标，而具备准行政立法属性的行政规则，对秩序和效率的追求更为明显和直接。然而，尽管一套由概念和规则构成的法律体系对于法治实施必不可少，尽管法律的规范性标准和一般性概况会防止法律变得过于不确定或不稳定，但是，它的安排却要受制于人们根据社会生活的需要和公平与正义的要求所作出的定期性评价。[1]所以，在法理学的视角下观察行政规则的前景，无论其如何产生、发展和变化，都必须遵循秩序与正义价值的双重结合。在不同的国家和不同的时代，社会对于行政规则的需求也并非一成不变。从法社会学视野来宏观地考察行政规则的发展，兴起与繁荣、减少与简缩，都是受到一定政治、经济和观念等因素影响的结果，从而产生截然不同的图景。

一、行政规则的功能性扩张与依据

早在2011年，国务院新闻办发表的《中国特色社会主义法律体系》白皮书就指出，截至2011年8月底，中国已制定现行宪法和有效法律共240部、行政法规706部、地方性法规8600多部，涵盖社会关系各个方面的法律部门已经齐全。中国特色社会主义法律体系已经形成。虽然在这个法律体系中，行政规则并不像法律、法规那样被视为基本组成部分，但主要作为执行和实施法律、法规而制定和存在的行政规则，

〔1〕［美］E. 博登海默：《法理学：法律哲学与法律方法》，邓正来译，中国政法大学出版社1999年版，第242页。

对于法律体系的形成和完善也具有十分重要的作用。从数量和内容覆盖面等方面进行比较，行政规则具有绝对性优势。虽然由于行政规则制定主体的多层次化，区分标准也不甚明晰，很难对其具体数量进行科学统计，但是正如王名扬先生所言："规章犹如汪洋大海，法律只是漂浮在大海中的少数孤岛。"[1]而行政规则的数量，相比规章而言，更如无边无际的浩瀚星河。此外，在行政实践中，行政规则由于制定主体级别相对较低、制定程序较为简便，往往对社会公众具有更大的影响。行政规则在中国改革开放后的四十多年中，为实现行政机关对社会的有效管理，发挥了巨大的作用，呈现出一片繁荣境况，并且，由于中国社会政治经济发展具有一定的惯性，在未来相当长一段时间内，行政规则的数量和调整广度、深度仍将不断扩大。行政规则的这种膨胀性发展，既有相关理论作为依据和互动，也有赖于其自身工具功能的充分发挥。

（一）行政规则的理论功能分析

从纯粹理论视角出发，对行政规则理论的深入研究至少可以和公共行政学、行政自制理论以及软法理论形成相应补充和互动，对实现行政学与行政法学学科的交叉和沟通，进而拓展行政法学研究视野具有良性的正面价值。这些理论的不断发展和完善，为在实践中大量制定和实施行政规则奠定坚实的理论基础。

---

〔1〕 王名扬：《美国行政法》，中国法制出版社 1995 年版，第 353 页。

1. 与公共行政学的对接

一般认为，行政法学和行政学分属不同的学科，行政法学重点研究控权和行政法治的实现，公共行政学则围绕公共政策构建研究体系。两者的共通之处在于，无论是行政法学还是公共行政学，基本都是面向公共行政，关注行政权力的运行，在此基础上从不同的角度展开研究。长期以来，由于各种原因，两门学科基本各自独立发展，很少互相沟通和交流，这导致学科间不能共享最新研究成果，割裂较严重。但随着新行政法从形式法治向实质法治的转变，从片面关注行政结果的合法性转而面向行政的全过程，行政法学和公共行政学就有了更进一步的关联。经由行政规则理论的构建，可以成为两门学科相互对接的桥梁。行政法学中的行政规则，其性质和范畴在很大程度上接近于公共行政学中的公共政策。很多公共政策都是以规则的形式出现，在经过一段时间的实施后，条件成熟的便可以上升为行政立法，获得正式法规范的地位。由此，对于公共政策的理解和认知，可以成为行政规则研究的基础，而随着对行政规则合法性规制的加深，也可以在一定程度上影响公共政策的形成。

2. 与行政自制理论的互动

行政自制是崔卓兰教授近年首倡的一种关于行政法治理论的新学说。该理论强调在政府主导行政法治进路的大背景下，以行政主体的自我规制作为核心展开理论体系的构建。行政自制，是指行政系统或行政主体自发地约束其所实施的行政行为，使其行政权在合法合理的范围内运行的一种自主行为。概言之，行政自制就是行政系统或行政主体对自身违法或不当行为的自我控制，包括自我预防、自我发现、自我遏制、自我纠错等一系列内设机制。[1]从根本属性上分析，行政自制其实就是在行政主体内部通过各种手段与方式进行自我监督、自我控权的制度安排的总和。在种种可能有效实现行政自制的路径中，通过行政规则进行自制，是促进行政自制从理论迈向实际，成为一种可细化操作的具体制度的重要方式。“行政自制的主要工具和载体是内部行政法，今天内部行政法对实现行政正义和效能的重要性日益凸显，行政法治要运行良好必须借助内部行政法，内部行政法通过改革内部组织结构和程序机制，能使法治要素深入到行政行为的末梢和骨髓，尤其是在中国国情之下，移植于域外的外部行政法控制权力模式本身就存在诸多缺陷，自发生成的内部行政法更能增进控制权力的实效。”[2]由此可见，行政规则和行政自制理论存在很强的关联与互动：一方面，通过制定行政规则实现对行政权力的自我控制，这是形成规范化行政自制的重要途径；另一方面，行政自制的实现和自制理论的发展，也必然会强化行政规则在行政过程中的重要价值，带动行政规则理论向纵深方向发展。

3. 与软法理论的补充和渗透

2005 年 12 月，北京大学成立“软法研究中心”，致力于研究公法领域的软法现象，以期深化公法学研究，为我国法

---

〔1〕 崔卓兰、于立深：《行政自制与中国行政法治发展》，载《法学研究》2010 年第 1 期，第 35 页。

〔2〕 崔卓兰：《行政自制理论的再探讨》，载《当代法学》2014 年第 1 期，第 6 页。

治建设贡献理论资源。软法最初是国际法的专有概念，通常用来指代除国家法或正式国际规范（硬法）之外的具有相对灵活性的非正式规范。但我国软法理论中的“软法”与国际法中的软法概念并不能等同对应。对于软法的定义，学界尚未形成一致的概念总括。罗豪才教授指出，软法是一个概括性的词语，被用于指称许多法现象，这些法现象有一个共同特征，就是作为一种事实上存在的有效约束人们行动的行为规则，它们的实施未必依赖于国家强制力的保障。[1]其特征主要表现为制定主体、形式的多样以及非明晰的效力等级和力度几个方面。根据软法的上述性质，行政规则中有很大一部分也可以划归软法的范围，譬如以行政指导、行政规划形式出现的行政规则。两者在研究范畴上有很大的重合性，通过对行政规则基本理念的理论分析，能够同时促进软法内涵外延的明晰，起到互相补充和相互渗透的功能。

（二）行政规则的工具功能

1. 通过行政规则实现行政自我控权

传统行政法就是一部控权的法，强调法律至上的基本理念，“无法律则无行政”，其核心就是通过法律保留和司法审查控制行政权的行使，最终达到保障个人自由权利和实现行政法治的根本目的。虽然自20世纪以来，对于戴雪所倡的行政法控权理念，随着社会环境的改变而有所变化，但行政法仍是一部“控权”法的基本观点并无实质变化，只不过对于

〔1〕 罗豪才、宋功德：《认真对待软法——公域软法的一般理论及其中国实践》，载《中国法学》2006年第2期，第4页。

控权的理解在不同的视角下有不同的认识。从功能主义视角出发，行政法学实际上就是关于法律和行政的关系的学科，对于行政法的调整对象，不应局限于聚焦法院对行政权力的控制，而是将视野扩展至所有行政领域，正如詹宁斯（W. I. Jannings）所言：“行政法是有关行政的法……如果从功能的角度而不是从机构的角度来看待这个问题，我们还可以说行政法包括有关公共卫生、公路、社会保险和教育方面的法。”〔1〕这样的理解能够极大拓宽行政法的研究范畴，促使人们将研究重心转移到行政过程中由行政主体自己制定的行政法规和规章以及行政规则上来。“规则制定已经发展成为控制官僚政治的主要方法。”〔2〕这就意味着，除了传统的以法院和立法机关为中心的外部控权方式之外，以行政主体自己制定行政规则来控制行政权的滥用，成为现代行政法中一种更加引入注目的新路径。现代行政法这种以事前控制和内部控制为主的控权特征，主要基于以下三种法律现实而形成：

第一，正式立法控权的缺陷。传统行政法最基本的要求就是行政权力要受到立法机关正式制定的法律的约束，以法律授权为行使行政权的范围。通过立法机关制定的法律和行政主体经法律正式授权而制定的行政法规和规章来控制行政权，是行政法发展初期占据主导地位的理论和实践。但随着行政事务的急剧膨胀以及行政权力的随之扩张，这种传统的

〔1〕［英］W. I. 詹宁斯：《法与宪法》，龚祥瑞译，生活·读书·新知三联书店1998年版，第194页。

〔2〕［英］卡罗尔·哈洛、［英］理查德·罗林斯：《法律与行政》，杨伟东等译，商务印书馆2004年版，第165页。

控权模式不能起到有效的控权效果。因为相对于现实而言，正式立法总是滞后和有限的，片面追求正式立法对行政的控制很容易陷入形式法治的泥沼，即不符合实质法治的要求，也不具有现实的可行性。

第二，法院司法审查的有限。戴雪的经典行政法治模式就是建立在以普通法法院司法审查为中心来控制行政权行使的基础上的，长久以来被认为是最经典的控权方式。我国由法院主导的司法审查控权路径成效并不显著：一方面由于法院没有违宪审查权，在国家政治生活中地位不高。另一方面则是源于司法审查先天性的缺陷。即使是在两大法系拥有较高地位的法院，这种基于事后监督的控权模式也显现出不足，由于无法跟随即时的行政过程，导致这种控权也只能是有限的，无法在事前和事中发挥作用。

第三，行政规则控权的优势。与正式立法控权模式相比，行政规则是一种典型的内部控制模式。行政主体工作人员在实施具体行政行为时，首先想到的执法依据通常并不是正式法律法规，而是对这些相对抽象的法律法规进行细化或者解释的行政规则。通过行政主体自身制定的规则，对行政权进行有效规制，这样的方式往往在实践操作上会比来自外部的控权更有效。与法院司法审查控权模式相比，行政规则主要是一种事前控制，而事前预防总是优于事后救治，这也是基本达成共识的一个观点。

2. 依法行政的发展：从合法行政到合理行政

现代行政法已经完成了从传统形式法治向实质法治的转变，更加注重行政过程而不单纯关注行政结果。行政法治不仅仅具有公平正义的基本内涵，同时也应具备效率性。在这种大背景下，行政规则作为一种政府规制工具，其最重要的功能就在于其实施的有效性，能够最大限度地实现合理行政的目标和追求。合理行政是对在合法行政基础上更高层次的要求，除了要求行政权必须要在法律轨道内运行之外，还要求行政行为必须符合社会公众对公平、正义的期待。由于法律总是相对于现实发展而滞后，所以单纯强调依照现有的法律法规而行政，也就不能有效满足社会需求，尤其是中国正处于一个经济、社会高速转型和发展的时期，引入实质法治理念，重视行政规则的实际功能，对于促进合理行政、维护社会稳定具有重要的意义：

（1）行政规则由于制定主体的多元和制定程序的相对简化，可以及时与行政过程中的各种复杂情况相应，相比正式法律规范更为灵活，同时也能够为以后立法起到先行试错功能，这对于实现行政的高效运转不可或缺。

（2）行政规则中存在很多技术性规则，这些规则的制定必须具备较高的专业性和科学性。行政主体利用这些技术标准，可以实现中等强度的一般性规制，而不必个案考量，从而可以极大提升行政管理的有效性。此外，对于所涉及的相对人来说，这些技术性规则无疑具有主导性的指引功能。相比单个的行政裁决，统一颁布、适用于不特定相对人的行政规则，显然更加公正和高效。

综上所述，行政规则一方面能够适应现代依法行政理念的实际需要，另一方面也能够在理论逻辑上获得一定自洽，因而在行政实践中成为最重要的一种行政管理方式。行政规则的制定、运行及规制已经成为普遍存在的社会现象，不仅对行政主体（官僚科层制）自身组织、结构有重大影响，对相对人也有重大影响，深刻地改变了行政法固有的理论基础和研究领域。余凌云教授在《行政法讲义》一书中提到中国行政法治建设的路径应当是一种行政规则控制模式，他认为："在中国特色社会主义法律体系基本形成"，"起到骨架与支撑作用的基本法律已经具备"，"相配套的行政法规、地方性法规业已体系化"的时代背景下，进一步大力推进以裁量基准为核心的行政规则建设，应该可以成为我国法治建设的一个着力点和突破口，成为推动法治的一个重要路径。[1]

二、行政规则的规范化限缩与原因

在行政规则规模不断扩大、作用不断加强的情况下，有另一种趋势值得我们注意。行政规则制定主体级别多元、程序简便，导致其在行政实践中经常被滥发。为减少行政规则对行政相对人合法权益的侵害，维护国家法制统一，立法机关和国务院不断通过法律修订或颁发依法行政等重要文件来对行政规则的制定和运行进行规范。从 2015 年《立法法》中可以看到，虽然伴随着地方立法权的扩大，但是也明确规定了地方立法权的范围和权限，只能局限在城市建设、环境保护等有限的几个方面，并且对于法律保留原则进行了立法上的强调，规定行政规章在没有法律法规依据的情况下，不

〔1〕 余凌云：《行政法讲义》（第 3 版），清华大学出版社 2019 年版，第 198 页。

能设定减损公民、法人或其他组织权利或增加其义务的规范。另外，为提高立法的民主性，《立法法》也规定要通过各种措施和制度加强人大对立法的主导功能，减少政府和行政首长对立法的绝对影响。2014 年《行政诉讼法修改决定》也正式规定了法院有权对行政规则进行附带审查，利用司法审查实现司法权对行政权的监督。在实践中对行政规则进行最全面可能也是最有实效的规制，则是由行政主体自身构建的规制体系。2004 年国务院《全面推进依法行政实施纲要》对行政规则的要求逐步趋于严格和细化，包括事前合法性审查、事后备案审查、定期清理等制度的建立和发展基本上都是在国务院推动下进行的。由此可见，在行政规则井喷式发展的背景下，也同时面临更加严密的规范和控制。未来行政规则是会继续大量涌现，还是有所简缩，可以从以下两个方面进行考察：

（一）正比发展：政府放权简政导致行政规则的收缩

行政规则的发生、发展和变化必定与其所依托的行政背景密不可分。而公共行政的具体范畴在不同国家不同时代并不等同，如姜明安教授所言："不同的时代，政府有不同的管理职能。行政的范围是变化着的和发展着的。不同的国度、不同的地区，政府主管事务的多寡和干预领域的广窄会有很大的不同。"[1]回顾现代行政发展历程，在 19 世纪的英国，奉行亚当·斯密全面自由的放任政策，英国行政法学家韦德

〔1〕 姜明安：《行政的"疆域"与行政法的功能》，载《求是学刊》2002 年第 2 期，第 66 页。

(Wade) 在其所著《行政法》一书开篇即引用英国历史学者泰洛 (A. J. P. Taylor) 的一句话作为对英国19世纪及其以前自由国家行政特征的描述:"直到1914年8月,除了邮局和警察以外,一名具有守法意识的英国人可以度过他的一生却几乎没有意识到政府的存在。"〔1〕在这个时代,政府职能极为有限,仅限于警察、外交、国防等维护公共安全和秩序的必要限度内。而1914之后,韦德指出这种状况已经悄然改变:"到了1914年,大量的迹象表明政府的概念发生了深刻的变化。这些变化则是20世纪的特征。国家学校的教师、国家的保险官员、职业介绍所、卫生和工厂检查员以及他们必不可少的同事——税收员就是这些外在、可见的变化。"〔2〕随着绝对的自由经济政策伴随的市场失灵,行政职能急剧增加、政府对社会各个领域的干预也不断扩张,20世纪的政府,对于公民来说,不再是守夜人的角色,而是公民"从摇篮到坟墓"全方位全过程的管理者。由市场失灵所致的全能政府,在一定时期内确实能够为人们提供高效的公共物品,但与此同时,全能政府随着政府权力的不断膨胀,也会显现出严重的负面效应,如独大的行政权对民主、自由和基本人权的威胁和破坏,官僚主义带来的效率低下,行政权力的滥用和腐败,资源浪费和信息不足等问题,这就是被称为"政府失灵"的行政国家功能的异化。全能政府在其不断发展过

〔1〕 A. J. P. Taylor, *English History, 1914 - 1945*, Oxford University Press, 1965, p. 1.

〔2〕 [英] 威廉·韦德:《行政法》,楚建译,中国大百科全书出版社1997年版,第1~3页。

程中，负面效应不断凸显，各国逐渐意识到没有对行政权的规制，很可能会带来不堪设想的后果。因此，在20世纪后期，大部分国家通过新公共管理运动、再造政府运动等形式，希望“建立起一套以政府管理为核心的、以多元互动为特征的、以公民社会为背景和基础的管理体系”〔1〕。对政府职能进行转变和精简，限制和规范行政权的行使，加强社会自治，实现从“全能政府”到“有限政府”的转变。这种国家行政的发展过程在西方具有一定的普遍性，但我国的情况与此并不相同。作为一个中央集权国家，历史上中国的行政权一直很强大。我国目前面临的一些政府职能的积弊，其实都是全能政府带来的政府失灵现象导致的，因此有限政府改革势在必行。李克强总理在2015年政府工作报告中强调要把改革开放扎实推向纵深，加大简政放权、放管结合改革力度。地方政府对应当放给市场和社会的权力，要“彻底放、不截留”。体现了依法行政、建设法治政府、服务政府的强大决心。姜明安教授在《新世纪行政法发展的走向》一文中，推断如下：无论如何，政府职能将进一步转变、转移，国家行政的“疆域”将逐步缩减，这是21世纪行政法发展的明显走向。〔2〕

行政规则作为政府对社会进行管理和规制的一种重要手段，在国家行政疆域不断缩减的大背景下，也必然面临缩减的趋势。具体而言，随着有限政府的推行，具有公共管理职

〔1〕 王乐夫：《论公共行政与公共管理的区别和互动》，载《管理世界》2002年第12期，第50页。

〔2〕 姜明安：《新世纪行政法发展的走向》，载《中国法学》2002年第1期，第63页。

能的社会组织不断扩大，社会自治能力不断增强，很多原本由行政机关负责规制的领域转移到这些非政府组织，那么原来需要制定行政规则才能推行的行政行为就不复存在，从行政关系转化为另一种尚未在我国形成定论的特殊关系。当然也有很多学者认为，这种转移也会对行政法的研究视角产生冲击，进一步扩大行政法的研究领域，不再仅仅围绕狭义的“行政权”展开法学观察，而是以“公共权力”为中心关注公共行政中的法律问题。

（二）反比发展：行政程序与司法审查的强化导致行政规则的弱化

1. 行政规则制定程序的“立法化”

正当程序和程序公正本是源自司法领域的理念，但到20世纪初，逐渐被适用于行政机关，成为一项极其重要的法律基本原则。[1]通过行政程序规范和控制政府权力，是实现现代行政法治的必要前提，一国行政程序发达与否，直接决定该国行政法治的发展水平。正如美国大法官威廉·O. 道格拉斯（William O. Douglas）所言：“正是程序决定了法治与恣意的人治之间的基本区别。”季卫东教授把现代程序的功能总结为四点，即对于恣意的限制、理性选择的保证、“作茧自缚”的效应及反思性整合。[2]“只有程序正义，才有可能最终实现结果的实质正义”的理念，逐渐成为共识。行政程序

[1] 城仲模主编：《行政法之一般法律原则（一）》，三民书局1999年版，第38页。

[2] 季卫东：《程序比较论》，载《比较法研究》1993年第1期，第7~10页。

一方面可以保障行政相对人程序权利的实现；另一方面也能够引导和促进行政机关依法行政，对于从源头上防止政府滥权，实行事前监督，避免侵害相对人合法权益的发生具有重要的价值。基于此，为防止行政实践中数量繁多、内容涉及面广泛的行政规则在实施后给相对人带来损失，行政机关越来越重视通过事前的程序控制对规则制定加以控制和规范，对于行政规则的制定程序往往参照行政规章的制定过程，设置立项、起草、事前合法性审查、审议、公布以及备案审查、定期清理、有效期制度、违法性行政规则追责等程序要求。这种严格和细致的程序规定，在长远意义上来看，虽然可以认为是以行政机关在行政过程中以暂时的低效率来换取执行行政行为最终结果上的高效率，但对于需要制定行政规则的具体行政机关来说，仍然可能会因为程序上的繁琐要求望而生畏，从而降低行政机关制定行政规则的积极性，造成规则制定的僵化。

2. 司法审查的强化

2014 年《行政诉讼法修改决定》正式确立了法院对行政规则的附带审查制度。虽然这种司法审查并不是完整意义上的司法审查，对于经审查认为不合法或明显不当的行政规则，法院不能直接宣布无效或撤销，而是向有权机关或制定机关提出司法建议予以间接处理。但是，从法律上明确行政规则属于可以被审查的对象，对于行政机关来说，仍是一个非常强烈的信号，即来自外部的司法监督正在一步一步强化。虽然法院不能直接对行政规则宣布无效或撤销，但是随着司法建议制度和程序的落实和完善，违法行政规则的制定机关必然要承担来自行政系统内的相应责任追究。这种趋势无疑会使行政机关在制定规则时更加谨慎。在美国行政规则的发展史中，就伴随着与司法审查强度之间的反比关系。美国最高法院在雅培实验室诉加德纳案（Abbott Laboratories v. Gardner）中，法院宣称规则应接受实施前的司法审查。在数据处理服务团体联合会诉坎普案（Association of Data Processing Service Organizations, Inc. v. Camp）中，法院宣布了一项新的原告资格标准，其极大地扩展了个人、企业、贸易协会以及公共利益集团等能够获得行政机关规则司法审查的范围。[1] 这两个裁决作出后，使得行政机关有理由相信所有重要的规则都会面临司法审查，从而极不愿意启动行政规则制定程序。严格和反复无常的审查标准使得行政机关对规则的利用率大大降低，这使我们能够得出一个结论：司法审查强度的加大，不可避免会带来行政规则数量的减少。

这种来自立法和司法的行为，对行政规则影响深远。立法机关通过对制定规则程序的要求和强化力图实现对规则的事前控制，司法机关通过司法审查权的授予和实施力图实现对行政规则的事后监督。随着控制和规范力度的不断加强，行政机关不愿制定或者谨慎制定行政规则的情况也会越来越明显。

（三）行政规则运行的现实考察：以美国为例

行政规则的数量急剧增长，与之伴随的并不一定是最初规制目标的实现。相反，任何事物都有两面性，越来越多的

---

〔1〕［美］理查德·J. 小皮尔斯：《规则制定与行政程序法》，高秦伟、王芳蕾摘译，载《国家行政学院学报》2006 年第 2 期，第 94 页。

规则很可能会对规则实施以及政府机构能力带来破坏性影响。以美国行政发展为例，科尼利厄斯·M. 克温（Cornelius M. Kerwin）在《规则制定——政府部门如何制定法规与政策》（*Rulemaking: How Government Agencies Write Law and Make Policy*）一书中经过调查发现："在现有规章制度中新添加的规则、用途或服务要求意味着需要更多相关的资源以确保履行新的义务。规则的制定者通常缺乏考虑这些资源的动机，而且他们几乎从来都无权为办公室扩编人员和增加相关的预算。所以制定的规则数量越大，就越有可能把规则交给缺乏训练、缺少资源的员工来执行和实施。"〔1〕因此他认为，规则制定必须要重视质量，而非单纯依靠数量。作为一种管制手段，行政规则的发展也受到对政府管制态度的影响。20 世纪 70 年代以来，美国进行了一场行政改革，即以政府公共服务市场化、放松管制和分权作为主要导向，寻求一种去官僚化的新治理模式。作为放松对政府管制的一项重要改革方式，就是减少对行政规则的依赖，以"绩效"为本取代以"规则"为本。1993 年，美国国家绩效评审小组发布《戈尔报告》，系统提出以放松管制推动重塑政府运动。报告认为，一系列的规章制度和管制条例对政府管理的种种束缚，是妨碍政府效率的主要因素，而不是提高政府管理水平的一种手段……解决问题的出路在于，抛弃繁文缛节，摆脱那种驱使人只对规则负责的旧体制，创立一种激励行政官员对结果负责的新

---

〔1〕［美］科尼利厄斯·M. 克温：《规则制定——政府部门如何制定法规与政策》，刘璟等译，复旦大学出版社 2007 年版，第 102 页。

体制。对此，联邦政府从 1993 年开始大量削减内部规章制度，简化办事程序。同时国会通过的《政府绩效与结果法》(Government Performance and Results Act，1993) 标志着国会控制行政权的方向性转变，从注重规则与程序转向以绩效和结果为控制标准。〔1〕

美国行政规则发展的过程虽然与我国不同，但是也有一定的借鉴意义。由于中国长期的“强政府”模式，加之正处于社会转型的特殊时期，行政机构的不断膨胀和对行政效率的追求，使得通过行政规则管制社会事务成为通常的选择。随着对规则规范化需求的增长，利用行政规则实现对政府管制的趋势也越来越强，从而导致行政实践中行政规则的数量不断膨胀。但臃肿的行政规则体系是否能够实现较好的规制效果，中国面临和美国类似的困境。

三、行政规则发展的中国情境：从规则之失到规则之治

1949 年以后，中国法治建设历经风雨，从 1978 年后重新开始逐渐走上正轨，以 1982 年《宪法》的颁布作为一个新旧时代前后不同的分节点。然而如果按照唐德刚先生的历史观来理解中国，那么法治发展与社会进程一样，仍然居于历史三峡之中。虽然必有大江东去、浩荡前行之日，但在此过程中的中国法治趋势，正如江平老先生所言，总体上来说，有前进，也有倒退。这种谨慎乐观的态度，笔者也愿意追随。综观近三十年来的法治发展，至少在法律制度层面，已经形

〔1〕 包万超：《行政法与社会科学》，商务印书馆 2011 年版，第 264 页。

成了一整套完备的法律体系。依法治国的观点也日益深入人心，中国共产党十八届四中全会通过的《中共中央关于全面推进依法治国若干重大问题的决定》，宣告执政党对进一步实施和推进依法治国的重大决心。其中，深入推进依法行政，加快建设法治政府，是实现依法治国总目标的重要路径之一。依法行政而不是依政策行政，依靠政策进行社会治理会形成事实上的人治而非法治，是自20世纪90年代以来已被学界公认的重要观念。在这种观点的指引下，通过制定各类行政法律规范来作为实施具体行政行为的依据，成为行政实践领域中贯彻依法行政理念的表现。然而，虽然调整社会关系各个方面的法律部门基本齐备，包括宪法、法律、法规在内的法律体系已经形成，但在行政实践中，法律的原则性、抽象性和概括性仍无法满足具体行政执法的需求。如余凌云教授所言："当前我们面临的主要问题是深层次的'规则之失'，我们不乏原则层面的法律，却缺少操作层面的细致规定。……或许，在实现法治的路径上，重新拾起'规则之治'，是一种选择。"〔1〕当然，在形成规则之治的过程中，需要坚持亚里士多德"良法之治"的根本理念，避免行政规则成为权力或利益集团寻租的工具。

综上所述，行政规则作为一种规范，同法律的发展过程有共同之处：既不是从来就有，也不会长期居于主导地位。行政规则为适应行政的需要、促进行政效率而产生，在一定

〔1〕 余凌云：《行政法讲义》（第3版），清华大学出版社2019年版，第198页。

时期内成为行政过程中重要的管理和规制方式。但是，到了一定阶段，过多的行政规则不可避免会走向反面，表现出阻碍行政效率、侵害相对人合法权益、背离社会发展趋势的一面。和法律一样，行政规则也会在未来走向消亡。这种矛盾和悖论，是根植于法律和规则自身的因素。各种历史类型的法律，在产生之初，本身就包含着当时的合理性和未来的不合理性，只不过有的法律在阻碍社会发展，走向自身原来的反面，即由合理到不合理时，取而代之的是能够适应社会发展、具有合理性的新法；有的法律由合理走向不合理时，是自行消亡，而为社会新的共同生活准则所取代。〔1〕具体到中国情境，对于是否保留行政规则的争论，不管如何论证，规则的存在和发展都是一个现实的趋势，必须认真对待加以重视。对于行政规则应该增加还是应该减少的问题，需要看到其中的两面性。事实上，规则或多或少都有利弊，基于不同的价值判断和社会发展状况，对规则的需求也会呈现出不同的面貌。正如美国学者理查德·J. 小皮尔斯所言："事实上，在任何时期，都存在着强大的社会力量推动法律制度向极端发展：扩大规则颁布的数量来强调效率、公平和责任；减少规则的颁布来降低专制的风险。在这一点上，我们没有理由去希望将来的规则和规则制定的未来会在实质上不同于其过去的历史。"〔2〕

---

〔1〕 仓明：《法律价值的动态运动及功能》，载《前沿》2003 年第 1 期，第 94 页。

〔2〕 理查德·J. 小皮尔斯：《规则制定与行政程序法》，高秦伟、王芳蕾摘译，载《国家行政学院学报》2006 年第 2 期，第 92 页。

结　论

“公法应该采用的一个原则就是关注那些对政府引导、控制和评估有帮助的规范的法律结构方式的检验。”〔1〕行政规则就是英国著名行政法学者马丁·洛克林（Martin Loughlin）所说的需要关注的内容。行政实践中的行政规则纷繁复杂，行政规则的制定、运行及规制已经成为普遍存在的社会现象，不仅对行政主体自身组织、结构有重大影响，对相对人也有重大影响，深刻地改变了行政法固有的理论基础和研究领域。

一、行政规则研究之于行政实践的意义

本书从行政规则概念的确立开始，试图回答行政规则是什么？行政规则有哪些？行政规则如何形成？应该怎样规制？最终行政规则又会向何处去？有些问题在行政法学研究中可以找到答案，但有些问题需要更广阔的视野和思维才能解惑。

〔1〕 Martin Loughlin, *Public Law and Political Theory*, Clarendon Press, 1992, p. 264.

针对目前中国社会来说，重要的并不是规则数量和规模的多少与大小，而是如何合法有效地制定规则、如何科学有效地运用和管理规则。行政规则的兴起和繁荣，表明了在全能政府、行政国家的社会背景下，如何有效灵活地进行行政管理、解决日新月异的行政管理事务已经成为规则制定中具有决定性意义的价值衡量标准。而行政规则尤其是外向外效型规则的法律属性，则要求除了成本、效率、秩序和安全之外，还必须保证规则的公平与正义。毕竟对于一项法律规范而言，公正自始至终都是最高的价值目标。对行政规则的规制体系设置，从制定和实施过程中行政自制规制，到立法机关的备案审查机制，再到通过司法审查的事后监督制度，即是建立在这样一种理念之下。由此而言，行政规则研究，作为行政法学基础理论的组成部分，实质上仍是在寻求和实现行政实践中所有行政行为的“合法性”与“最佳性”双重功能的平衡与发展。

二、行政规则研究与行政法学理论体系的建构

朱芒教授认为中国行政法学迄今为止尚未形成系统化理论体系的重要原因之一在于既有法学方法上的形式框架难以容纳现代行政所需要的政策目的，因此在构建行政法学理论体系的过程中，一方面应该关注的是中国行政法学能否形成如德国行政法那样“不受实定法秩序影响，并获得普遍承认与遵守的，包含法概念、制度、基本原则的整体教义”；另一方面，这项工作还不可回避地需要纳入对于政策目的的讨论。概而言之，未来无论从何种角度建构中国行政法学理论

体系，都应该兼容法解释功能与承担政策目的的制度设计功能。〔1〕而行政规则内含的公共政策目的，是包含于其本质属性中的另一面。行政规则的法律属性使行政法学必须关注规则的形成和规制，使其在法治化的轨道上运行。行政规则的政策属性，则要求这种规制必须要在一个能容纳政策目的的行政法学理论框架下完成。因而，通过构建兼具政策与法律双重属性的“行政规则”理念，不再仅仅局限于对刚性硬法的研究，能够在法律与政策之间、公共行政学与行政法学之间架设一个具有相同内涵概念的交流平台，对于拓展传统行政法学研究视野、适应新行政法学理论发展、构建行政法学理论框架体系具有重要意义。

行政规则的制定和实施归根到底实际上是行政机关自由裁量的过程，规则的前景取决于政治权力结构的变化，取决于经济社会的发展，取决于法治理念的推行，当然最后也与行政法学理论的发展（规范主义行政法模式、功能主义行政法模式等）有关，这里的研究仅仅是一个起点，抛砖引玉，是为本书。

---

〔1〕 朱芒：《中国行政法学的体系化困境及其突破方向》，载《清华法学》2015 年第 1 期，第 16 页。

参考文献

一、中文文献

（一）专著类

1. 丁煌:《西方行政学理论概要》，中国人民大学出版社2011年版。

2. 黄茂荣:《法学方法与现代民法》，中国政法大学出版社2001年版。

3. 龚祥瑞:《比较宪法与行政法》，法律出版社2003年版。

4. 王名扬:《英国行政法》，北京大学出版社2007年版。

5. 王名扬:《美国行政法》，中国法制出版社2005年版。

6. 伍启元:《公共政策》，商务印书馆1989年版。

7. 叶必丰、周佑勇:《行政规范研究》，法律出版社2002年版。

8. 江必新、梁凤云:《行政诉讼法理论与实务》，北京大学出版社2009年版。

9. 翁岳生编:《行政法》(上)，中国法制出版社2002年版。

10. 翁岳生:《行政法与现代法治国家》，台海大学法学丛书编辑委员会 1990 年版。

11. 应松年:《当代中国行政法》(上卷), 中国方正出版社 2005 年版。

12. 许宗力:《法与国家权力》, 月旦出版社 1998 年版。

13. 夏书章主编:《行政管理学》(第 5 版), 高等教育出版社、中山大学出版社 2013 年版。

14. 彭宗超、薛澜、阚珂:《听证制度: 透明决策与公共治理》, 清华大学出版社 2004 年版。

15. 本书编写组编著:《规范性文件备案审查制度理论与实务》, 中国民主法制出版社 2011 年版。

16. 胡峻:《行政规范性文件绩效评估研究》, 中国政法大学出版社 2013 年版。

17. 王宝明、赵大光:《抽象行政行为的司法审查》, 人民法院出版社 2004 年版。

18. 苗连营:《立法程序论》, 中国检察出版社 2001 年版。

19. 余凌云:《行政法讲义》(第 3 版), 清华大学出版社 2019 年版。

20. 城仲模主编:《行政法之一般法律原则(一)》, 三民书局 1999 年版。

21. 包万超:《行政法与社会科学》, 商务印书馆 2011 年版。

22. 崔卓兰:《地方立法实证研究》, 知识产权出版社 2007 年版。

23. 崔卓兰、于立深:《行政规章研究》, 吉林人民出版社 2002 年版。

24. 章剑生:《行政监督研究》, 人民出版社 2001 年版。

25. 沈荣华主编:《行政权力制约机制》, 国家行政学院出版社2006年版。

26. 李娟:《行政法控权理论研究》,北京大学出版社2000年版。

27. 王名扬:《法国行政法》,中国政法大学出版社1988年版。

28. 季卫东:《法治秩序的建构》,中国政法大学出版社1999年版。

29. 朱芒:《功能视角中的行政法》,北京大学出版社2004年版。

30. 高秦伟:《行政法规范解释论》,中国人民大学出版社2008年版。

31. 郑雅方:《行政裁量基准研究》,中国政法大学出版社2013年版。

32. 朱新力、唐明良等:《行政法基础理论改革的基本图谱——“合法性”与“最佳性”二维结构的展开路径》,法律出版社2013年版。

33. 朱力宇主编:《地方立法的民主化与科学化问题研究——以北京市为主要例证》,中国人民大学出版社2011年版。

34. 姜明安:《法治思维与新行政法》,北京大学出版社2013年版。

35. 毕雁英:《宪政权力架构中的行政立法程序》,法律出版社2010年版。

36. 郭庆珠:《行政规范性文件制定正当性研究》,中国检察出版社2011年版。

37. 孙笑侠:《法律对行政的控制——现代行政法的法理解释》,山东人民出版社1999年版。

38. 陈金钊主编:《法理学》,北京大学出版社 2010 年版。

39. 莫于川等:《法治视野中的行政指导》,中国人民大学出版社 2005 年版。

40. 黎民、张小山主编:《西方社会学理论》,华中科技大学出版社 2005 年版。

41. 赵德余:《主流观念与政策变迁的政治经济学》,复旦大学出版社 2008 年版。

42. 熊文钊主编:《公法原理》,北京大学出版社 2009 年版。

43. 崔运武主编:《公共事业管理》,复旦大学出版社 2013 年版。

44. 陈丽芳:《非立法性行政规范研究》,中共中央党校出版社 2007 年版。

45. 刘福元:《行政参与的度量衡:开放式行政的规则治理》,法律出版社 2012 年版。

46. 杨建顺:《行政规制与权利保障》,中国人民大学出版社 2007 年版。

47. 刘莘:《行政立法研究》,法律出版社 2003 年版。

48. 王爱声:《立法过程:制度选择的进路》,中国人民大学出版社 2009 年版。

49. 杨炼:《立法过程中的利益衡量研究》,法律出版社 2010 年版。

50. 傅鹤鸣:《法律正义论——德沃金法伦理思想研究》,商务印书馆 2009 年版。

51. 徐晨:《权力竞争:控制行政裁量权的制度选择》,中国人民大学出版社 2007 年版。

52. 顾建亚:《行政法律规范冲突的适用规则研究》,浙江大学出版社 2010 年版。

53. 罗豪才主编:《现代行政法制的发展趋势》,法律出版社 2004 年版。

54. 罗豪才等:《软法与公共治理》,北京大学出版社 2006 年版。

55. 吴庚:《行政法之理论与实用》,中国人民大学出版社 2005 年版。

56. 刘松山:《违法行政规范性文件之责任研究》,中国民主法制出版社 2007 年版。

57. 曾祥华:《行政立法的正当性研究》,中国人民公安大学出版社 2007 年版。

58. 宋功德:《行政法哲学》,法律出版社 2000 年版。

59. 何海波:《实质法治:寻求行政判决的合法性》,法律出版社 2009 年版。

60. 姜明安主编:《行政法与行政诉讼法》,北京大学出版社、高等教育出版社 2011 年版。

61. 胡峻:《行政规范性文件绩效评估研究》,中国政法大学出版社 2013 年版。

62. 周佑勇:《行政裁量基准研究》,中国人民大学出版社 2015 年版。

63. 王贵松:《行政裁量的构造与审查》,中国人民大学出版社 2016 年版。

64. 俞祺:《行政规则的司法审查强度:基于法律效力的区分》,法律出版社 2018 年版。

65. 熊樟林:《行政裁量基准运作原理重述》,北京大学出版社 2020 年版。

66. 周佑勇：《行政法原论》，北京大学出版社 2018 年版。

67. 张浪：《行政规定的法治逻辑与制度构建》，科学出版社 2019 年版。

68. 郭清梅：《中国行政规定规制研究》，北京大学出版社 2017 年版。

69. 徐建：《行政规定制度逻辑研究》，浙江大学出版社 2018 年版。

（二）译著类

1. ［德］哈特穆特·毛雷尔：《行政法学总论》，高家伟译，法律出版社 2000 年版。

2. ［日］盐野宏：《行政法总论》，杨建顺译，北京大学出版社 2008 年版。

3. ［英］卡罗尔·哈洛、理查德·罗林斯：《法律与行政》，杨伟东译，商务印书馆 2004 年版。

4. ［英］特伦斯·丹提斯、阿兰·佩兹：《宪制中的行政机关——结构、自治与内部控制》，刘刚等译，高等教育出版社 2006 年版。

5. ［英］马丁·洛克林：《公法与政治理论》，郑戈译，商务印书馆 2002 年版。

6. ［英］弗里德利希·冯·哈耶克：《法律、立法与自由》（第 1 卷），邓正来等译，中国大百科全书出版社 2000 年版。

7. ［日］大桥洋一：《行政法学的结构性变革》，吕艳滨译，中国人民大学出版社 2008 年版。

8. ［美］肯尼斯·C. 戴维斯：《裁量正义——一项初步的研究》，毕洪海译，商务印书馆 2009 年版。

9. ［英］安东尼·奥格斯：《规制：法律形式与经济学理

论》，骆梅英译，中国人民大学出版社 2008 年版。

10. ［美］彼得·H. 舒克编著：《行政法基础》，王诚等译，法律出版社 2009 年版。

11. ［英］威廉·韦德：《行政法》，楚建译，中国大百科全书出版社 1997 年版。

12. ［日］南博方：《行政法》，杨建顺译，中国人民大学出版社 2009 年版。

13. ［法］狄骥：《公法变迁》，郑戈译，中国法制出版社 2010 年版。

14. ［美］肯尼思·F. 沃伦：《政治体制中的行政法》，王从虎等译，中国人民大学出版社 2005 年版。

15. ［德］哈贝马斯：《法的合法性——〈事实与规则〉要义》，载郑永流主编：《法哲学与法社会学论丛（三）》，中国政法大学出版社 2000 年版。

16. ［英］哈特：《法律的概念》，许家馨、李冠宜译，法律出版社 2011 年版。

17. ［美］罗伯特·基欧汉、约瑟夫·奈：《权力与相互依赖》，门洪华译，北京大学出版社 2004 年版。

18. ［奥］凯尔森：《法与国家的一般理论》，沈宗灵译，中国大百科全书出版社 1996 年版。

19. ［美］托马斯·戴伊：《理解公共政策》，孙彩红译，北京大学出版社 2008 年版。

20. ［美］詹姆斯·E. 安德森：《公共政策制定》，谢明等译，中国人民大学出版社 2009 年版。

21. ［美］E. 博登海默：《法理学：法律哲学与法律方法》，邓正来译，中国政法大学出版社 1999 年版。

22. ［美］德沃金：《认真对待权利》，信春鹰、吴玉章译，中国大百科全书出版 1998 年版。

23. ［英］亚当·斯密：《国民财富的性质和原因的研究》，郭大力、王亚南译，商务印书馆 1974 年版。

24. ［美］亨利·罗伯特：《罗伯特议事规则》，袁天鹏、孙涤译，格致出版社、上海人民出版社 2008 年版。

25. ［德］汉斯·J. 沃尔夫、奥托·巴霍夫、罗尔夫·施托贝尔：《行政法》(第 2 卷)，高家伟译，商务印书馆 2007 年版。

26. ［法］勒内·达维：《英国法与法国法：一种实质性比较》，潘华仿等译，清华大学出版社 2002 年版。

27. ［法］孟德斯鸠：《论法的精神》，许明龙译，商务印书馆 2012 年版。

28. ［德］弗里德赫尔穆·胡芬：《行政诉讼法》，莫光华译，法律出版社 2003 年版。

29. ［日］室井力主编：《日本现代行政法》，吴微译，中国政法大学出版社 1995 年版。

30. ［美］科尼利厄斯·M. 克温：《规则制定：政府部门如何制定法规与政策》，刘璟等译，复旦大学出版社 2007 年版。

31. ［美］欧内斯特·盖尔霍恩、罗纳德·M. 利文：《行政法和行政程序概要》，黄列译，中国社会科学出版社 1996 年版。

32. ［美］托马斯·R. 戴伊：《理解公共政策》，谢明译，中国人民大学出版社 2011 年版。

33. ［英］W. I. 詹宁斯：《法与宪法》，龚祥瑞、侯健译，生活·读书·新知三联书店 1998 年版。

34. ［德］贡塔·托依布纳：《法律：一个自创生系统》，张骐译，北京大学出版社 2004 年版。

35. ［美］尼尔·K. 考默萨:《法律的限度——法治、权利的供给与需求》，申卫星、王琦译，商务印书馆 2007 年版。

36. ［日］盐野宏:《行政组织法》，杨建顺译，北京大学出版社 2008 年版。

37. ［英］洛克:《政府论》，叶启芳、瞿菊农译，商务印书馆 1964 年版。

38. ［英］密尔:《论自由》，许宝骙译，商务印书馆 1959 年版。

（三）中文论文类

1. 湛中乐:《论行政法规、行政规章以外的其他规范性文件》，载《中国法学》1992 年第 2 期。

2. 朱芒:《论行政规定的性质——从行政规范体系角度的定位》，载《中国法学》2003 年第 1 期。

3. 王锡锌、章永乐:《专家、大众与知识的运用——行政规则制定过程的一个分析框架》，载《中国社会科学》2003 年第 3 期。

4. 沈岿:《解析行政规则对司法的约束力——以行政诉讼为论域》，载《中外法学》2006 年第 2 期。

5. 宋华琳:《论行政规则对司法的规范效应——以技术标准为中心的初步观察》，载《中国法学》2006 年第 6 期。

6. 高秦伟:《科技政策、行政规则与司法审查》，载《北方法学》2007 年第 5 期。

7. 周佑勇、熊樟林:《裁量基准司法审查的区分技术》，载《南京社会科学》2012 年第 5 期。

8. 周佑勇:《裁量基准的制度定位——以行政自制为视角》，载《法学家》2011 年第 4 期。

9. 刘松山：《违法行政规范性文件之责任追究》，载《法学研究》2002 年第 4 期。

10. 柳砚涛：《我国行政规范性文件设定权之检讨——以当下制度设计文本为分析对象》，载《政治与法律》2014 年第 4 期。

11. 叶必丰：《论规范性文件的效力》，载《行政法学研究》1994 年第 4 期。

12. 陈恩才：《试论行政规则效力的外部化及司法审查》，载《江苏社会科学》2012 年第 2 期。

13. 徐文星：《警察裁量权之规范——以行政规则为研究中心》，载《清华法律评论》（第 3 卷第 1 辑），清华大学出版社 2008 年版。

14. 胡建峰：《论行政规则在司法审查中的地位》，载《行政法学研究》2004 年第 1 期。

15. 栾志红：《论环境标准在行政诉讼中的效力——以德国法上的规范具体化行政规则为例》，载《河北法学》2007 年第 3 期。

16. 郑雅方：《我国行政规则研究中的若干误区之克服》，载《政法论坛》2012 年第 5 期。

17. 朱维究：《再谈现代行政过程论——从形式行政法治到实质行政法治》，2006 年中国法学会行政法学研究会年会论文集。

18. 周旺生：《论法律的秩序价值》，载《法学家》2003 年第 5 期。

19. 肖金明：《为全面法治重构政策与法律关系》，载《中国行政管理》2013 年第 5 期。

20. 岳经纶:《食品安全问题及其政策工具选择》，载白钢、史卫民主编:《中国公共政策分析》，中国社会科学出版社 2006 年版。

21. 朱新力、梁亮:《公共行政变迁与新行政法的兴起》，载《国家检察官学院学报》2013 年第 1 期。

22. 余凌云:《现代行政法上的指南、手册和裁量基准》，载《中国法学》2012 年第 4 期。

23. 叶必丰:《行政规范法律地位的制度论证》，载《中国法学》2003 年第 5 期。

24. 杨解君:《特别法律关系论——特别权力关系论的扬弃》，载《南京社会科学》2006 年第 7 期。

25. 杨书军:《规范性文件制定程序立法的现状及完善》，载《行政法学研究》2013 年第 2 期。

26. 周佑勇:《行政法中的法律优先原则研究》，载《中国法学》2005 年第 3 期。

27. 刘权:《行政规范性文件的事前合法性审查》，载《江苏社会科学》2014 年第 2 期。

28. 黄学贤、桂萍:《重大行政决策之范围界定》，载《山东科技大学学报（社会科学版）》2013 年第 5 期。

29. 洪延青:《藏匿于科学之后？规制、科学和同行评审间关系之初探》，载《中外法学》2012 年第 3 期。

30. 张千帆:《政府公开的原则与例外——论美国信息自由制度》，载《当代法学》2008 年第 5 期。

31. 王锡锌、章永乐:《我国行政决策模式之转型——从管理主义模式到参与式治理模式》，载《法商研究》2010 年第 5 期。

32. 李群、王巧云:《国内外专家咨询论证制度的经验与做法》，载《中国科技论坛》2008 年第 11 期。

33. 姜国兵、蓝光喜:《重构公共政策评估——基于公民权与行政权相对平衡的分析》，载《中国行政管理》2008 年第 8 期。

34. 崔卓兰:《行政自制理论的再探讨》，载《当代法学》2014 年第 1 期。

35. 章志远、朱渝:《行政规范性文件后评估立法面向问题研究》，载《江淮论坛》2012 年第 6 期。

36. 王万华:《〈行政复议法〉修改的几个重大问题》，载《行政法学研究》2011 年第 4 期。

37. 胡锦光:《论公民启动违宪审查程序的原则》，载《法商研究》2003 年第 5 期。

38. 王庆廷:《隐形的“法律”——行政诉讼中其他规范性文件的异化及其矫正》，载《现代法学》2011 年第 2 期。

39. 郝永伟:《地方人大急需加强对非法律规范性文件的审查》，载《人大研究》2009 年第 8 期。

40. 江必新:《〈行政诉讼法〉与抽象行政行为》，载《行政法学研究》2009 年第 3 期。

41. 肖金明:《创新和完善地方立法权制度——兼谈地方人民代表大会制度的完善和发展》，载《理论学刊》2014 年第 11 期。

42. 湛中乐、赵玄:《国家治理体系现代化视野中的司法审查制度——以完善现行〈行政诉讼法〉为中心》，载《行政法学研究》2014 年第 4 期。

43. 季卫东:《合宪性审查与司法权的强化》，载《中国社会科学》2002 年第 2 期。

44. 朱芒:《行政立法程序调整对象重考——关于外部效果规范与程序性装置关系的考察》，载《中国法学》2008 年第 6 期。

45. 罗豪才、宋功德:《认真对待软法——公域软法的一般理论及其中国实践》，载《中国法学》2006 年第 2 期。

46. 姜明安:《行政的“疆域”与行政法的功能》，载《求是学刊》2002 年第 2 期。

47. 王乐夫:《论公共行政与公共管理的区别和互动》，载《管理世界》2002 年第 12 期。

48. 姜明安:《新世纪行政法发展的走向》，载《中国法学》2002 年第 1 期。

49. 袁勇:《规范性文件的概念界定——以构成条件及识别标准为中心》，载《政治与法律》2021 年第 9 期。

50. ［美］理查德·J. 小皮尔斯:《规则制定与行政程序法》，高秦伟、王芳蕾摘译，载《国家行政学院学报》2006 年第 2 期。

51. 仓明:《法律价值的动态运动及功能》，载《前沿》2003 年第 1 期。

52. 朱芒:《中国行政法学的体系化困境及其突破方向》，载《清华法学》2015 年第 1 期。

53. 应松年:《〈行政程序法（试拟稿）〉评介》，载《政法论坛》2004 年第 5 期。

54. 胡建淼:《我国行政程序法的模式与结构——依据对世界上行政程序法规范结构的统计与透视》，载《政法论坛》2004 年第 5 期。

55. 何海波:《论法院对规范性文件的附带审查》，载《中国法学》2021 年第 3 期。

56. 曹鎏:《行政规范性文件统一立法的实践解析与逻辑证成》，载《行政论坛》2020 年第 4 期。

57. 孙首灿:《论我国行政规范性文件的监督体系及其完善》，载《华南理工大学学报（社会科学版）》2019 年第 4 期。

58. 蒋剑云:《论法律保留原则》，载《行政法学研究》2005 年第 1 期。

59. 周佑勇、伍劲松:《论行政法上之法律保留原则》，载《中南大学学报（社会科学版）》2004 年第 6 期。

60. 严存生:《法的合法性问题研究》，载《法律科学》2002 年第 3 期。

61. 胡建淼、陈海萍:《行政规范性文件变更中的合法预期》，载《浙江社会科学》2010 年第 10 期。

62. 袁勇:《行政规范性文件的鉴别标准——以备案审查为中心》，载《政治与法律》2010 年第 8 期。

63. 沈岿:《行政自我规制与行政法治：一个初步考察》，载《行政法学研究》2011 年第 3 期。

64. 崔卓兰、刘福元:《论行政自由裁量权的内部控制》，载《中国法学》2009 年第 4 期。

65. 温晋锋:《乡镇规范性文件监控：何种方式更为有效？——以某镇政府的文件考察为例》，载《行政法学研究》2009 年第 1 期。

66. 余凌云:《英国行政法上合法预期的起源与发展》，载《环球法律评论》2011 年第 4 期。

67. 沈岿:《因开放、反思而合法——探索中国公法变迁的规范性基础》，载《中国社会科学》2004 年第 4 期。

68. 王锡锌:《依法行政的合法化逻辑及其现实情境》，载《中国法学》2008 年第 5 期。

69. 朱芒:《规范性文件的合法性要件——首例附带性司法审查判决书评析》，载《法学》2016 年第 11 期。

70. 沈岿:《监控者与管理者可否合一：行政法学体系转型的基础问题》，载《中国法学》2016 年第 1 期。

71. 李成:《行政规范性文件附带审查进路的司法建构》，载《法学家》2018 年第 2 期。

72. 王留一:《论行政规范性文件司法审查标准体系的建构》，载《政治与法律》2017 年第 9 期。

73. 章剑生:《作为担保行政行为合法性的内部行政法》，载《法学家》2018 年第 3 期。

74. 胡斌:《论“行政制规权”的概念建构与法理阐释》，载《政治与法律》2019 年第 1 期。

75. 卢超:《规范性文件附带审查的司法困境及其枢纽功能》，载《比较法研究》2020 年第 3 期。

76. 关保英:《行政法典总则对行政法治理念的整合》，载《法学》2021 年第 9 期。

77. 应松年:《关于行政法总则的期望与构想》，载《行政法学研究》2021 年第 1 期。

78. 汪君:《行政规范性文件之民事司法适用》，载《法学家》2020 年第 1 期。

79. 王春业:《论规范性文件一并审查中的“内容”审查标准》，载《江汉论坛》2020 年第 1 期。

80. 刘启川:《责任清单编制规则的法治逻辑》，载《中国法学》2018 年第 5 期。

二、外文文献

（一）著作类

1. Kenneth Culp Davis, *Discretionary Justice: A Preliminary Inquiry*, University of Illinois Press, 1971.

2. Cornelius M. Kerwin, Scott R. Furlong, *Rulemaking: How Government Agencies Write Law and Make Policy*, 4th edition, CQ Press, 2010.

3. Richard J. Pierce, Jr., Sidney A. Shapiro & Paul R. Verkuil, *Administrative Law and Process*, Foundation Press, 2004.

4. William F. Funk, Richard H. Seamon, *Administrative Law*, Aspen Publishers, Inc. 2001.

5. John M. Rogers, Michael P. Healy & Ronald J. Krotoszynski, Jr., *Administrative Law*, Aspen Publishers, 2003.

6. Stephen G. Breyer, *Administrative Law and Regulatory Policy*, Aspen Law & Business, 2002.

7. Martin Loughin, *Public Law and Political Theory*, Clarendon Press, 1992.

8. Ronald Dworkin, *Taking Rights Seriously*, Harvard University Press, 1971.

9. Stephen Breyer, *Breaking the Vicious Circle: Toward Effective Risk Regulation*, Harvard University Press, 1993.

10. Cathy Marie Johnson, *The Dynamics of Conflict between Bureaucrats and Legislators*, M. E. Sharpe, 1992.

11. R. Pound, *Jurisprudence*, Harvard University Press, 1959.

12. A. J. P. Taylor, *English History*, 1914–1945, Oxford University Press, 1965.

13. B. Schwartz, *Administrative Law*, Little, Brown and Company, 3rd edition, 1991.

（二）英文论文

1. Colin S. Diver, "Policy Making Pradaigms in Administrative Law", 95 *Harv. L. Rev.*, 1981.

2. Erwin N. Griswold, "Government in Ignorance of the Law: A Plea for Better Publication of Executive Legislation", *Harvard Law Review*, Vol. 48, No. 2, 1934.

3. Frederick F. Schauer, "English Natural Justice and American Due Process: An Analytical Comparison", *William and Mary L. Rev.* 18, 1976.

4. Polinsky, "Economic Analysis As a Potentially Defective Product: A Buyer's Guide to Posnar's Economic Analysis of Law", 87 *Harvard L. Rev.*, 1974.

5. Cary Cogliance, "Assessing Consensus: The Promise and Performance of Negotiated Rulemaking", 46 *Duke L. Journal*, 1997.

6. Colin S. Diver, "Policymaking Paradigms in Administrative Law", 95 *Harv. L. Rev.*, 1981.

7. Jerry Mashaw, "Administrative Due Process: The Quest for a Dignitary Theory", 61 *B. U. L. Rev.*, 1981.

8. Richard B. Stewart, "The Reformation of American Administrative Law", 88 *Harvard Law Review*, 1975.

9. Richard J. Pierce, "Rulemaking and the Administrative Proce-

dure Act", 32 *Tulsa L. J.*, 1996.

10. J. Skelly Wright, "The Courts and the Rulemaking Process: The Limits of Judicial Review", 59 *Cornell L. Rev.*, 1974.

11. Paul R. Verkuil, "Judicial Review of Informal Rulemaking", 60 *Va. L. Rev.* 185, 1974.

12. Reuel E. Schiller, "Rulemaking's Promise: Administrative Law and Legal Culture in the 1960s and 1970s", 53 *Admin. L. Rev.*, 2001.

三、学位论文

1. 郭清梅:《行政规定规制研究》，华东政法大学 2012 年博士学位论文。

2. 张浪:《行政规定的合法性研究》，苏州大学 2008 年博士学位论文。

3. 徐维:《论行政机关自我规制》，中南大学 2012 年博士学位论文。

4. 马夕钰:《行政裁量基准效力研究》，南京大学 2011 年博士学位论文。

5. 李龙:《地方人大常委会规范性文件备案审查制度研究》，武汉大学 2012 年博士学位论文。

6. 郑雅方:《行政裁量基准研究》，吉林大学 2010 年博士学位论文。

7. 李稷民:《行政诉讼法框架下规范性文件审查制度的构造》，中国政法大学 2019 年博士学位论文。

8. 陈依卓宁:《行政规范性文件司法审查制度研究》，中国人民公安大学2019年博士学位论文。

四、报刊文献

1. 《全国31个省份对红头文件建立备案审查制度》，载《人民日报》2009年11月4日，第17版。

2. 吴兢：《“红头文件”呼唤立法》，载《人民日报》2008年12月31日，第13版。

3. 李立：《中国“红头文件”为何不再漫天飞》，载《法制日报》2007年11月5日，第8版。

4. 李立：《行政复议委员会风生水起，三种模式创新运行》，载《法制日报》2011年12月27日，第11版。

5. 徐元锋：《辽宁：“红头文件”打架公民有权发问》，载《人民日报》2005年11月23日，第10版。

6. 王比学：《依法治国的坚定足音——写在形成中国特色社会主义法律体系迈出决定性步伐之际》，载《人民日报》2010年3月12日，第4版。

7. 李克杰：《红头文件泛滥将把法治引向歧途》，载《检察日报》2006年12月20日，第3版。

8. 李立：《建国以来最彻底的规章大清理结束》，载《法制日报》2008年7月23日，第8版。

9. 丁国锋、马超：《江苏试水第三方公开点评“红头文件”》，载《法制日报》2014年12月10日，第2版。

10. 刘健：《“红头文件”可诉有助终结权力“任性”》，载《检察日报》2015年5月5日，第7版。

11. 马利民、简华：《五大标准化给抽象行政行为戴上制度枷锁》，载《法制日报》2016 年 8 月 22 日，第 5 版。

12. 蔡长春：《司法部有关负责人就〈国务院办公厅关于加强行政规范性文件制定和监督管理工作的通知〉答记者问》，载《法治日报》2018 年 6 月 1 日，第 1 版。

13. 付吉昌：《行政规范性文件合法性标准》，载《人民法院报》2020 年 11 月 26 日，第 6 版。

14. 王春业、徐珮程：《行政公益诉讼对规范性文件的监督方式》，载《社会科学报》2021 年 6 月 23 日，第 9 版。

15. 张维：《将规范性文件统一立法纳入国务院立法计划》，载《法治日报》2021 年 7 月 19 日，第 2 版。

16. 朱宁宁：《全国人大及其常委会加强备案审查制度和能力建设：履行监督职责 维护法治统一》，载《法治日报》2021 年 10 月 12 日，第 6 版。

五、电子文献

1. 《〈中国特色社会主义法律体系〉白皮书》，载 http：//news. xinhuanet. com/politics/2011～10/27/c_111127507. htm.

2. 《张某某与广东省社会保障基金管理局具体行政行为二审判决书》，载 http：//www. court. gov. cn/zgcpwsw/gd/gdsgzszjrmfy/xz/201412/t20141218_5100804. htm.

3. 《梁某某诉广州市规划局案终审判决书》，载 http：//www. court. gov. cn/zgcpwsw/gd/gdsgzszjrmfy/xz/201501/t20150105_6146762. htm.

4. 《何某某因与被上诉人吉林省人力资源和社会会保障厅、吉林省电力有限公司物业分公司人力资源行政审批一案二审判决书》，载 http：//www. court. gov. cn/zgcpwsw/jl/jlszcszjrmfy/xz/201501/t20150104_6097047. htm.

5.《朱某某诉被告龙游县新型合作医疗管理办公室医疗补偿纠纷一案》，载 http：//www. court. gov. cn/zgcpwsw/zj/zjsqzszjrmfy/xz/201501/t20150109_6201492. htm.